마이크로스킬

MICROSKILLS: SMALL ACTIONS, BIG IMPACT

Copyright ⓒ 2024 by Adaira Landry, MD, MEd & Resa E. Lewiss, MD
All rights reserved.

Korean translation copyright ⓒ 2025 by PRUNSOOP Publishing Co., Ltd.
Korean translation rights by arrangement with Park & Fine Literary and Media through
Danny Hong Agency, Seoul.

이 책의 한국어판 저작권은 대니홍 에이전시를 통해 Park & Fine Literary and Media와
독점 계약한 (주)도서출판 푸른숲에 있습니다.
저작권법에 의하여 한국 내에서 보호를 받는 저작물이므로 무단 전재 및 복제를 금합니다.

작은 행동으로 확실한 변화를 일으키는 89가지 일의 디테일

마이크로스킬

아다이라 랜드리·리사 E. 루이스 지음
김경영·이정미 옮김

푸른숲

생애 첫마디를 알려 준 엄마와 아빠에게
— 아다이라 랜드리

나의 가족에게
— 리사 E. 루이스

차례

들어가며 13

1장 성장을 위한 기반, 자기 돌봄 23

마이크로스킬 1   신뢰하는 사람들과 관계 다지기 29
마이크로스킬 2   감사한 마음 표현하기 34
마이크로스킬 3   충분한 수면 시간 확보하기 38
마이크로스킬 4   의도적으로 쉬는 습관 만들기 42
마이크로스킬 5   개인 재정 관리하기 46
마이크로스킬 6   자기 관리의 기본 점검하기 50
마이크로스킬 7   재미도 의미도 없는 불필요한 업무 중단하기 54
마이크로스킬 8   모든 일을 캘린더에 정리하기 58
마이크로스킬 9   회의 시간 정해 두기 61

2장 업무 효율을 높이기 위한 디테일 65

- 마이크로스킬 1 상사의 기대 파악하기 71
- 마이크로스킬 2 일의 우선순위 정하기 75
- 마이크로스킬 3 일을 완료하는 데 필요한 자원 분석하기 80
- 마이크로스킬 4 현실적인 일정 계획하기 84
- 마이크로스킬 5 마감 날짜 조정하고 공유하기 90
- 마이크로스킬 6 줄일 수 있는 일 정하기 94
- 마이크로스킬 7 목적이 분명한 회의하기 98

3장 탁월한 의사소통을 위한 말하기 스킬 103

- 마이크로스킬 1 보디랭귀지 이해하기 108
- 마이크로스킬 2 의사소통의 걸림돌 파악하기 113
- 마이크로스킬 3 요점을 간단히 말하기 116
- 마이크로스킬 4 스토리텔링 전략적으로 사용하기 121
- 마이크로스킬 5 듣기에 집중하고, 모두를 참여시키기 125
- 마이크로스킬 6 비동기 메시지 활용하기 129
- 마이크로스킬 7 실세로 읽히는 이메일 쓰기 132
- 마이크로스킬 8 이메일 도구 활용하기 137
- 마이크로스킬 9 부정적 감정을 전할 때 주의하기 141
- 마이크로스킬 10 이메일은 근무시간 중 보내기 145

4장 업무 능력만큼 중요한 평판 관리 전략 149

- 마이크로스킬 1 마감일을 지키고 팀원들과 공유하기 155
- 마이크로스킬 2 불만 제기는 신중하게 하기 159
- 마이크로스킬 3 실패담을 나눠 인간적인 모습 보여 주기 163
- 마이크로스킬 4 거짓말이 불러올 대가 알고 있기 167
- 마이크로스킬 5 자신의 업무 태도 파악하기 171
- 마이크로스킬 6 직장 내 평판 키우기 175
- 마이크로스킬 7 험담하지 않기 178
- 마이크로스킬 8 자존심에 발목 잡히지 않기 181
- 마이크로스킬 9 평판이 나빠졌을 때 피해 최소화하기 185
- 마이크로스킬 10 진심으로 사과하기 188

5장 역량과 전문성을 키우는 노하우 193

- 마이크로스킬 1 키우고 싶은 전문성 고민하기 198
- 마이크로스킬 2 다양한 매체를 활용해 해당 주제 공부하기 203
- 마이크로스킬 3 주변 사람들에게 아이디어 시험해 보기 206
- 마이크로스킬 4 측정 가능한 기준 정하고 그 기준에 도달하기 210
- 마이크로스킬 5 협업을 통해 전문성 강화하기 214
- 마이크로스킬 6 내가 가진 기술과 경력을 보여주기 217
- 마이크로스킬 7 소셜 미디어에서 영향력 키우기 222
- 마이크로스킬 8 리더의 역할을 제대로 파악하고 올바른 기회 잡기 225
- 마이크로스킬 9 자신의 전문 주제로 상 받기 229
- 마이크로스킬 10 전문성을 발전시키는 법 배우기 233

6장 슬기로운 직장 생활을 위한 마인드셋 237

마이크로스킬 1   자신을 잘 소개하고 사람들의 이름 기억해 부르기 242

마이크로스킬 2   의사소통 방식 파악하기 245

마이크로스킬 3   보고 체계 파악하기 250

마이크로스킬 4   계약서, 안내서, 편람, 인사 방침 읽기 254

마이크로스킬 5   자기 점검의 중요성 이해하기 258

마이크로스킬 6   자신의 특권 인식하기 261

마이크로스킬 7   나서야 할 때 파악하기 265

마이크로스킬 8   직장 동료들과 신중하게 어울리기 270

마이크로스킬 9   나쁜 행동을 어떻게 조치하는지 살펴보기 274

7장 함께 일하고 싶은 동료로 거듭나는 팀플레이 기술 279

마이크로스킬 1   팀원들의 근황 확인하기 284

마이크로스킬 2   팀원의 노력과 영향 인정하기 289

마이크로스킬 3   심리적 안정감을 조성하고 강화하기 293

마이크로스킬 4   하던 업무를 관둘 의향이 있는지 파악하기 298

마이크로스킬 5   개인 정비 시간에 회의 잡지 않기 303

마이크로스킬 6   눈치 보지 말고 병가 내기 306

마이크로스킬 7   친절하고 실행 가능한 피드백 주기 310

마이크로스킬 8   구체적인 피드백 요청하기 315

마이크로스킬 9   직장에 긍정적인 영향 미치기 319

8장 가능성을 만들어 주는 인맥 확장 스킬 323

마이크로스킬 1 인맥의 중요성 깨닫기 328
마이크로스킬 2 대화와 약속을 구분해 받아들이기 335
마이크로스킬 3 인맥 관리를 자연스럽게 받아들이기 340
마이크로스킬 4 의미 있는 관계 만들고 지속하기 344
마이크로스킬 5 기존의 인맥을 활용해 인맥 키우기 349
마이크로스킬 6 자신의 전문성 드러내기 353
마이크로스킬 7 인맥을 쌓는 과정에서 실례하지 않기 358
마이크로스킬 8 인맥을 공유해 다른 사람에게 도움 주기 363

9장 갈등 앞에서 물러서지 않는 현명한 소통 방식 367

마이크로스킬 1 갈등을 알아차리는 방법 터득하기 373
마이크로스킬 2 갈등에 일조했다는 사실 인정하기 377
마이크로스킬 3 심리적으로 안전한 분위기 조성하기 381
마이크로스킬 4 피드백 수용하고 반영하기 386
마이크로스킬 5 까다로운 사람과 소통하는 방법 배우기 390
마이크로스킬 6 불편한 대화를 피하지 않기 395
마이크로스킬 7 능력과 자신감의 균형 맞추기 400
마이크로스킬 8 문서로 기록 남기기 405
마이크로스킬 9 인사과가 누구를 위해 일하는지 파악하기 409
마이크로스킬 10 부적절한 행위 신고하기 412

10장 새로운 기회를 알아보고 놓치지 않는 법 417

마이크로스킬 1   스킬을 다양하게 활용하기 422

마이크로스킬 2   전문성을 키워 줄 기회 목록 작성하기 426

마이크로스킬 3   자신에 대해 편하게 이야기하기 429

마이크로스킬 4   얻기 힘든 기회에 지원하기 434

마이크로스킬 5   추천서 초안 직접 작성하기 438

마이크로스킬 6   기회를 수락하기 전에 찬찬히 고민하기 442

마이크로스킬 7   새로운 기회를 잡을 때 기존 팀 배려하기 447

나가며 451

미주 453

들어가며

우리 두 사람이 사람들의 사회생활을 돕는 책을 쓰게 됐다고 주변에 말했더니 "아, 의사들을 위한 책이에요?"라는 질문이 돌아왔다. "아니요"라고 답하자 "아, 여자들을 위한 책이에요?"라고 또 한 번 물어왔다. 우리는 다시 대답했다. "아니에요."

여러분 모두가 이 책의 독자다. 특히 이제 막 사회에 첫발을 내디딘 초년생에게 가장 큰 도움이 될 것이다. 어떻게 해야 할지 갈피를 잡지 못한 채 누군가가 짠 하고 답을 알려 주길 바랄 테니까.

이쯤에서 단도직입적으로 이야기해 볼까 한다. 누군가가 당신의 경력을 구제해 줄 거라고 기대하지 마라. 다른 누구도 아닌 나 자신이 스스로의 경력을 착실하게 관리해야 한다. 물론 적당한 사람을 찾아 관계를 맺는 것도 방법이다. 내 이야기에 적절한 조언을 건네고 도움을 줄 사람들.

하지만 밤잠을 줄여 가며 내 프레젠테이션이 완벽했는지 어땠는지 고민해 줄 사람은 많지 않다. 마음 졸이고 발을 동동 굴러 가며 내가 승진을 할 수 있을지 없을지 궁금해하는 것도 마찬가지다. 사실 자기 자신만큼 스스로의 본인만큼 본인의 경력에 관심 있는 사람은 없다. 그런데 나의 성공이 다름 아닌 자기 손에 달렸다는 진실에 왜들 그렇게 불안해할까?

직장에서 성공하는 최적의 전략을 가르쳐 주는 곳이 의외로 많지 않기 때문이다. 급기야 성공할 만한 자질을 누군가는 가지고 있고, 누구는 그렇지 않다는 식의 근거 없는 인식이 만연하다. 성공한 사람들의 특징이라 할 만한 요인들, 이를테면 능숙함, 야망, 겸손, 신뢰감, 뛰어난 의사소통 능력은 타고난 특성이라고 자주 오해받지만, 실은 작고 구체적으로 쪼개어 후천적으로 습득할 수 있는 스킬이다. 이 구체적인 스킬들을 우리는 '마이크로스킬'이라 이름 붙였다.

이 책 《마이크로스킬》은 한 가지 중요한 전제를 바탕으로 한다. 큰 목표, 복잡한 업무, 건강한 습관, 심지어 우리가 결정적인 성격적 특징이라고 생각하는 부분까지도 모두 측정 가능한 간단한 스킬로 분류해 쉽게 이해하고, 연습하고, 적용할 수 있다는 사실이다.

우리의 약속은 간단명료하다. 금요일에 이 책을 사면 월요일에 '일 잘러'가 되어 있을 것이다. 모든 일하는 사람들을 위해 쓴 이 책은 특히 직장 생활 초기에 가능한 한 빨리 알아 두면 좋을 해결책을 가득 담았다. 내용을 곧장 적용할 수 있도록 최대한 쉽게 썼으니 여러분이 그 효과를 경험할 수 있기를 바란다.

우리 두 사람은 수상 경력이 있는 교육자이자 의사다. 〈패스트컴퍼니〉, 〈포브스〉, 〈CNBC〉, 〈네이처〉, 〈사이언스〉, 〈슬레이트〉, 〈스탯뉴스〉, 〈USA투데이〉, 〈하버드비즈니스리뷰〉, 〈틴보그〉, 〈보그〉, 〈뉴욕타임스〉, 〈필라델피아 인콰이어러〉 같은 매체를 통해 우리가 가진 전문 지식을 공유해 왔다. 또한 테드메드^{TEDMED} (미국의 비영리 강연회 테드^{TED} 중 건강 및 의학 관련 강연을 다루는 플랫폼-옮긴이)와 브라운대학교, 컬럼비아대학교, 코넬대학교, 하버드대학교, 존스홉킨스대학교, 노스웨스턴대학교, 펜실베이니아대학교, 스탠퍼드대학교 같은 교육 기관의 초대를 받아 강연을 하기도 했다.

각자 소개를 조금 더 해보자면, 우선 아다이라 랜드리는 교육학 석사와 의사 박사 과정을 마치고 현재 하버드 의과대학 조교수로 근무 중이다. 아다이라는 UC버클리, UCLA, 뉴욕대학교, 하버드대학교에서 공부를 하고 수련의 과정을 거쳤다. 또한 학생과 사회 초년생의 멘토로 10년간 활동해 왔다. 응급실에서 환자를 보지 않을 때는 미국 여러 지역 대학생들의 멘토이자, 하버드대학교 의과생들의 지도교수로 일한다. 〈포브스〉에 의학 관련 글을 쓰고, 기술 스타트업의 자문 위원으로 활동 중이며, 유색인종 사람들에게 무료로 글쓰기를 가르쳐 주는 비영리 단체 '라이팅 인 컬러^{Writing in Color}'을 공동 창립했다. 세 딸아이의 엄마이기도 하다.

리사 E. 루이스 박사는 응급의학과 교수다. 브라운대학교, 펜실베이니아 의과대학, 국립보건원, 하버드 의과대학에서 공부를 하고 수련의 과정을 마쳤다. 25년이 넘도록 다양한 연차의 동료, 학생, 사회 초년생 들을 도왔다. 임상 초음파와 의료 기술 혁신 교육 분야의 얼리 어답터이자 세계적으로 인정받는 개척자이기도 하다. 테드메드 강연자이자 '타임스 업 헬스케어^{Times Up Healthcare}' 창립자인 리사는 다양성을 존중하며 공정하고 포용적인 일터를 만드는 데 힘을 쏟고 있다. 또 팟캐스트 '비저블 보이스^{The Visible Voices}'의 설립자이자 제작자로서 의료 서비스, 공정성, 그리고 최신 트렌드와 관련된 이야기를 나눈다. 헬스케어 디자인 컨설

턴트로도 활동하는 리사의 관심사는 초음파 장비와 작업 흐름^{workflow}이 다. 끝으로, 하버드 의과대학 병원 중환자실과 말라위 감염병 부서의 건축 환경 재설계에 참여한 바 있다.

우리는 세상에 나와 있는 다양한 출판물과 경험, 지식, 그리고 서로에게서 배우고 모은 마이크로스킬을 활용해 목표를 이뤘다. 마이크로스킬이 우리 두 사람의 경력을 키우는 과정에서뿐만 아니라, 우리가 가르치고 조언을 건넨 수많은 학생과 사회 초년생 들의 삶과 경력에도 얼마나 큰 도움을 주었는지 직접 지켜봐 왔다. 이 책이 독자 여러분이 걸어갈 성공의 길에 든든한 나침반이 될 수 있기를 바란다. 그렇다고 스킬만을 권하는 데 그치지는 않을 것이다. 우리는 책 전반에 걸쳐 자기 돌봄과 자기 연민의 중요성을 강조한다. 여러분의 건강을 해치지 않으면서 일터에서 흔히 일어나는 문제들을 해결할 수 있도록 도울 것이다.

이 책을 준비하면서 자기계발 관련 업계를 유심히 관찰하며 강의를 듣고 워크숍에 참석하고 직장 생활에 관한 책과 기사를 찾아 읽었다. 또한 비즈니스, 의료, 마케팅, 기술, 법, 그래픽디자인, 교육, 유통, 예술 분야 등 다양한 업계 종사자들과 이야기를 나눴다. 그 과정에서 여러 중요한 주제와 함께 큰 허점을 발견했다. 많은 책이 대단한 가치를 약속하며 겉으로는 누구나 책에서 제시하는 조언을 적용할 수 있다고 주장하는데 사실상 그렇지 않은 경우가 대부분이다.

왜일까?

모든 사람이 적용할 수 있다고 주장하는 조언 대부분은 막상 공감하기 힘든 전제에서 출발하곤 한다. 우리는 저자, 코치, 교수, 경영자 들이 본인의 이야기를 듣는 청중의 특권과 역량을 앞서 짐작하는 것을 목격해왔다. 그들은 청중의 소득, 인맥, 여가 시간, 상사와 소통할 때의 자신감, 그리고 능력, 연령, 성별, 인종 같은 개인적 정체성을 어림짐작한다. 한편, 애석하게도 대중에게 도움을 주겠다고 약속하는 책의 저자는 대부분 백인 남성이다. 이 백인 남성 집단은 부잣집 출신은 아닐지라도 최소한 부를 거머쥘 인맥, 시간, 제도에 자유롭게 접근할 수 있었다.

저자가 본인의 지혜를 나누는 데는 아무 문제가 없다. 다만 어떤 저자들은 무언가를 추측하는 과정에서 다른 사람들이 기회를 얻을 때 필요한 중요한 단계나 방법, 자원을 무심코 빠뜨린다. 많은 책이 자금과 시간, 인맥이 없는 독자들에게 무능력감과 수치심, 혼란을 불러일으키고 괜히 움츠러들게 해 기를 죽인다.

《마이크로스킬》은 지금 여러분이 서 있는 위치에 대한 선입견을 갖지 않을 것이다. 각 장을 동일한 형식으로 구성해 우리의 방식을 익히고 연습해 완전히 암기할 수 있도록 했다. 우리의 목표는 다음 네 가지 학습 도구를 바탕으로 섣부른 가정을 줄여 나가는 것이다.

❶ 개인적 일화 개인적 일화는 공감을 불러일으키는 역할을 한다. 이야기는 사람과 사람 사이를 연결한다. 우리 두 사람의 경험을 간접적으로 체험하고 그 속에 여러분의 상황을 대입해 보길 바란다. 각각의 마이크로스킬은 우리가 직접 겪은 이야기를 바탕으로 하며, 우리가 가르쳐 주고 싶은 스킬을 보여 준다.

❷ 변화의 필요성 변화를 위한 변화에 그칠 것이 아니라 스스로 성장해야 한다는 믿음과 일을 잘할 수 있도록 발전하겠다는 의지를 갖게

되길 바란다. 각 장에서는 해당 마이크로스킬을 쓰면 무엇이 달라지는지, 쓰지 않으면 어떻게 되는지 그 필요성을 언급한다.

❸ **변화의 어려움** 변화보다는 현 상태를 유지하는 것이 더 쉬운 일이라는 것을 우리는 잘 알고 있다. 하지만 '좋은 게 좋은 거지'라는 식의 심드렁한 태도를 갖지는 말았으면 좋겠다. 각 장에서는 왜 해당 마이크로스킬을 익히고 적용하기가 어려운지 설명한다. 우리는 여러분의 교육, 경험, 접근 방법, 관심사에 관해 섣불리 짐작하지 않으려 했다.

❹ **핵심 요령** 각 마이크로스킬을 세분화된 핵심 요령을 통해 체득할 수 있도록 했다. 핵심 요령을 따라해보고 그 행동들이 어떤 식으로 서로 도움을 주는지 살펴보자. 각 마이크로스킬의 핵심 요령을 탐구하며 주의해야 하는 빈틈이 어디 있는지도 찾아보자.

다양한 마이크로스킬의 특성을 파악하고, 익히고, 통합하면 어떤 문제에서든 답을 찾아갈 수 있으리라 믿는다. 우리 둘은 마이크로스킬을 활용해 응급실에서 환자들을 더 노련하게 치료한다. 호흡이 없는 환자에게 심폐소생술을 해야 하는 상황을 생각해보자. 팀원들에게 해야 할 일을 알려 주고, 환자에게 투여해야 하는 약물의 순서를 정해 주고, 일정한 속도와 주기로 흉부를 압박하고, 일정 간격으로 맥박을 확인하고, 이토록 부담이 큰 순간에도 냉정을 유지하는 등 다양한 마이크로스킬이 필요하다.

우리는 또 마이크로스킬을 활용해 학술 분야에서도 경력을 쌓았다. 임금 형평성이 지켜지지 않는 다른 많은 분야처럼 여성 의사들은 같은 일을 하고도 남성 의사들과 같은 임금을 받지 못한다.[1] 미국 의대생 대다수가 여성이고[2] 의료계 종사자 80퍼센트가 여성임에도 리더의 성비는 이와 비례하지 않는다. 여성이 리더나 교수가 되거나[3] 수상자로 선정될[4] 가능성이 낮아 힘든 일도, 좌절할 일도 많은 길이다.

지난 25년간 여성이 학과장이나 학장이 된 사례는 거의 없다.[5] 리사는 2017년 여성으로서는 최초로 응급의학과 교수가 되었다. 이 형평성 부족 문제는 여러 정체성이 교차하는 경우에 더 심각해진다. 가령 미국의 전체 의사 중 흑인은 6퍼센트 미만이라고 알려져 있다.[6]

아다이라는 6년 동안 자신이 속한 과의 유일한 흑인 여성 동료이자, 유일한 흑인 여성 교수였다. 유색인종 의사 비율이 변함없이 낮은 현실이 안타깝다. 의료계 여성의 40퍼센트가 수련의 과정을 마친 뒤 6년 이내에 파트타임으로 업무를 전환하거나 아예 의사 생활을 그만둔다.[7] 2023년 한 연구에 따르면 응급의학 전문의 중 여성의 자연 감원 중위 연령은 45.6세인 반면 남성은 59세다.[8]

그러므로 우리 의사들의 세계에서 생존은 끈기와 열정만의 문제가 아니다. 성공하기 위해 우리는 직장 생활을 전략적으로 해 나가고 일터를 깊이 이해해야 했다. 우리의 적응과 성장을 방해하는 요소들이 직장 곳곳에 가득했기 때문이다. 우리는 마이크로스킬을 이용해 성공이라는 구조물의 토대와 구성 요소를 분해할 수 있도록 도울 것이다.

몇몇 독자는 어째서 우리가 다양성, 형평성, 포용성을 다루는 장이나 부분을 따로 넣지 않았는지 궁금해 할지도 모르겠다. 일터에 여성, 동성애자, 흑인, 저소득층, 장애인을 위한 공간이 따로 나누어져 있지 않듯이 우리도 개인 정체성의 흔적을 책 전체에 걸쳐 녹여 내기로 했다. 그래서 책을 읽는 동안 우리 두 저자의 다양한 정체성을 마주하게 될 것이다. 우리 두 사람이 세상을 바라보는 방식과 세상이 우리를 바라보는 방식을 책 속에 담았다. 정체성 때문에 불리한 위치에 있다고 느끼는 사람들에게는 특히 유익할 것이다.

우리는 이 책을 어떻게 구성할지 고민하고, 글을 써 나가는 과정에서 다음 세 가지 진실을 거듭 떠올렸다.

진실 ❶ 시간은 저축할 수 없다

응급의학과 전문의인 우리는 시간을 결코 쌓아 두지 않는다. 어떤 일을 더 이상 하지 않아도 된다면 그렇게 아낀 시간을 바로 다른 일에 쓴다. 우리가 어떻게 생각하든 1분 1초가 소중하다. 실제로 단 몇 초가 사람을 살리고 죽인다. 꼭 생명을 살리는 일을 하지 않더라도 모든 사람이 일에 계속해서 시간을 쓰고, 또 일에 시간을 어떻게 쓸지 고민한다. 어떤 일이 더 이상 필요하지 않아도 그 시간을 저축했다가 나중에 쓸 수는 없다. 빈 시간에는 다른 일이 생기기 마련이다.

진실 ❷ 세상은 평등하지 않다

모든 사람이 저마다 다른 경험과 자원을 가지고 세상에 나온다. 어떤 동료 집단이든 교육, 지식, 돈, 개인 정체성, 가정에서의 역할, 인적 네트워크가 다를 것이다. 어떤 사람들은 가족이나 친구에게 소위 '직장 생활 가이드북'을 물려받는다. 그 책을 구하지 못한 많은 사람들은 각자 생존하고 성공하는 법을 알아내야 한다. 마이크로스킬이 직장 안팎의 모든 불평등을 해결할 수는 없지만, 독자들에게 각자의 강점과 약점, 이용 가능한 자원과 부족한 자원을 정확하게 평가할 수 있는 도구가 되어 줄 것이다. 마이크로스킬을 습득하면 적극적으로 불평등을 해소하고 자신감을 갖고 직장 생활을 해 나갈 수 있다.

진실 ❸ 시작할 수만 있다면 배움은 끝없다

이 세상에 우리의 학습 능력만큼 무한한 것도 잘 없다. 배움에 열려 있으면 자신은 물론, 개인의 전문성과 경력까지 강화할 수 있다. 부족한 자금, 가정일, 장애 때문에 배움 자체가 부담스럽고 힘들다고 느낄 수도 있다. 《마이크로스킬》이 직장 생활의 모든 것을 가르쳐 줄 수는 없다. 하지만 본인이 가진 지식의 빈틈을 깨닫고 해소할 때 성공에 더 가까워진다는 사실만큼은 분명히 알려 줄 것이다.

직장 생활이 복잡한 이유는 나 홀로 일하지 않기 때문이다. 모든 직장에는 세 개의 기둥이 있다. 본인, 팀, 그리고 일. 이 책을 읽는 동안 세 기둥을 모두 고려해야 한다. 우리가 제시하는 몇몇 전략과 스킬은 자기 자신, 즉 본인의 일정과 기회의 우선순위를 정하는 방법에 관한 것이다. 또 몇 가지는 팀원들과 명확하게 의사소통하고 도움을 주고받는 방법에 관한 것이다. 그리고 남은 몇 가지는 일을 검토하고 완수하는 방법, 즉 정해진 일정을 맞추고 전문성을 구축하는 방법에 관한 것이다.

이 책은 분명 독자 여러분의 경력에 결정적인 영향을 미칠 것이다. 마지막으로 딱 하나만 분명하게 기억해라. 직장 생활을 더 잘하기 위해 꼭 극심한 고통과 끝없는 자기희생, 그리고 육체적, 정신적, 피로를 감당할 필요는 없다. 의사인 우리는 여러분이 목표를 향해 달려갈 때 몸과 마음, 그리고 인간관계를 건강하게 지켜 가기를 바란다. 《마이크로스킬》은 공감과 전략을 바탕으로 독자 여러분에게 집중하고, 여러분의 더 나은 직장 생활을 향한 여정을 돕겠다.

1장

성장을 위한 기반,
자기 돌봄

리사　응급의학과 레지던트로 근무하는 4년 동안 제대로 된 밥을 먹어 본 적이 없어요. 저뿐만 아니라 다들 그랬죠. 동료와 교수 들은 8시간, 심하게는 10시간을 먹지도 마시지도 않고 일했습니다. 저도 그러려고 해 봤지만 아무것도 먹지 않고 그렇게 긴 시간을 버티기는 힘들었습니다. 굶주린 채로 중환자를 치료했던 기억이 납니다. 배가 너무 고파서 초조하고 예민한 상태로 고문 의사와 통화하는 일도 다반사였고요. 저는 응급실을 너무 오래 비우거나 문제가 되는 사태를 피하기 위한 방법을 하나 찾았습니다. 근무 때마다 카페로 달려가 차가운 베이글과 작은 사이즈 커피 한 잔을 주문하는 거였죠. 베이글을 흡입하며 빠른 걸음으로 응급실로 향했고 커피는 근무하는 내내 천천히 마셨습니다. 그게 제 식사였어요.

우리는 모두 건강하게 일하고, 온전하게 집중하고 싶어 한다. 단순 생존을 넘어 성장하고 싶어 한다. 메리엄웹스터 사전은 '자기 돌봄self-care'을 의료 전문가의 도움 없이 스스로 하는 건강 관리라고 정의한다.[9] 그러나 보고 배울 사람이 아무도 없다면 자기 돌봄은 자연스럽게 일어나지 않는다. 직장 문화 속에 자기희생을 당연시하고 생리적 기능을 억제하는, 즉 먹고 마시고 화장실에 가고, 아플 때 병가를 내고, 적당한 수면을 취하는 것을 억압하는 악습은 자기 돌봄을 실천할 수 없게 만든다.

자기돌봄의 중요한 목표는 정서적, 정신적 치유와 보호다. 자기 돌봄은 직장 안팎에서 즐겁게 생활하기 위한 목적의식과 움직임을 만드는 것이다. 경계를 만들고, 경계가 불러올 영향을 두려워하지 않으면서 이 경계를 지키는 것이다.

자기돌봄 　　　　　　　　　　이 또한 자기돌봄이다

자기 돌봄은 직장 안팎에서 좋은 기분을 유지하기 위한 목적의식과 움직임을 만드는 것이며, 그 형태는 사람마다 다를 수 있다

당연한 이야기일지 모르겠지만 의사라고 해서 특별히 건강하지도, 자신을 잘 돌보지도 않는다. 우울증, 약물 오남용, 자살 비율도 의사들이 더 높다. 남성 의사들은 자살 사망률이 동일 연령의 다른 남성들보다 40퍼센트 높고, 여성 의사들은 동일 연령의 다른 여성들보다 130퍼센트 높다고 한다.[10] 미국의 많은 주 의료 위원회가 의사 면허를 승인하는 과정에서 정신 건강과 관련된 질문을 한다.[11] 정신 건강에 대해 이야

기하면 낙인이 찍히는 풍토와 의사가 치료를 받는다는 사실에 수치심을 느끼는 분위기는 여전하다.[12] 이런 상황 탓에 의사들은 한결같이 자신을 홀대한다. 우리는 이렇듯 자신을 돌보지 않는 사람이 의료계에만 있는 게 아니라는 사실을 안다. 그리고 마이크로스킬을 통해 자기 돌봄을 익히고 연습할 수 있다고 믿는다.

원활한 직장 생활을 위해 자기 돌봄부터 이야기하는 이유는 다음과 같은 가혹한 진실을 명심해야 하기 때문이다. 직장을 아무리 사랑할지라도 직장은 그 사랑을 돌려주지 않는다는 사실. 우리의 회사, 조직, 직장은 우리를 사랑하지 않을 것이다.[13] 어쩌면 우리는 동료를 사랑할 수 있다. 그들도 우리를 진심으로 아낄 수 있다. 하지만 직장 그 자체는 우리의 가족이 아니다. 직장이 사랑을 돌려주지 않을 것이므로 직장 밖에서 무엇이 내 삶을 의미 있게 만드는지 찾아내고, 직업 세계를 넘어 내가 원하는 욕구와 이루고 싶은 성취가 무엇인지 깨닫길 바란다. 이번 장에서는 자기 돌봄을 도와줄 다음의 아홉 가지 마이크로스킬을 소개한다.

자기 돌봄을 위한 마이크로스킬

1. 신뢰하는 사람들과 관계 다지기
2. 감사한 마음 표현하기
3. 충분한 수면 시간 확보하기
4. 의도적으로 쉬는 습관 만들기

❺ 개인 재정 관리하기

❻ 자기 관리의 기본 점검하기

❼ 재미도 의미도 없는 불필요한 업무 중단하기

❽ 모든 일을 캘린더에 정리하기

❾ 회의 시간 정해 두기

> 마이크로스킬 1

신뢰하는 사람들과 관계 다지기

아디이라 의사들은 환자에게 약 복용량을 잘못 처방하는 두려움이 있습니다. 제가 레지던트 2년 차일 때 그 두려움은 현실이 되었죠. 문제의 그 환자는 심정지 상태였습니다(심장박동도 호흡도 없었어요). 심폐소생실에서 의료진은 서로 고함을 치고 몸을 부딪치며 뛰어다니고 있었어요. 제 상관이 투약을 지시했습니다. 간호사는 제게 환자에게 필요한 투약량의 세 배가 들어간 주사기를 건넸고요. 저는 상관이 지시한 양이라고 생각했고, 간호사는 제가 환자에게 필요한 양만큼만 투약하리라고 생각했죠. 결국 저는 잘못된 양을 투약했습니다. 환자는 제가 그 약을 투약하기 전에 사망했습니다. 그러니 제가 죽음의 원인은 아니었지만 기분이 끔찍했습니다. 실수는 실수였으니까요. 근무가 끝날 때쯤 다른 의사 동료에게 전화해 제가 저지른 실수를 이야기했습니다. 그 동료가 저를 판단하거나 비난하거나 매정하게 훈계를 늘어놓지 않을 거라는 믿음이 있었거든요. 과연 그랬습니다. 동료는 가만히 제 이야기를 들어 주었어요. 제 말을 듣고 위로를 건넸죠. 기분이 한결 나아졌습니다.

실제 필요한 스킬은 무엇일까?

나만의 개인 자문단 꾸리기.

이 스킬이 왜 필요할까?

혼자서 건강한 삶을 살기란 힘들다. 마찬가지로 혼자서 일하기도 힘들다. 일터에서든 일터 밖에서든 다른 사람들이 있어야 건강하게 살 수 있다. 100세를 넘긴 사람들이 가장 많이 사는 지역을 '블루 존 blue zone'이라 부른다. 블루 존의 핵심 원칙 중 하나는 공동체를 만들고 다른 사람들과 관계를 맺는 것이다.[14] 이 책 전체에 걸쳐 우리가 말하는 '개인 자문단'은 내가 존중하고 신뢰하는 사람들을 가리킨다.[15] 그들은 내 책상에 앉아 나의 성공을 돕고 힘을 실어 준다. 나와 같은 교육을 받고, 같은 지위에 있는 동료도 개인 자문단이 되어 줄 수 있다. 이 자문단에 속한 사람 중 일부는 '실패 친구' 역할을 한다. 의료계에서 일하는 우리는 유독 힘든 환자를 맡아 실패했다는 생각이 들 때 실패 친구들에게 전화를 건다.[16] 실패 친구란 내가 원하는 회사에 들어가는 데 실패하거나, 나쁜 인사 평가를 받을 때 전화를 거는 사람이다. 심지어 대화가 힘든 상황에도 개인 자문단은 내 책상에 앉아 솔직한 의견을 줄 수 있다. 이들은 나의 부족한 부분을 메울 만한 다양한 스킬과 관점을 알려 주며 나의 학습과 성장을 돕는다.

이 스킬은 왜 익히기 어려울까?

- 늘 경계 태세로 살다 보니 정말 도움이 필요할 때 사람들에게 손 내밀기가 어렵기 때문이다.
- 공동체에 마음을 쏟으려면 시간과 에너지, 공감 지능이 필요하고 또 본인의 취약한 부분을 드러내야 하기 때문이다.
- 사람을 잘못 판단한 뒤, 사실 그 사람이 믿을 만하지 않았으며 나를 돕는 데도 관심이 없었다는 사실을 깨닫는 게 뼈아플 수 있기 때문이다.

이 스킬을 익히기 위한 핵심 요령은 무엇일까?

신뢰하는 사람을 찾아라 이렇게 자문해 봐라. '회사에 급한 일이 생기면 나는 누구에게 전화할까? 만날 때마다 내 기분을 풀어 주는 사람은 누구일까? 갈등이나 어려운 대화를 유독 잘 푸는 사람이 누가 있을까? 내가 닮고 싶은 성숙함과 지혜를 가진 사람이 누구일까? 내 곤란한 상황을 소문내지 않을 믿음직한 사람은 누구일까?' 내 전화를 받아 주거나, 나중에라도 꼭 다시 전화를 걸어 마음을 풀어 주는 사람을 개인 자문단에 넣으면 좋다.

늘 인맥을 넓혀라 언제든 새로운 구성원을 영입해라. 개인 자문단의 테이블은 언제든 커질 수 있다는 점을 명심해라. 언제나 빈자리를 남겨 둬라. 좋은 사람이 있으면 데려와 자리를 내줘라. 이렇게 하면 누군가에게 너무 큰 짐을, 너무 자주 지우지 않을 수 있다. 또 처한 상황과 필요에 따라 함께 변하는 인간관계도 자연스럽게 받아들여라.

현실적인 기대치를 설정해라 이 집단은 변화무쌍하다. 지금 내 옆에 있는 사람이 내년에는 여러 이유로 옆에 없을지도 모른다. 관계가 영원히 지속되리라고 기대하지 말자. 그들에게 전화, 이메일, 문자 중 어떤 소통 방법을 선호하는지 물어보자. 누군가에게 언제든 전화, 이메일, 문자를 할 수 있다고 생각하지 마라. 적어도 그 사람이 괜찮다고 하기 전까지는 말이다.

수시로 안부를 확인해라 개인 자문단에게 연락하고 같이 시간을 보내라. 대화나 식사, 산책을 같이 하자고 청해라. 친해지고 싶은 마음을 진심으로 보여 줘라. 취약한 부분을 드러내면 더 빨리 친해질 수 있다. 질문을 하고, 근황을 나누고, 앞으로도 계속 연락해도 될지 물어 봐라.

받지만 말고 베풀어라 내가 개인 자문단에게 어떤 도움이 될 수 있을지 고민해 보자. 기회를 만들어 주고, 수상 후보로 추천하고, 상사에게 칭찬하는 이메일을 보내고, 친목 모임에 초대하고, '고맙다'고 말하자.

언제든 좋은 사람이 있으면 늘 데려와 자리를 내줘라.
이렇게 하면 한 사람에게 지나치게 자주 큰 부담을 지우지 않을 수 있다

다양성을 최우선으로 삼아라 다양한 사람들로 자문단을 꾸려라. 나와 외모가 비슷하거나 같은 일을 하는 사람들로만 자문단을 꾸릴 필요는 없다. 다양한 연령대, 성별, 인종의 사람들과 친분을 쌓아라. 삶의 경험과 가치관을 다른 사람들에게서 배울 수 있다.

신뢰가 깨지는 상황에 대응해라 비밀 대화가 밖으로 퍼질 위험은 늘 있다. 신뢰가 깨지는 상황에 처하면 그 이유를 파악해라. 어떤 사람이 거듭 신뢰를 저버린다면 그 사람은 나의 자기 돌봄이나 팀에 해로운 존재다. 직접 대화하고 그 사람의 이야기를 들어 본 뒤 그 사람을 회의 탁자에 남길지 말지 결정해라.

마이크로스킬 2

감사한 마음
표현하기

리사 　레지던트로 일하던 때, 전이성 유방암 환자가 응급실에 실려 왔습니다. 그 환자는 약해질 대로 약해져 삐쩍 마른 채 무척 고통스러워하며 죽어 가고 있었어요. 선임 의사와 저는 환자의 가족들을 진료실로 불러 어려운 이야기를 꺼냈습니다. 선임 의사는 노련하게 대화를 이끌며 가족들이 그녀의 '마지막 순간'을 결정할 수 있도록 했습니다. 가족들 모두 편안하고 차분해 보였어요.

몇 년 뒤, 선임 의사가 된 저는 응급실로 들어온 암 환자를 병원에 입원시켰습니다. 환자에게 정맥 항생제를 투여해 염증 치료를 해야 했고, 환자와 환자의 파트너는 감사의 마음을 전했습니다. 그리고 얼마 뒤 응급실에 실려 온 그 환자를 바로 알아보지 못했습니다. 암이 너무 많이 진행되어 살이 무척이나 빠져 있었기 때문입니다. 환자는 저혈압으로 기력이 없었고 말도 거의 못 했습니다. 환자의 파트너는 저를 알아보고 친근하고도 한편 무심한 말투로 자기는 밥을 먹으러 갈 거라고 말했습니다. 그러고는 별 생각 없이 환자가 입원해야 할지 물었습니다. (가족이 얼마나 아픈지 이해하지 못하는 가족들이 꽤 많습니다.) 저는 그녀를 방으로 데려가 몇 년 전 선임 의사가 했던 것처럼 어려운 이야기를 꺼냈습니다. "지금 환자분 상태가 많이 위중합니다. 너무 오래 자리를 비우시면 안 됩니다. 자녀분들에게 전화해 병원으로 오라고 해 주세요." 응급실 간호사가 다음 날 그 분이 찾아와 그 이야기를 해 준 제게 고마워했다고 전했어요. 저는 예전의 그 선임 의사에게 '생의 마지막 순간'을 전하는 방법을 알려 줘서 고맙다는 편지를 썼습니다. 그 선생님은 제 편지를 보관해 두고 수시로 찾아 읽는다고 했습니다.

실제 필요한 스킬은 무엇일까?

정기적으로 감사함을 표현하기.

이 스킬이 왜 필요할까?

우리는 다른 사람을 위해 문을 잡아 주고, 친절을 베푼 사람에게 고맙다고 말하는 등 예절을 배우며 자란다. 감사는 예의를 차린 인사말 그 이상이다. 단순히 한마디 말이 아니다. 의식적 행동이자 태도다. 감사는 받는 사람뿐 아니라 하는 사람도 기분 좋게 만든다. 감사의 말과 행동은 수면의 질과 즐거움을 느끼는 능력에 긍정적인 영향을 미칠 수 있다.[17] 고맙다는 표현을 많이 할수록 더 낙천적이고 관대해지며 고립감을 덜 느낀다. 정신 건강에 이로우며 사람들과의 관계를 발전시킨다.

이 스킬은 왜 익히기 어려울까?

- 감사를 표현하려면 노력과 고민, 연습이 필요하기 때문이다. 바빠서, 혹은 깜빡 잊고 감사의 말을 전하지 못할 수도 있다. 어쩌면 주변 사람을 당연하게 생각해서일 수도 있다.
- 감사를 별로 중요하게 생각하지 않기 때문이다.
- 상사를 포함한 직장 동료들이 매번 감사를 표현하지는 않기 때문이다.
- 삶의 부정적인 측면만 바라보고 생각하기 쉽기 때문이다.

이 스킬을 익히기 위한 핵심 요령은 무엇일까?

고마움을 표현해라 찬찬히 주변을 둘러보고 귀중한 교훈을 주는 사람들을 생각해 봐라. 도움을 주는 사람들과의 관계를 단단히 다지자. 고마운 마음을 전해라. 매일 또는 매주 일정한 시간에 고마운 사람이나 상황, 물건, 생각을 글로 적거나 큰 소리로 말해 보자. 아다이라는 종종 가족과 함께하는 저녁 식사 자리에서 가족들에게 이렇게 묻는다. "오늘 정말 기뻤던 일은 뭐였어?" 머릿속에, 또는 전자 기기나 종이에 그날 감사했던 순간의 목록을 만들어 봐라. 언제 어디서든 할 수 있다. 운전이나 운동, 또는 명상을 하면서도 할 수 있다. 처음에는 한 가지로 시작해 보자.

감사의 횟수를 기록해라 하루에 '감사하다'는 말을 몇 번이나 하는지 기록해 봐라. 감사하다는 말을 놓친 적이 있었나? 진심으로 고맙고 그 마음을 표현하고 싶은 사람들이 더 있나? 당장 연락해서 감사하다는 말을 전하고 싶은 사람들이 있나?

감사의 마음을 글로 전해라 '감사합니다'라고 말하는 것보다 더 진심을 담아 감사를 전하는 방법을 고민해 보자. 직접 쓴 감사 편지도 한 가지 방법이다. 문자도 좋다. 만나거나 대화를 나눈 뒤 이메일을 보낼 수도 있다. 그 사람의 어떤 부분, 어떤 행동이 고마웠는지 구체적으로 써라. "그 농담이 무례하고 업무 자리에서 부적절했다고 제 대신 나서서 말해 주셔서 고맙습니다. 그때 마음이 불편했고 어쩔 줄 몰랐거든요." 감사의 마음을 꼭 물질로 전할 필요는 없지만 책이나 꽃, 아이스크림을 보내도 괜찮을 것 같으면 그 방법도 좋다.

마이크로스킬 3

충분한 수면 시간 확보하기

리사   저는 늦게서야 잠이 만병통치약이라고 믿게 됐습니다. 응급의학과 의사는 잠을 거의 자지 않고도 멀쩡하게 생활하고, 밤늦게 자고 아침 일찍 일어나는 사람에게 완벽한 직업이죠. 수면 부족은 '의사 수련' 문화에 깊이 스며들어 있습니다. 근무는 밤낮없이 이어지고요. 뉴욕에서 밤샘 근무 후 지하철을 타면 집까지 서서 갔어요. 자리에 앉으면 집이 있는 맨해튼에 내리지 못하고 퀸스까지 가 버리는 불상사가 생기니까요. 잠에 대한 생각이 바뀐 건 밤샘 근무 후 컨디션이 회복되는 시간이 점점 길어지더니 급기야 며칠씩 그 여파가 이어진 뒤부터입니다. 그때부터 사고력과 기분, 몸 상태를 주의 깊게 살피기 시작했어요. 수면 과학과 건강법에 대한 책도 찾아 읽었고요. 지금은 잠을 건강 관리의 최우선 순위에 두고 있습니다.

> ### 실제 필요한 스킬은 무엇일까?
>
> 몸과 마음, 정신 건강에 좋은 수면 습관 만들기.

이 스킬이 왜 필요할까?

우리는 대부분 하루 7~9시간 정도 자야 한다.[18] 일단 관심을 가져 보자. 수면 시간과 일정을 규칙적으로 지키지 않으면 피로, 우울감, 짜증이 늘고 생산성과 사고력이 줄어든다. 수면 부족은 스트레스, 비만, 우울증 등 심각한 건강 문제를 유발한다.[19] 직장에서 흔히 볼 수 있는 이른 아침의 회의 문화가 충분한 휴식을 방해할 수 있다.[20]

이 스킬은 왜 익히기 어려울까?

- 건강한 수면 습관을 지키지 않고, 간혹 잠을 거의 안 자고 생활하는 걸 자랑하는 사람들이 있기 때문이다.
- 잠을 앗아 가는 마감, 책임, 스트레스 유발 요인, 디지털 자극에 둘러싸여 있기 때문이다.
- 집이나 직장의 스트레스 요인들이 불면증을 유발하기 때문이다.
- 술, 각성제, 약이 수면에 도움이 된다는 잘못된 생각 때문이다.[21]

이 스킬을 익히기 위한 핵심 요령은 무엇일까?

마음가짐을 바꿔라 분주한 시스템을 차분하게 만들어라. 저녁 뉴스, 중독적인 SNS, 동료나 가족과 나누는 스트레스 쌓이는 대화 등 머리를 분주하게 만드는 활동을 멈춰라.

마음을 느긋하게 먹어라 천천히 심호흡을 하면 멜라토닌이 분비되고 교감신경의 활동이 늦춰져 몸의 긴장이 풀린다.[22] 감사를 표현해라. 감사하는 일을 입 밖으로 크게 말하거나 글로 적어 보는 것이다.[23] 헤드스페이스^{Headspace}나 캄^{Calm} 같은 휴식 앱, 명상 앱을 활용해 봐도 좋다.

스트레스 요인에서 벗어나 휴식해라 설거지할 그릇을 싱크대에 그대로 두거나, 아이들 점심 도시락을 준비하지 않고 잠자리에 드는 자신을 용서하자. 그 모든 일을 다 할 수도 없고 그러라고 시킨 사람도 없다. 스트레스가 많을 것 같은 날에는 미루거나 취소할 수 있는 일이 있는지 따져 봐라. 그렇게 생긴 여유 시간은 좋아하는 사람들과 쓰자. 아니면 혼자서 시간을 보내라.

수시로 시계를 봐라 매일 같은 시간에 자고 일어나라. 주말도 포함이다. 업무 부담으로 인한 밤샘 근무는 피해라. 20시간 동안 잠을 자지 않고 새벽 3시까지 엑셀 작업을 하고 있다면 잠시 멈춰 생각해 보자. '이 일이 나를 행복하게 해 줄까? 이 일이 나한테 도움이 될까? 뭐 때문에 나는 나 자신을 이토록 힘들게, 자주 몰아세우고 있을까?'

주변 온도를 조절해라 방이 너무 따뜻하거나 추우면 안 된다. 추위에 몸을 떨거나 더위에 땀을 흘리면 잠들기가 매우 힘들다.

빛과 소음을 최소화해라 소리와 빛은 수면을 방해한다.[24] 잠자기 힘들다면 방을 어둡고 조용하고 편안하게 만들어라. 어두운 방은 정신 건강까지 개선할 수 있다.[25] 암막 커튼은 응급실 의사들이 야간 근무를 할 때 제일 좋아하는 아이템이다. 수면 안대도 상당히 효과가 좋다. 휴대전화와 노트북 같은 전자기기는 수면을 방해할 수 있으니 적어도 잠자기 1시간 전에는 멀리 치워 두자.

자극적인 음식과 음료를 피해라 과식, 술, 카페인은 수면을 방해할 수 있다. 위산 역류를 유발하는 건 물론이고 악화시킬 수 있다. 잠자기 전에는 피해라.[26]

약효를 제대로 파악해라 중요한 이야기지만 짧게 이야기하겠다. 멜라토닌은 어떤 사람들에게 효과가 있지만 모든 사람에게 잘 맞는 건 아니다. 멜라토닌 호르몬은 어두울 때 뇌에서 만들어진다. 영양제로도 나온다. 약국에서 파는 수면 보조제말고 다른 약물이 필요하다 싶으면 의사와 상의해라. 술과 진통제는 자기 전에는 피해야 한다.

규칙적으로 운동해라 운동은 사람에 따라 낮에 하는 게 좋을 수도 있고, 밤에 하는 게 좋을 수도 있다. 밤에 운동을 한다면 적당량만 해라. 그렇지 않으면 아드레날린이 과도하게 분비되어 잠들기 힘들 수 있다. 대체로 운동은 숙면에 도움을 준다.[27]

다양한 루틴을 시도해 봐라 아다이라는 두 팔을 높이 들어 작은 원을 그리며 근육을 풀어 주고, (심지어 보스턴의 겨울 추위에도) 매일 밤 선풍기를 틀어 놓고 잔다. 리사는 뜨거운 물로 샤워를 하거나 목욕을 즐겨 한다. 자신에게 맞는 수면 루틴을 찾을 수 있도록 다양한 방법을 시도해 보자.

마이크로스킬 4

의도적으로
쉬는 습관 만들기

리사 열심히 일한 만큼 돌아오는 보상도 크다고 생각해 왔어요. 밤늦게까지 일하고 잠과 휴식은 포기해야 한다고 믿었고요. 8시간 교대 근무를 하는 날에는 근무시간 전후로 강의를 하거나 일정 회의를 했고, 근무가 없는 날에도 워크숍 지도와 논문 작성 등 많은 일을 했습니다.

일하는 태도를 바꾸게 된 건 '의도적인 휴식'의 효과를 증명하는 연구 결과를 읽고서였습니다. 그 연구의 골자는 일에서 멀어지는 시간을 의도적으로 가져야 근무시간에 생산성과 효율성이 높아진다는 거였죠. 제가 효율적이지 않고 자기 돌봄에도 이롭지 않은 방식으로 일하고 있다는 사실을 그제서야 깨달았습니다. 이후 매일 운동을 하고 자연 속을 걷고 낮잠을 자고 좋아하는 책을 읽고 식사를 함께하고 친한 친구들과 시간을 보낸 뒤부터 생산성이 더 높아지는걸 경험할 수 있었어요.

실제 필요한 스킬은 무엇일까?

일할 때와 마찬가지로 의도적으로 휴식하기.

이 스킬이 왜 필요할까?

의도적인 휴식은 건강에 이롭고 집중력, 생산성, 효율성을 높인다.[28] 알렉스 수정 김 방(Alex Soojung-Kim Pang)은 자신의 저서 《일만 하지 않습니다(Rest)》에서 이렇게 말한다. "휴식은 절로 주어지지 않는다. 휴식이 선물로 주어진 적은 없다. 모든 일을 마치고 나서 하는 것도 아니다. 휴식을 원한다면 쟁취해야 한다. 분주함의 유혹을 이겨 내고 시간을 내서 휴식해야 한다. 휴식의 소중함을 깨닫고, 호시탐탐 그 시간을 빼앗으려는 세상으로부터 지켜 내야 한다."[29] 의도적인 휴식이라는 개념이 방종하거나 사치스러워 보일 수도 있으며 말처럼 실천하기 쉽지 않다는 사실을 우리는 잘 알고 있다.

'육아 출근'은 회사에서 온종일 일하고 난 뒤에 집안일과 육아를 시작한다는 말이다.[30] 여성이 압도적으로 많이 떠맡는다. 홀로 아이를 키우는 한부모들 역시 퇴근 후에 제대로 쉬지 못한다. 해야 할 일이 너무 많아 허둥거릴 때는 의도적으로 휴식을 취하기 힘들다. 그럴수록 더 휴식이 필요하다. 기회가 눈앞에 있으니 잡아야 한다.

의도적인 휴식은 SNS를 계속 쳐다보거나 영화를 몇 편씩 연달아

보는 게 아니다. 이런 매체는 각성과 스트레스를 유발한다. 또 긴장을 풀고 가만히 생각하고 질문하고 마음을 차분하게 만들 기회를 앗아 간다. 아다이라의 경우 주말에 의도적으로 휴식을 취한다. 회사 일을 멀리하고 가족과 함께며, 정원 관리에 집중한다. 리사는 매일 아침 일찍 일어나 요가와 명상을 하며 의도적으로 휴식을 취한다.

우리는 일하지 않을 때도 신중하고 의식적으로 활동할 필요가 있다. 계속해서 일할 수는 없다. 건강에도 좋지 않을뿐더러 사실상 생산성 면에서도 역효과를 낸다.

이 스킬은 왜 익히기 어려울까?

- 일에 중독되어 생산적인 일을 해야 마음이 편하기 때문이다.
- 이메일을 보지 못하거나, 프로젝트 마감을 지키지 못하거나, 경쟁에서 뒤처지는 것을 두려워하기 때문이다.
- 자원이 부족하거나 꼭 해야 하는 일이 너무 많기 때문이다.

이 스킬을 익히기 위한 핵심 요령은 무엇일까?

딱 한 가지 행동만 바꿔라 하룻밤 사이에 인생을 바꿀 수는 없다. 한 번에 하나씩만 바꿔라. 새로운 방법으로 의도적인 휴식을 취해 봐라. 책상에 앉아 다른 서류를 살펴보는 대신 낮잠을 자거나 조용히 앉아 있어 보자. 친구들과 산책을 하거나 개를 산책 시킨 뒤 목욕을 하고 쉬어 보자.

의도적인 휴식을 사수해라 휴식을 우선순위에 놓아라. 다른 사람에게 자기 상황을 설명할 필요가 없다는 사실을 기억해라. 예를 들어 친구와 저녁 선약이 있어서 회사 저녁 모임에 갈 수 없다고 이야기할 필요가 없다. 하지만 우리는 대개 '아니요'라고 답하는 데 불편함을 느낀다. 그렇다면 "죄송한데, 저는 참석이 어렵습니다. 선약이 있어서요"라고 말해라. 휴식이 중요한 이유를 더 잘 알수록 팀과 직장과의 경계를 정하기가 더 쉬워질 것이다. 그리고 다시 일할 마음도 더 커진다.[31]

이메일 보는 시간을 정해라 늘 일하고 있다는 느낌이 들기 쉽다. 근무시간 외에는 부재중 회신 기능을 켜 둬라. 사람들에게 특정 시간대에만 이메일을 보내 달라고 요청해라. 이메일 서명란에 주요 업무 시간을 추가해 동료나 클라이언트에게 알리는 방법도 있다.

마이크로스킬 5

개인 재정 관리하기

아다이라 레지던트를 마칠 때쯤 학자금 대출 금액이 28만 4000달러가 넘었어요. 대부분 이자율이 8~9퍼센트인 고금리 대출이었죠. 4년간 레지던트로 일하면서 사실상 대출은 신경을 끄고 살았는데, 졸업할 때가 되어서야 대출금이 얼마인지를 확인하고 정말 깜짝 놀랐어요. 그 스트레스에서 벗어나기로 결심한 저는 학자금 대출에 대해 정말 열심히 알아봤고(학자금 대출 감면 지원 등), 재정적으로 도움이 되는 방법과 심리적으로 도움이 되는 방법이 있다는 걸 알게 됐습니다. 전략적으로 대출금을 갚아 나간 저는 일단 이자율이 높은 대출금부터 해결하고, 3년에 걸쳐 대출금을 모두 상환했습니다.

물론 저는 유리한 입장이었다고 볼 수 있어요. 의사 월급을 받았고, 그땐 아이도 없을 때라 장시간 초과근무를 할 수 있었거든요. 간단하게 끼니를 해결하고, 휴가도 최소한으로 썼습니다. 모두에게 추천하는 방법은 아니지만 재정을 관리하는 데는 큰 계기가 되었습니다.

> ### 실제 필요한 스킬은 무엇일까?
> 자신의 재정 상태 점검하기.

이 스킬이 왜 필요할까?

건강한 재정 습관을 만들면 재정적 자립을 이룰 수 있다. 즉 개인적 선택은 물론 직업과 관련한 선택도 자유롭게 할 수 있다(조기 은퇴, 여행, 별장 구입, 파트타임 근무 등). 아다이라는 스물다섯 살 때부터 재정 전략을 세웠다. 서른다섯 살에는 풀타임에서 파트타임으로 전환하면서 응급실 교대 근무시간을 줄였고, 월 근무일을 12일에서 7일로 바꿨다. 지금 재정을 관리하면 나중에 모험을 할 여유가 생긴다.

이 스킬은 왜 익히기 어려울까?

- 재정 관리에 엄두가 안 나고 어디서부터 시작해야 할지 몰라 미루다 아예 외면하게 되기 때문이다.

- 재정적 여유가 없기 때문이다.
- 개인 재무에 대한 금융 지식이 부족하기 때문이다.
- 학자금 대출, 담보 대출, 월세, 육아 등 우선순위를 다투는 일들에서 자유로워질 수 없다고 느끼기 때문이다.
- 돈에 큰 관심이 없어서 재정 관리의 우선순위가 낮기 때문이다.

이 스킬을 익히기 위한 핵심 요령은 무엇일까?

문제를 해결해라 스트레스 때문에 재정 관리를 피하게 되면 더 나쁜 상황에 처할지도 모른다. 피한다고 재정 문제가 사라지지는 않는다. 벅찬 상황을 헤쳐 나가도록 도와줄 수 있는 사람들과 상의해라. 재정 전문가를 개인 자문단에 포섭하는 것도 좋다. 안심하고 돈을 관리할 수 있는 방법은 많다.

부채 목록을 만들어라 사람들은 저마다 부채를 대하는 태도가 다르다. 그 관계는 대개 성장 환경과 주변 어른들이 돈과 관계 맺는 방식에서 영향을 받는다.[32] 두렵겠지만 본인의 부채를 파악해야 한다. 부채 목록을 작성해라. 신용카드, 개인 대출, 학자금 대출, 자동차 할부금을 포함한 모든 부채를 정리해라. 학자금 대출 같은 일부 대출은 필요하기도 하다. 몇몇 대출은 정부나 회사의 제도를 통해 감면받을 수도 있다.[33] 계획을 세우려면 일단 부채 현황을 파악해야 한다.

생활비를 줄여라 여러분이 원하는 건 뭐든 하고 살 만큼 경제적 여유가 있으면 좋겠다. 하지만 현실은 대개 그렇지 않다. 그러니 절약할 수 있는 방법을 고민해 봐라. 터무니없이 비싼 대출 이자 때문에 많은 사회 초년생들이 집을 구하느라 고생한다. 합리적인 대안은 혼자 또는 룸메이트와 월셋집을 구하거나 가족과 함께 살며 생활비 지출을 줄이는 것이다.[34] 많은 사람이 가족이나 룸메이트와 함께 산다. 생활비가 적게 드는 도시로 이사하는 것도 한 가지 선택지지만 모두에게 해당하지는 않는다. 물론 돈 때문에 살던 곳을 떠나는 게 결코 유쾌한 일은 아니다. 더불어 대중교통을 이용해 자동차 비용과 교통비를 절약하자.

재정 관련 조언을 구해라 책이나 영상을 찾아 보고 금융에 밝은 지인과 이야기해 봐라. 온라인 개인 자산 관리 모임에 들어가는 것도 방법이다. 경제적 자립과 조기 은퇴를 꿈꾸는 '파이어족^{FIRE}'이 있다. 저축과 지출을 전략적으로 하여 경제적 자립과 조기 은퇴를 계획하는 사람들이다.[35] 인터넷에서 정보를 찾을 땐 정보가 정확한지 주의해서 판단해라.

비상금을 넉넉히 마련해라 비상 상황은 갑작스럽게 생기고 비용 부담이 클 수 있다. 누구도 본인이나 가족의 병환 또는 다른 이유로 비상금이 필요해지는 상황을 예상할 수 없다. 적은 금액부터 시작해 한 달 생활비는 충당할 수 있을 만큼의 돈을 모아 둬라. 그런 뒤 3개월, 6개월까지 감당할 수 있을 만큼 늘려 가라.

직원 복지 담당자를 만나라 회사를 포함한 조직, 특히 대규모 조직에는 직원 복지를 담당하는 직원이 있다. 내가 받을 수 있는 복지 혜택을 알아 봐라. 장애, 보험, 은퇴, 그리고 병가나 육아 휴가 등 휴가 기간도 여기에 포함된다. 월별 교통비 혜택, 더 나아가 주차료 할인이나 미술관 티켓 할인 등 비용 절감 혜택을 알아 봐라.

마이크로스킬 6

자기 관리의 기본 점검하기

리사 응급실에서 교대 근무를 같이 선 의대생이 있었습니다. 그 의대생은 신경 써서 옷을 단정하게 입었습니다. 그런데 몸에서 심하게 냄새가 났어요. 환자들은 그녀가 병실을 나갈 때마다 한마디씩 했죠. 간호사들이 제게 이야기를 좀 해 보라더군요. 그전에는 한 번도 이렇게 민감하고 어려운 대화를 꺼내 본 적이 없던 저는 일단 민감한 문제를 꺼내 본 경험이 있는 동료와 이야기를 나눴어요. 안부를 물으면서 다정하게 대화를 시작해 보라고 하더군요. 학생은 마음을 열고 대화에 임했어요. 정신이 건강한 사람이었죠. 그녀는 본인한테 냄새가 나는지 모르고 있었고, 제가 이야기를 꺼내자 어떻게 해야 할지 방법을 알겠다고 하더군요. 그녀는 문제를 바로잡았고 냄새는 사라졌어요. 더 이상 뒤에서 뭐라고 하는 사람도 없었고요.

실제 필요한 스킬은 무엇일까?

청결과 건강 유지.

이 스킬이 왜 필요할까?

위생, 옷차림, 외모 정돈은 쓸데없는 것이 아니다. 자신을 어떻게 생각하고, 얼마나 존중하고, 어떤 식으로 돌보는지 보여 주는 수단이다. 모두가 건강하고 즐겁게 회사 생활을 했으면 좋겠다. 본인이 느끼기에 회사에 적합하다고 생각하는 머리 스타일과 옷차림을 결정해라. 단지 시스젠더 cisgender (생물학적 성별과 본인이 느끼는 성별 정체성이 일치한다고 느끼는 사람-옮긴이)나 이성애자의 미적 기준을 그대로 따르라는 말이 아니다. 자기 관리를 위한 기본 원칙을 제안하는 것이다.

말이 나온 김에 덧붙이자면 우리도 이런 현실이 자랑스럽지는 않지만, 통상 매력이 인기나 승진에 도움이 된다는 사실을 알고 있었으면 좋겠다.[36] 실제로 어느 설문조사 결과에 따르면 근로자의 86퍼센트와 관리자의 80퍼센트가 옷차림을 보고 승진 여부를 판단한다고 답했다. 각자 선호하는 취향을 따르길 바란다. 직장 생활에서 외모는 중요하다.[37]

이 스킬은 왜 익히기 어려울까?

- 잠을 최대한 늦게까지 자거나 아침에 할 일(반려동물이나 아이)을 챙기는 것이 본인을 꾸미는 일보다 우선시되기 때문이다.
- 외모와 건강 관리에 시간을 쓰는 게 불편하거나 자기중심적이라 느껴질 수 있기 때문이다.
- 생활이나 경제적 상황이 안정적이지 않아 위생을 신경 쓰기가 힘들기 때문이다.
- 신체적 제약이 있거나 정신 건강이 좋지 않아 하루를 준비하는 게 힘들기 때문이다.

이 스킬을 익히기 위한 핵심 요령은 무엇일까?

루틴을 단순화해라 의상 선택, 머리 감기, 빨래 같은 일을 주말이나 저녁으로 옮기면 출근 전 할 일을 줄일 수 있다. 옷 관리에 자신이 없다면 관리가 까다로운 옷은 되도록 사지 마라. 점심 도시락을 먹는다면 전날 저녁에 미리 준비해 두는 것도 방법이다(대개 음식을 배달하거나 포장하는 것보다 돈이 적게 든다). 신선한 야채, 과일, 견과, 후무스는 모두 쉽게 준비할 수 있는 점심 메뉴다.[38] 우리가 제안하는 것은 자기 관리의 기본 요령임을 분명히 밝힌다. 이 방법들은 남은 삶과 직장 생활에 지대한 영향을 미칠 건강 관리의 체계적인 단계이기도 하다.

구강 위생을 관리해라 미국치과협회는 치아와 잇몸을 건강하게 관리해 충치를 예방하라고 권고한다.[39] 매일 두 번 양치질을 하고, 매일 한 번 치실질을 하고, 불소와 구강 청결제를 사용하자. 또 주기적으로 치과에 가자. 이런 습관은 입냄새도 막아 준다. 담배는 끊자. 담배는 치아와 혀에 해롭고 잇몸 질환을 유발하고 입냄새의 원인이 된다. 사탕과 탄산음료처럼 설탕이 든 음식은 맛있지만 충치를 유발한다.

몸과 머리, 옷을 깨끗하게 유지해라 목욕을 하면 각질과 세균, 유분을 없앨 수 있다. 사타구니와 겨드랑이처럼 땀이나 냄새가 나기 쉬운 부위를 청결하게 유지해라. 회사에서는 손을 씻어라. 머리를 감는 것도 위생 관리다. 하지만 머리카락 유형은 사람마다 다르다. 본인의 머리카락 타입에 잘 맞는 방식을 따르자. 그리고 향수와 에센셜 오일은 적당량만 쓰는 것이 좋다. 적정선을 지키길 바란다. 사람들이 나에 대해 이야기할 때 외모만 언급하지 않게 해라.

마이크로스킬 7

재미도 의미도 없는
불필요한 업무 중단하기

아다이라 엄마이자 아내인 저는 집을 청소해줄 사람을 처음 구했을 때 패배감이 들었어요. 혼자서도 병원 교대 근무, 육아, 결혼 생활, 집안일을 해낼 수 있을 줄 알았거든요. 하지만 집이 점점 돼지우리가 되어 갔어요. 그만큼 제 스트레스도 쌓여 갔고요. 저는 깨끗한 집이 좋아요. 마구 어질러진 집을 보면 마음이 불편해요. 그래서 전문가를 찾은 거죠. 처음 청소하는 분을 집에 들일 때는 정말 민망했어요. 장난감, 빨랫감, 시리얼이 여기저기 널려 있었거든요. 그날 저녁에 집에 와서 바뀐 집을 봤어요. 청소해 준 분에게 "우리 집에 들어와 사실래요?"라고 장난 섞인 문자를 보냈죠. 그만큼 제 삶을 바꿔 놨으니까요. 돈 쓴 보람이 있었어요. 청소비는 제 시간을 그만큼 아껴 줬어요. 스트레스 지수도 확 낮춰 줬고요. 왜 그렇게 오래 고생했는지 모르겠어요.

> ### 실제 필요한 스킬은 무엇일까?
>
> 시간과 에너지를 축내는 일을 전략적으로 그만두기.

이 스킬이 왜 필요할까?

많은 사람이 그 모든 일을 다 할 수 있다고, 누구보다 잘할 수 있다고 믿는다. 하지만 불가능하다. 무엇보다 몸이 상한다. 장시간 근무는 뇌졸중과 심장마비의 위험을 높인다는 연구 결과도 있다.[40] 불필요한 업무를 없애는 것은 단지 할 일을 줄이는 행동일 뿐 아니라 효율적인 시간 활용이 개인의 건강 개선에 도움을 준다는 사실을 의식하는 마음챙김 연습이다. 에너지를 갉아먹는 일을 없애면 스트레스가 줄고 더 즐거워질 수 있다. 또한 이런 변화로 자기 계발에 좀 더 집중할 여유가 생긴다.

이 스킬은 왜 익히기 어려울까?

- 다른 사람에게 일을 떠넘긴다는 죄책감이 들기 때문이다.
- 스스로 힘에 부친다는 사실을 인정하면서 자신의 취약한 모습을 드러내야 하는 과정에서 수치심을 느낄 수 있기 때문이다.
- 재정적 부담(학자금 대출, 자녀 양육비, 주택 임대료) 때문에 추가 지출

이 힘들기 때문이다.
- 일을 어떻게 줄여야 할지 방법을 모르기 때문이다.

이 스킬을 익히기 위한 핵심 요령은 무엇일까?

시야를 넓혀라 일을 줄여야 하는 이유를 고민해 보자. '이 업무는 지루하거나 쓸데없어'라고 합리화하는 대신 '나는 가족과 보낼/친구와 함께할/운동할 시간이 부족해'라고 말해 보자. 자주 말하면 왜 시간을 확보해야 하는지 알 수 있다.

누구나 취약한 부분이 있음을 받아들여라 어느 누구도 모든 일을 완벽하게 해낼 수는 없다. 심지어 겉으로 '우아하고', '자신감 넘쳐' 보이는 연예인, 정치인, 회사 임원, 동료 들 역시 모든 걸 혼자 힘으로 해내지는 못한다. 스스로에게 이렇게 말해라. "이걸 나 혼자 할 수는 없어." 당당하게 말해라. 여러분만이 아니다. 많은 사람이 그런 감정을 느낀다.

줄일 수 있는 일을 찾아내라 어디서부터 시작해야 할지 모르겠다고? 다른 사람들에게 아이디어를 얻어라. 일을 체계적으로 잘하고 있는 것처럼 보이는 사람에게 물어봐라. "어떤 일을 줄이고, 다른 사람에게 넘기고, 외주를 주나요?" 당신을 지치게만 하고 아무 의미도 느끼지 못하는 잡무가 무엇인지 생각해 봐야 한다. 거기에 집중해라. 작은 것부터 시작해라. 일을 줄이는 네 가지 방법이 있다. 업무를 자동화하고, 다른 사람에게 넘기고, 외부에 맡기고, 간소화하는 것이다.

윗사람과 이야기해 봐라 줄이고 싶은 업무와 프로젝트는 집안일일

  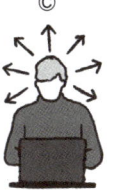 

Ⓐ 자동화하기: 대량 작업은 미리 설정해 놓으면 다음에 하기가 쉬워진다(자동 결제 청구서 등)
Ⓑ 다른 사람에게 넘기기: 그 일을 할 수 있는 다른 사람을 찾아라(자녀에게 집안일 부탁하기 등)
Ⓒ 외주 맡기기: 외부 기관에 의뢰해 일을 마무리해라(정원사 고용 등)
Ⓓ 간소화하기: 불필요한 단계를 줄여라(이메일 구독을 중단해 받은편지함에 들어오는 메일 줄이기 등)

수도 있고 회사 일일 수도 있다. 회사에서 하는 업무가 별 가치가 없다고 생각한다면 본인이 시간을 어떻게 쓰고 있고 그 노력이 어떤 결실을 내고 있는지 정중하게 이야기해 보자. 구체적으로 이야기해야 설득력이 생긴다. 꼭 해결책까지 제시할 필요는 없지만 아이디어가 몇 개쯤 있으면 도움이 된다.

업무에 대한 문제를 제기해라	그 업무의 대안을 구체적으로 제시해라
"제기 이메일로 보내는 주간 회의록에 대해 이야기할 수 있을까요? 팀원들에게 물어보니 아무도 읽지 않는 것 같더라고요. 회의록을 작성하려면 시간이 꽤 많이 드는데, 그 시간을 다른 업무에 쓸 수 있을 것 같아요."	"모든 사람이 돌아가면서 회의록을 작성하는 방법노 있습니다. 아니면 핵심 실행 항목만 요약해서 보내도 될 것 같아요. 그러면 시간을 절약할 수 있어요. 회의를 녹음하는 방법도 있고요, 놓친 사람이 있으면 나중에 녹음 파일을 다시 들으면 되죠."

마이크로스킬 8

모든 일을
캘린더에 정리하기

아다이라 세 아이의 엄마이자 바쁜 직장인이자 기술업계 종사자 남편을 둔 저는 수많은 일과 회의, 파티, 컨퍼런스, 휴가를 캘린더에 적어 둬요. 매일 캘린더를 확인하지 않고는 사실상 제대로 생활할 수가 없어요. 아이들이 자라 가면 남편과 저는 그 주의 일정을 확인해요. 말 그대로 하루하루 확인합니다. 아이들 바래다주고, 근무일, 참석해야 하는(또 빠져도 되는) 생일 파티, 온갖 연습(바이올린, 발레, 서커스 등)을 모두 기록하죠. 기억에만 의존하려 했다면 제 뇌는 뒤죽박죽됐을 거예요. 사회 초년생 때는 할 일이 적었어요. 전반적으로 책임이 가벼웠죠. 그래서 달력을 써 본 적이 없어요. 기록은 책임이 생기고부터 시작했죠. 바쁘게 사는 모든 사람에게 이 방법을 적극 추천해요. 모든 정보를 캘린더에 옮겨 놓으면 마음이 가벼워지고 제 자신을 가장 먼저 돌볼 수 있어요.

> **실제 필요한 스킬은 무엇일까?**
>
> 기억에 의존하지 않고 모든 일을 캘린더에 정리하기.

이 스킬이 왜 필요할까?

머릿속 짐을 덜고 시간을 사수하는 것은 자기 돌봄에 필요한 중요 덕목이다. 일정표를 확인하지 않아 회의를 깜빡하거나 동시에 같은 약속을 잡은 적이 있는가? 신경 과학자들은 사람은 한 번에 네 가지 일만 기억할 수 있다고 한다.[41] 신중하고 의식적으로 기록하면 캘린더는 약속과 여가 시간을 관리하는 훌륭한 방법이 될 수 있다. 일할 때만 그런 게 아니다. 누군가의 생일을 기억하는 방법은 간단하다. 날짜를 캘린더에 기록하고 '매년 반복' 옵션을 선택하기만 하면 된다.

이 스킬은 왜 익히기 어려울까?

- 정리하는 습관과 의식적인 노력이 필요하기 때문이다.
- 효과에 의문을 품고 있기 때문이다.
- 여기저기 흩어져 있는 캘린더가 많아서 어떻게 전부 통합할지 엄두가 나지 않기 때문이다.

이 스킬을 익히기 위한 핵심 요령은 무엇일까?

캘린더를 하나로 통합해라 캘린더를 한 개 이상 쓰고 있다면 합쳐라. 되도록 한 개만 쓰는 것이 좋다. 대부분의 캘린더 프로그램에는 자동 전달과 동기화 기능이 있다.

캘린더를 접근하기 쉽게 만들어라 캘린더를 자주 봐야 한다면 쉽게 접근할 수 있게 만들어라. 휴대전화, 노트북, 클라우드에 동기화해라. 하지만 가까워진 만큼 의도적인 휴식을 방해할 수 있다는 점을 명심하고 스스로 제어하는 것이 좋다.

캘린더를 보기 편하게 정리해라 캘린더를 너무 빽빽하게 채워 아무것도 찾을 수 없게 만들지 마라. '헬스클럽', '장보기' 등 모든 일정을 다 적으면 그날 일정 목록이 어수선해진다. 자주 있는 회의와 업무는 시각적으로 구분되게 표시해라. 색깔로 구분해도 좋다.

일정에 상세 내용을 적어라 일정에 제목을 명확히 달아야 확인이 편하다. 설명에는 관련 웹사이트, 링크, 이전 회의록 등 정보를 붙여 놔라. 파일을 첨부해도 좋다.

공유 캘린더를 써라 가족이나 팀원들과 캘린더를 공유하면 여러 사람의 일정을 파악할 수 있다. 캘린더를 다른 사람(팀원, 관리 직원, 파트너, 자녀)과 공유한다면 사람들이 어디까지 볼 수 있는지 확인해 봐라.

마이크로스킬 9

회의 시간 정해 두기

아다이라   오래도록 캘린더에 기록하는 회의의 수가 통제할 수 없을 만큼 많았어요. 많아도 너무 많았어요. 동료들을 존중하지만 어떤 회의는 객관적으로 아무 소득도 없어 보였죠. 아무 결정도 못 내린 채 시간을 너무 많이 잡아먹었어요. 솔직히 저도 예전에는 잘했다고만은 할 수 없는 회의를 했어요. 다들 그렇죠. 하지만 차차 생산적인 회의가 무엇인지 알게 됐고, 모든 회의의 경계를 정하기 시작했어요. 지금은 회의 주제가 무엇인지, 이메일로 대신해도 되는지 묻죠. 어떤 회의는 시간을 정해 둡니다. 금요일 아침에는 오직 자문과 멘토링 회의만 하죠. 또 금요일 오후에는 되도록 회의를 잡지 않습니다. 금요일 오후 1시에서 5시 사이는 그 주에 해야 할 일을 끝내야 해요. 일을 다 끝낸 뒤에는 쉴 수 있는 제 시간이고요.

> **실제 필요한 스킬은 무엇일까?**
>
> 경계를 정하고 회의의 필요성을 명확히 하기.

이 스킬이 왜 필요할까?

회의는 직장의 기본 의사소통 방식처럼 보인다. 회의는 우리의 캘린더와 에너지를 잡아먹는다. 물론 신뢰와 심리적 안정감을 만들며, 원격 근무를 하는 직장의 경우 공동체 의식을 만드는 역할도 한다. 하지만 대개는 회의의 비중과 역할이 지나치게 크다는 생각이 든다. 너무 잦은 회의와 비생산적인 회의는 업무 집중도를 떨어뜨리고 진을 빼 놓는다. 한 연구 결과에 따르면 회의를 40퍼센트 줄이면 생산성은 71퍼센트까지 높아진다.[42]

이 스킬은 왜 익히기 어려울까?

- 회의를 제한하는 게 반문화적이고 무례하거나, 업무와 팀 분위기에 지장을 준다고 느껴지기 때문이다.
- 회의 시간이 아닌 평소에도 체계적이고 능숙하게 소통하는 능력이 필요하기 때문이다.

- 팀원들이 다른 의사소통 방식에 관심이 없기 때문이다.

이 스킬을 익히기 위한 핵심 요령은 무엇일까?

회의와 행사 횟수를 제한해라 꼭 필요하지 않은 회의가 업무 집중도를 떨어뜨린다면 시간을 줄이거나 중단해라. 워크숍, 사교 모임, 멘토링 회의처럼 선택이 가능한 업무 행사도 제한해라. 이런 행사는 팀원들과 친해지는 데는 도움이 되지만 여가 시간을 잡아먹을 수 있다.

회의의 횟수를 정해 둬라 매주 회의 횟수를 정해 놔라. 그 횟수가 차면 끝이다. 가령 아다이라는 대학생 멘티들을 위해 월 2회 회의를 한다. 회의 요청을 받으면 일단 정해 놓은 횟수를 확인하고 꽉 찼다면 다음 가능한 일정을 제안한다. 정말 급한 회의라면 일정을 조정해도 괜찮다. 하지만 대부분의 회의는 급하지 않고 지금 당장 할 필요가 없다.

회의 시간을 줄여라 회의는 대부분 길게 할 필요가 없다. 회의 시간을 배분할 때 예의 바르게 반대 의견을 내라. 회의 시간을 줄이면 여유가 생긴다. 60분짜리 회의는 보통 30분짜리 회의와 같은 효과를 낸다. 이렇게 물어라. "이 안건을 20분 안에 끝낼 수 있을까요?"

회의를 온라인으로 대체해라 회의 없이도 많은 일을 처리할 수 있다. 이메일, 커뮤니티를 만들 수 있는 메신저, 가상 문서, 음성 녹음 기능을 활용해라. 우리는 이 책을 작업 할 때 회의는 거의 하지 않고 클라우드 공유 문서, 문자, 온라인 음성 메시지를 이용했다.

메신저를 활용해라 메신저는 효율적이고 지속적인 대화를 가능하게 해 주는 동시에 집중력을 앗아 가는 주범이기도 하다. 그래도 이런 메신저를 활용하면 중간중간 시간을 빼앗기는 회의를 줄이고 멀티태스킹을 할 수도 있다.

결론

- ✔ 나 자신이야말로 나를 제일 잘 지키고 대변할 수 있는 사람이다.
- ✔ 스트레스를 받고 있다면 업무에서 손을 떼고 본인을 돌볼 수 있는 다른 방법을 찾아라.
- ✔ 시간의 소중함과 유한함을 되새기고 어떻게든 지켜 내라.

2장

업무 효율을 높이기 위한
디테일

아디이라 대학에 다닐 때 저는 UC버클리 식품 서비스 사무실에서 일했어요. 학부모들이 학교에 재학 중인 자녀를 위해 주문한 생일 케이크를 배달했죠. 처음에는 주문서를 정리하는 체계가 없었어요. 주문을 회사 이메일 주소로 받았죠. 그런데 어떤 주문은 상사의 이메일로 들어오고 또 어떤 주문은 전화로 들어왔어요. 주문 누락은 예고된 일이었죠. 처음에는 모든 주문을 외우려고 해 봤어요. 여기저기 포스트잇을 붙였죠. 결국 기억이 꼬이면서 주문 몇 건을 놓쳤습니다. 아니, 더 많았을지도 모르겠네요. 한 상사가 이렇게 말했어요. "주문은 정말 중요해요. 실수를 피할 방법을 찾아야 해요." 더 나아가, 그녀는 제가 주문 내역 시스템을 만들 수 있도록 도와줬어요. "매일 아침 출근해서 새로 들어온 주문을 스프레드시트에 기록해요." 처음 해 보는 일이었어요. 이 경험을 통해 저는 의식적으로 업무를 정리하는 법을 배웠어요. 그때부터 어떤 일을 어떤 순서로 해야 할지 늘 생각했죠.

어디서부터 시작해야 할지 모르겠을 때는 해야 할 일 목록을 살펴보는 것만으로도 버거울 수 있다. 지나치게 부담을 느끼거나 위축되어 앞으로 나아가지 못하거나, 반대로 계획도 없이 무턱대고 밀고 나가게 된다. 업무 목록을 작성할 때 다음 세 가지 개념을 염두에 두길 바란다. 바로 작업 순서와 시간의 경제성, 그리고 투자 대비 수익이나.

응급실에서 우리는 병의 경중을 바탕으로 환자의 우선순위를 정한다. 갑작스러운 복통과 구토를 겪는 환자는 테니스를 과하게 친 뒤 2주간 손목 통증을 겪는 환자보다 치료가 더 시급하다. 즉 병세가 더 심각하고 불안정하다. 환자와 관련한 일부 업무는 바삐 처리해야 하고, 어떤 업무는 미룰 수 있다. 여러분이 지금 회사에서 하는 일이 환자 치료 같은 스트레스를 수반하지는 않을지 모르지만, 일의 순서를 파악하고 또 결정해야 한다는 사실만큼은 동일하다. 상사의 우선순위, 나의 우선순위, 그리고 업무 복잡성, 업무 일정, 팀원 간의 관계 등 할 일 목록을 정리할 때 고려해야 할 변수가 정말 많다. 때로 우리는 허둥거리며 멈춰서 다음처럼 질문하는 걸 잊는다. '이 순서가 맞나?'

물론 작업 순서가 전부는 아니다. 시간의 경제성 또한 이해해야 한다. 특정 업무에 시간을 어떻게 할당하느냐는 하루 업무 결과에 직접적으로 영향을 준다. 이는 더 큰 규모로 확장된다. 하루, 한 주, 한 해를 어떻게 보내느냐가 더 큰 규모의 성취에 영향을 미친다. 핵심은 다음과 같다. 모든 일에 같은 시간을 쓸 수는 없다. 일정을 전략적으로 배분할 수 있어야 한다. 이를 위해서는 업무를 완료하기까지 드는 예상 시간과 이용 가능한 시간을 확실히 알고 있어야 한다.

우리는 효율성과 생산성과 관련한 대화에서 '시간은 금이다'라는 말을 자주 듣는다. 한 가지 주의를 주자면 시간을 돈으로만 보지는 마라. 시간 관리 전문가들에 따르면 사람들이 시간을 순전히 돈으로만 생각할 때 "불안감은 커지고 행복도는 낮아지며 늘 조급해진다. 무엇보다 탐욕스러워진다. 다른 사람들을 도울 가능성이 낮아진다".[43] 맞다. 돈이 있으면 삶이 더 편하고 풍족해진다. 그렇다고 돈이 모든 문제를 해결해 주지는 않는다. 사람 간의 문제, 건강 문제, 불안감을 일으키는 요소, 의사소통 문제, 그저 좋은 사람이 되고자 하는 욕망 등은 돈으로 해결되지 않는다. 직장 생활을 열정적으로 꾸려 나가라. 세상에 선한 영향을 미치는 데 집중해라. 돈을 좇는 삶이 얼마나 해로운지 알아차려라.

마지막으로 모든 일을 할 때 투자 대비 수익, 즉 ROI^{Return on Investment}를 생각해라. ROI는 노력해서 일한 대가로 얻는 보상이자 결과물이다. ROI는 다양하다. 성취감일 수도 있고, 승진, 능력 계발, 인맥, 또 사람들을 돕고 더 능률적인 팀을 만드는 데서 오는 만족감일 수도 있다. 건강이나 잠, 사랑하는 사람과 보내는 시간이 될 수도 있다. 많은 경우 ROI가 클수록 그 경험의 만족도 역시 높다.[44] 상사를 대신해 이메일을 보내거나 팀 회의 일정을 잡는 일마저도 상당한 수익을 낼 수 있다. 의사소통에 능하고 꼼꼼하고 믿음직한 동료라는 평판이 생긴다. 만약 어떤 업무에 주목할 만한 ROI가 없다면, 즉 뚜렷한 효과가 없다면 눈에 띄지도 않는다. 그러니 완벽하게 하려고 너무 애쓰지 말고 그냥 끝내기만 해라. 아니면 아예 건너뛰어라.

오해하지 않길 바란다. 우리는 업무 관리를 마술처럼 도와줄 새로운 소프트웨어 앱을 홍보하는 것이 아니다. 머릿속으로 일의 우선순위를 정하는 연습을 하라는 것이다. 기술의 힘을 빌릴 게 아니라 내가 직접 해야 한다. 기계 학습은 일의 순서, 시간의 경제성, ROI를 이해하는 인간을 대체할 수 없을 것이다.

업무 목록을 신중하게 작성하는 것이 얼마나 중요한지 이해할 수 있는 7가지 마이크로스킬을 소개한다.

업무 효율을 높이기 위한 마이크로스킬

❶ 상사의 기대 파악하기

❷ 일의 우선순위 정하기

❸ 일을 완료하는 데 필요한 자원 분석하기

❹ 현실적인 일정 계획하기

❺ 마감 날짜 조정하고 공유하기

❻ 줄일 수 있는 일 정하기

❼ 목적이 분명한 회의하기

마이크로스킬 1

상사의
기대 파악하기

아다이라 예전에 참석했던 직장인으로 살아남는 법에 대한 세미나는 평생 잊지 못할 것 같아요. 세미나 연사가 들려준 이야기에서 귀중한 교훈을 얻었죠. 그는 대학원에 다닐 때 동료 한 명과 매주 워크숍을 기획하고 열었다고 했어요. 두 사람이 한 주 간격으로 돌아가면서 일을 했대요. 그의 동료는 정해진 것 이상으로 열심히 일했어요. 가령 초대장을 아주 세련되게 디자인하고, 구체적인 안건을 작성하고, 요리 장인이 만든 음식을 주문하고, 이메일로 개인 초대장을 정성스럽게 보냈어요. 반대로 자신은 훨씬 적은 시간 일했다고 했어요. 기본적인 단체 이메일을 발송했고, 거기에 특별한 형식이나 서체를 쓰지도 않았어요. 음식도 평범하게 피자와 탄산음료, 물을 준비했죠. 주로 시간을 들인 부분은 상사가 중요하게 생각하는 일이었습니다. 연구와 강연을 준비하고 자신과 부서의 인맥을 활발하게 키우는 일 같은 것들이요. 결국 그는 동료를 제치고 교수 자리에 올랐습니다. 그는 이렇게 이야기를 끝맺었어요. 자신의 동료는 대단히 경쟁력 있는 사람이었지만, 상사의 우선순위를 파악하고 거기에 집중하지 못했다고요. 강연을 듣고 나서 제가 어떤 업무를 신경 쓴다고 해서 제 상사도 그러리라는 법은 없다는 깨달음을 얻었습니다.

실제 필요한 스킬은 무엇일까?

상사가 내게 기대하는 업무 파악하기.

이 스킬이 왜 필요할까?

상사가 중요하게 생각하는 업무는 곧 상사가 나에게 기대하는 업무다. 상사가 나에게 무엇을 원하고 기대하는지 파악하면 직장에서 영향력 있는 사람이 될 수 있다. 창의성을 발휘하고 이것저것 실험해 보고 싶은 욕망을 억누르라는 말이 아니다. 물론 시간이 허락한다면 정해진 틀을 벗어나서 본인이 원하는 방식대로 일할 수도 있다. 하지만 회사에 들어올 때 약속한 업무가 있다는 사실을 명심해라. 최소한 그 일은 해야 한다. 또한 시간을 쓰면 안 되는 일이 무엇인지도 알고 있어야 한다. 우리가 응급실에서 교대 근무를 할 때 우리 상사들은 우리가 최선을 다해 환자를 돌보고, 더 아픈 환자를 우선 치료하길 바란다. 환자를 치료하는 중에 강연을 하거나 회의를 해서는 안 된다.

이 스킬은 왜 익히기 어려울까?

- 직무 설명서가 없으면 어떤 일을 해야 할지 알기 힘들기 때문이다.
- 무엇을 기대하는지 질문할 게 아니라 원래 알고 있어야 한다고 느끼기 때문이다.
- 명확한 설명을 요청하면 나중에 나쁜 평가를 받게 될까 봐 걱정되기 때문이다.
- 내부 정보를 알려 줄 사람이나 인맥이 없기 때문이다.

이 스킬을 익히기 위한 핵심 요령은 무엇일까?

직무 설명서를 구해라 자신의 직무 내용을 떠올려 봐라. 직무 설명서를 받지 못했다면 달라고 요구해라. 아예 직무 설명서라는 게 없다면 상사와 상의해 만들어 봐라. '도대체 무슨 일을 해야 할지 모르겠다'라는 기분이 든다면 특히 중요하다.

자문을 구해라 본인과 상사, 팀원들에게 이렇게 질문해라. "제가 제대로 하고 있는 건가요?" 뭐가 뭔지 모르겠거나 버거운 상태에서 무턱대고 일을 진행하면 득보다 실이 많다. 언젠가 아다이라는 사람의 눈 구조에 관한 10분짜리 강의를 준비하고 있었다. 어디서부터 시작해야 할지 몰라 두꺼운 참고 서적을 읽으며 동물 비교 해부학을 심층 조사했다. 아다이라는 교수와 상의한 뒤 고민하던 주제를 정하고 방향을 조정했다. "일단 화이트보드에 안구 두 개를 그린 다음에 사람들에게 각 안륜근의 작동 원리를 두세 개쯤 말해 줘." 요구 사항을 분명하게 확인한 뒤 아다이라는 강의 준비를 훨씬 더 수월하고 제대로 된 방향으로 할 수 있었다.

꼭 필요한 피드백을 구해라 신뢰하는 사람에게 질문하는 연습을 해라. 본인이 찾는 정보를 구하기가 더 쉬워질 것이다. 질문을 구체적으로 해라. 장점은 물론 개선점까지 들을 마음의 준비를 해라.

모호한 질문	구체적인 질문
"설문조사 어때 보였어요?"	"설문조사 질문이 명확하던가요? 시간이 너무 오래 걸리지는 않던가요?" → "네, 설문조사에서 중요한 정보를 얻을 수 있겠던데요. 오래 걸리긴 했어요. 질문 다섯 개만 빼라고 해 봐요."
"회의 진행 어땠나요?"	"회의 순서가 체계적이었나요? 업무 전달은 명확했나요?" → "저는 미리 안건을 받지 못했어요. 미리 받았다면 유용했을 것 같아요. 제 업무는 파악했고, 해야 하는 일 목록도 명확했어요."

신뢰하는 사람들에게 질문해라. 자신이 찾는 정보를 구하기가 더 쉬워질 것이다
질문을 구체적으로 하고, 강점은 물론 개선이 필요한 부분까지 들을 마음의 준비를 해라

> 마이크로스킬 2

일의 우선순위 정하기

리사 응급실에서는 업무에 우선순위가 있습니다. 최우선 사항은 아픈 환자들에게 늦지 않게 필요한 치료를 해 주는 것이죠. 한 고령 환자가 집에서 쓰러져 구급차로 실려 온 적이 있습니다. 혈압이 낮아 불안정한 상태였어요. 알고 보니 일주일 동안 복통을 앓았더라고요. 응급팀은 서둘러 그 환자를 응급실 밖에 있는 CT 스캐너로 데려가고 싶어 했어요. 하지만 그건 올바른 조치가 아니었죠. 저혈압 환자가 외상 치료실 밖으로 나가는 건 위험했거든요. 초음파 젤을 환자의 배에 바르고 복부 초음파 검사를 진행하자 곧바로 심각한 문제가 보였어요. 환자의 대동맥, 즉 심장에서 내장 기관과 다리로 혈액을 운반하는 큰 동맥의 크기가 정상 크기의 두 배였죠. 초음파 기구가 그 부위에 닿자 환자의 얼굴이 고통으로 일그러졌어요. 출혈이 있는 치명적인 복부 대동맥류였죠. 대동맥이 그 정도로 부풀어 오르면 파열합니다. 그리고 대동맥류 환자는 거의 100퍼센트 사망하죠. 그래서 저는 치료 순서를 다시 조정했습니다. 팀원들에게 CT 촬영을 하지 않을 거라고 말했습니다. 그런 뒤 외과의에게 전화해 초음파 결과와 증상이 심각한 환자에 대해 설명했죠. 그 후 수술실 코디네이터와 마취과 의사에게 연락해 수술실 예약을 잡았습니다. 외과의가 도착해 동맥류 초음파 사진을 보여 달라고 해서 화면에 띄웠더니 이렇게 말했습니다. "시작합시다." 환자는 바로 수술실로 옮겨졌고 며칠 뒤 걸어서 퇴원했습니다. 모든 환자가 이렇게 심각하지는 않지만, 분명 응급의학과 전문의로 일하면서 시기적절한 조치와 우선순위 설정, 그리고 일정 조율에 대해 배웠습니다.

실제 필요한 스킬은 무엇일까?

지금 해야 하는 일, 나중에 해도 되는 일,
결코 하지 말아야 할 일로 업무를 구분하기.

이 스킬이 왜 필요할까?

언제나 들어오는 순서대로 일을 처리할 수는 없다. 그러면 대개 일이 밀리고 마감을 놓칠 것이다. 일을 제대로 관리하기 위해서는 우선순위를 정해야 한다. 업무의 우선순위를 정하는 것은 부담감과 번아웃을 줄일 수 있는 스킬이다. 이론상 목표는 간단하다. 지금 해야 하는 일과 나중에 해도 되는 일, 그리고 절대 하지 말아야 할 일을 파악하는 것이다. 우선순위는 상사, 일정, 고객, 업무 소요 시간, 또는 자신이 투입 가능한 시간 등에 의해 결정된다. 실제 업무의 우선순위를 정하는 일은 복잡하다. 단 하나의 차트, 피라미드, 2X2 행렬로는 일의 우선순위를 정할 수 없다. 알아서 뚝딱 생기는 스킬이 아니기에 그토록 힘든 것이다. 어떤 일을 지금 끝내야 하는지 아닌지에 대해 여러 이유를 두고 찬찬히 고민하는 자세를 갖출 필요가 있다.

이 스킬은 왜 익히기 어려울까?

- 여러 업무가 몰리면 벅차기 때문이다. 특히 팀 또는 상사와 서로 다른 우선순위를 주장하는 경우에는 더 그렇다.
- 맡은 업무에 대해 논리적으로 생각하는 방법을 배우지 못했기 때문이다.
- 전략이 필요하다는 사실을 믿지 않기 때문이다.

이 스킬을 익히기 위한 핵심 요령은 무엇일까?

업무 목록을 작성해라 인쇄하든 화면으로 보든 다 괜찮다. 단, 기억에 의지하지는 마라. 사람들이 각기 다른 방식으로 목록을 작성한다는 사실을 알고 있다. 어떤 사람들은 대강의 업무 목록을 적고('승진 신청하기'), 어떤 사람들은 자세한 업무 목록을 적는다('이력서 업데이트하기' '추천서 두 통 요청하기' '자기소개서 완성하기' '승진 자료집 제출하기'). 목록의 길이와 내용은 일을 완료하는 데 필요한 가이드라인과 지원의 정도에 따라 조정하면 된다.

대강의 목록	자세한 목록
12월 3일 발표	12월 3일 발표
	• 발표 주제 정하기
	• 원고 초안 작성하기
	• 기본 슬라이드 만들기
	• 상사에게 내용 보여 주고 수정하기
	• 슬라이드 완성하기
	• 동료와 친구들 앞에서 발표 연습하기
	• 12월 3일에 발표하기

업무 목록을 작성하고 얼마나 구체적으로 적을지는 원하는 대로 조정해라
업무를 더 구체적으로 쪼개서 적을수록 진행 정도를 알기 좋다

목록 내 순서를 정해라 업무 목록을 작성한 뒤 작업 순서를 다시 한 번 확인해라. 어떤 일을 지금 할지, 나중에 할지, 절대 하지 않을지 확인하는 작업이다. 목록이 충분히 전략적인지 자문해 보자.

업무를 업데이트하고 순서를 조정해라 응급실에는 새로운 환자들이 각기 다른 속도로 들어오고 나간다. 근무할 때마다 업무 순서가 뒤바뀐다. 마찬가지로 업무 목록을 분류하고 순서를 재조정해야 한다. 원래 목록에 있던 업무에 새로운 정보가 추가되면 특히 그렇다. 덜 중요한 업무는 반드시 해야 하는 급한 업무가 들어오면 우선순위가 밀릴 수 있다.

순서 정하는 방법	검토해야 할 질문
우선순위	더 우선적으로 처리해야 된다고 전달받은 업무가 있는가?
마감 날짜	마감일이 다가오는 프로젝트가 있는가?
동기	끝내야 할 동기가 분명한 업무는 무엇인가?
팀원	이 프로젝트 일정을 당기거나 미루면 영향받는 사람이 누구인가?
영향	전문가로서 내 신뢰도, 전문성, 인맥을 키울 수 있는 업무는 무엇인가?

도움을 요청해라 상사를 비롯해 팀원들에게 업무의 우선순위에 대한 의견을 구해라. 조언을 듣고 그 이유를 물어봐라. "제가 왜 이 업무를 우선적으로 처리해야 한다고 생각하세요?" 이유가 정말 중요하다. 답만이 아니라 어떤 결정을 내린 사고 과정을 이해할 필요가 있기 때문이다.

마이크로스킬 3

일을 완료하는 데
필요한 자원 분석하기

> **아다이라** 몇 년 전에 우리는 공동으로 팟캐스트를 시작했어요. 그리고 미국공영라디오^{NPR}에 편성되길 바라며 연락했습니다. 저는 팟캐스트를 녹음해 본 경험이 없었어요. 그냥 전력으로 매달렸죠. 장비를 사고 연사들을 모으고 유튜브 영상으로 배웠습니다. 응급의학과 의사들이 나와서 총기 폭력, 인종 차별, 자살 사고 등으로 심한 정신적 외상을 입은 환자들에 대해 솔직하게 이야기했습니다. 대화는 아름답고 감동적이었어요. 제 일은 그 녹음본을 편집하는 거였죠. 하지만 저는 음질이 좋은 방송을 만드는 방법을 배운 적이 없었어요. 팟캐스트 한 회를 편집하는 데 얼마나 많은 시간이 드는지 알지 못했고, 팟캐스트를 어떻게 홍보해야 하는지도 알지 못했습니다. 사전에 프로젝트의 실현 가능성을 평가해야 한다는 사실을 몰랐어요. 오디오 전문가를 포함해 필요한 인력과 자원을

우선해서 평가했더라면 다른 프로젝트, 다른 결과를 만들 수 있었을 겁니다. 당연히 NPR은 끝내 우리 메일에 답하지 않았죠.

> ### 실제 필요한 스킬은 무엇일까?
> 실행 전 필요한 자원 파악하기.

이 스킬이 왜 필요할까?

브레인스토밍은 창의성과 혁신을 키우고 어떤 문제나 아이디어의 답을 찾아 준다.[45] 우리는 알록달록한 포스트잇을 활용해 질문이나 문제를 만들고 답을 찾는 과정을 좋아한다. 하지만 아이디어를 만드는 건 비교적 쉬운 단계일지도 모른다. 장애물을 해결하지 못하면 프로젝트는 대개 실패한다.

프로젝트는 위험을 예측하고 해결책을 서둘러 적용할 때 실행할 수 있다. 여러분이 원대한 목표를 갖기를 바라지만, 동시에 어떤 일의 실현 가능성을 미리 평가하는 일이 얼마나 중요한지 이해했으면 좋겠다.

이 스킬은 왜 익히기 어려울까?

- 프로젝트의 본질을 찬찬히 생각하려면 시간이 필요하고, 장애물을 확인하면 의욕이 꺾일 수 있기 때문이다.
- 단점이나 결점을 인정하면 겸손해지는 동시에 방어적으로 되기 때문이다. 장애물을 찾는 단계를 무시하는 편이 더 쉬울 수 있다.
- 잠재적 성공에 지나치게 집중하다가 장애물을 놓칠 수 있기 때문이다.
- 충분한 지식이 없어 본인에게 필요한 자원과 스킬을 알지 못할 수도 있기 때문이다.

이 스킬을 익히기 위한 핵심 요령은 무엇일까?

프로젝트의 규모를 조정해라 일정 시점에는 프로젝트의 실현 가능성을 평가해야 한다. 실현 가능성은 대개 프로젝트의 규모에 달려 있다. 자원이 빠듯하다면, 즉 기술, 행정 지원, 시간, 예산이 부족하다면 규모를 줄여라. 자원도 동기도 충분하다면 규모를 늘려라. 프로젝트 규모가 클수록 스트레스도 크고 시간도 많이 든다는 사실을 명심해라. 필요하다면 자원을 더 요청해라. 때로 팀 규모 때문에 일이 힘에 부칠 수도 있다. 적당한 때에 팀 규모를 줄이면 능률을 높일 수 있다.

소규모 프로젝트	대규모 프로젝트
모금 행사를 열어 5000달러를 모아서 다가오는 연휴에 양말과 신발을 지역 쉼터에 기부하고 싶다.	비영리 단체를 열고 50만 달러를 모아 지역 쉼터에 양말과 신발을 주기적으로 기부하고 싶다.

필요한 자원 목록 만들기 프로젝트에 필요한 자원을 찬찬히 생각해 봐라. 종합적이고 정확한 목록이 필요하다. 비슷한 일을 해 봤거나 진행 중인 프로젝트나 제품을 활용할 만한 사람에게 목록을 보여 줘라. 미처 보지 못한 빈틈이 있는지 자문을 구해 보자.

필요한 자원과 실제 자원을 비교해라 본인이 실제로 시간을 얼마나 낼 수 있는지 차분하게 생각해 봐라. 그리고 이 시간을 필요한 시간과 견주어 봐라. 업무를 완료하는 데 약 10시간이 필요한데, 실제로 2시간 밖에 낼 수 없다면 문제다. 필요한 예산이 1만 5000달러인데, 상사가 2000달러밖에 줄 수 없다면 큰 걸림돌이 될 수 있다.

결점은 빨리 인정해라 어떤 아이디어는 아이디어 자체로는 훌륭하지만 실행하면 용두사미로 끝난다. 실패 원인은 자원이나 흥미, 스킬 부족 등 다양하다. 비효율적인 프로젝트를 너무 오래 끌지 마라. 팀원들과 상의해라. 그들의 의견을 듣고 우려되는 점을 이야기해라. "이 프로젝트가 우리가 처음 예상한 속도로 진행되지 않을까 봐 걱정이에요."라는 의견이 나올 수도 있다.

마이크로스킬 4

현실적인 일정 계획하기

아다이라 하버드 의과대학의 줄리 실버 박사가 이끄는 여성 리더십 과정의 강연에 참여한 적이 있습니다. 강의 주제는 일반 매체에 사설과 견해 기사를 쓰는 방법이었어요. 실버 박사는 컨퍼런스가 시작되기 약 1년 전에 저를 초대했습니다. 컨퍼런스 기획은 대단히 조직적으로 이루어졌어요. 첫 회의에서 우리는 전체적인 콘셉트를 의논했습니다. 그런 뒤 실버 박사에게 개요를 보내, 편집하고 이리저리 구조를 짰습니다. 그 다음에는 슬라이드 시안을 제출했고 검토한 뒤 디자인을 했습니다. 비로소 실행할 차례였죠. 진행 일정과 과정별 실행 단계는 분명하게 공유됐습니다. 저는 이 모든 걸 사전에 알았고, 각 단계를 실행할 시간은 충분했습니다. 이때 저는 효율적인 일정이 어떤 것인지 확실히 알게 됐습니다.

> ## 실제 필요한 스킬은 무엇일까?
>
> 업무 완료를 돕는 단계별 계획 짜기.

이 스킬이 왜 필요할까?

분명 우리는 체계를 좋아한다. 적어도 체계에 익숙해져 있다. 대학, 의과대학, 레지던트 생활, 전임의 과정을 마치기 위해서는 체계적인 일정을 따라야 한다. 특히나 여러 사람이 함께 일하는 상황에서는 일정표가 있어야 모두가 기대치를 체계화하고 파악할 수 있다. 여기서 일정표라는 단어를 분명히 짚고 넘어가고 싶다. 일정표는 사건의 개시일부터 종료일까지의 단계를 시간 순서대로 정리해 놓은 것이다. 일정표가 있으면 개인은 물론 팀이 더 효율적으로 일할 수 있다.[46] 마감일은 어떤 프로젝트나 활동이 종료되는 날이자 시간이다.

한 가지 주의 사항이 있다. 우리는 끝내야 할 일이 있을 때 실제로 일을 하는 데 필요한 시간보다 쓸 수 있는 시간을 최대한 쓴다. 이를 파킨슨의 법칙이라고 한다. 즉 업무를 마치는 데 걸리는 시간은 주어진 시간만큼 늘어난다.[47] 그래서 한 시간 내로 이메일을 보내야 하는 등의 간단한 업무가 주어지면 그 한 시간을 끝까지 채워서 이메일을 쓰고 고친 뒤 보내기 버튼을 누르는 것이다. 한편 파킨슨의 법칙에 따라 스스로에게 15분 단위로 시간을 주면, 실제 필요한 시간을 계산해 일정표를 더 촘촘하게 짜게 될 것이다. 일정표를 짤 때 작업 완료를 위해 너무 많은 시간을 할당하기 쉽다는 점을 알아 둬야 한다.

다음에 무엇을 할지, 언제 완료할 수 있는지 머릿속에 그림을 그리고 있어야 한다. 그래야 프로젝트가 순조롭게 진행되고 모든 사람이 진행 속도를 맞출 수 있다.

이 스킬은 왜 익히기 어려울까?

- 어떤 업무에 시간이 얼마나 들지, 결승선까지 가는 데 얼마나 많은 단계가 필요할지 예측해야 하기 때문이다.
- 목록과 체계가 답답하게 느껴질 수 있기 때문이다.
- 계획을 짜려면 계획 없이 밀고 나가는 것보다 선행 작업과 에너지가 더 많이 필요하기 때문이다.

이 스킬을 익히기 위한 핵심 요령은 무엇일까?

마감일을 정해라 업무 전반이 완료되는 시간을 말한다. 마감일은 명확해야 한다. 본인이 정할 수도 있고 다른 사람이 정할 수도 있다. 마감 날짜를 모르면 프로젝트 책임자나 의사 결정권자에게 물어봐라. "마감이 언제입니까?"

업무에 드는 시간을 예측해라 처음에는 업무에 필요한 시간을 가늠

하기 힘들 수 있다. 이 일을 해 본 적 있는 사람과 함께하는 방법도 있다. 그런 사람이 없다면 최선을 다해서 해 봐라. 뭐든 적어라. 비슷한 일을 완수한 적이 있다면 그전에 시간 예측이 얼마나 정확했는지 생각해 봐라. 그 정확도에 따라서 일정을 밀거나 당기고 또는 결정한 대로 유지해라.

덜 구체적인 일정표	더 구체적인 일정표
• 이번 주말까지 프로젝트 예산 이메일 보내기	• **월요일** 필요한 항목 목록과 견적서 초안을 잡아 팀원들에게 이메일 보내기. 수요일까지 의견 받기. • **화요일** 각 제품/서비스의 원가 기준 확인하기. • **수요일** 팀원들 의견 검토 후 피드백 반영하기. • **목요일** 최종 예산 이메일 보내기. → 큰 목표를 작은 목표로 세분한다. 각 업무별 마감일을 정한다. 순차적으로 이어지게 날짜를 정하면 업무 속도가 높아진다.

업무 목록을 만들면 고충과 예상 장애물을 파악하고, 일정을 정하는 데 도움이 된다

일정을 캘린더에 기록해라 본인과 팀원들이 기억할 수 있도록 캘린더에 알림을 설정해 둬라. 이렇게 하면 모든 사람이 참고할 수 있는 문서 기록이 생긴다. 가령 이 책을 쓰면서 우리는 캘린더에 주간 회의를 표시하고 회의 상세 설명에 목표를 기입했다. '다음 단계는?' 목표를 명확히 하고 요구 사항을 충족시킨 끝에 이 책을 마칠 수 있었다. 이런 방향이

없었다면 우리는 계획적으로 일을 진행하지 못하고 목표도 달성하지 못했을 것이다.

팀원들의 진행 상황을 점검해라 팀장이라면 그룹 알림과 개별 확인 알림을 보내라. 목표를 달성하지 못했다고 공개적으로 망신을 주지 마라. 대신 일대일로 지연 상황을 확인하고 문제를 찾아 바로잡을 수 있게 도와줘라. 이 과정을 단순화하고 템플릿을 사용하면 매번 이메일을 다시 쓸 필요가 없다. 팀장이 아니라도 사람들에게 진행 상황 업데이트를 요청해도 된다. 또 팀원들에게 본인의 진행 상황을 알리고 싶다면 업데이트 사항을 보내도 된다.

발신:	
수신:	
참조:	
숨은 참조:	
제목:	
이메일:	안녕하세요. _____에 대한 진행 상황을 확인하고자 메일을 보냅니다. 지난번 _____ 업무 회의에서 _____ 업무의 마감 기간을 정했는데요. 퇴근 시간 전까지 진행 상황 알려주세요. 감사합니다. 아다이라 드림

이메일 일정 확인의 목표는 팀원들이 주어진 업무를 잘하고 있는지 확인하는 것이다 예정보다 업무가 지연되는 일은 흔히 있기 때문에 미리미리 지연 여부를 확인할 필요가 있다

발신:	
수신:	
참조:	
숨은 참조:	
제목:	
이메일:	안녕하세요. 제 프로젝트 과제를 끝냈습니다. 모든 발표자의 참석 의사를 확인했고, 이해 상충 방지 서약서에 서명한 뒤 관리자에게 이메일로 보냈습니다. 감사합니다. 리사 드림

팀원들에게 최근 진행 상황을 객관적으로 보내라

마이크로스킬 5

마감 날짜 조정하고 공유하기

리사 자칭 원칙주의자인 저는 늘 마감일을 지키려고 합니다. 의사가 되려면 지켜야 하는 마감이 많습니다. 마감 날짜는 절대적이고 기본적으로 바꿀 수 없습니다. 한편 바꾸거나 연장할 여지가 있는 유연한 마감 날짜도 있습니다. 채용 제안 마감일이 그중 하나입니다. 제 경험상 채용 제안 이메일이나 편지 끝에는 늘 "일주일 안에 회신 주세요"라거나 지정 기한이 적혀 있습니다. 여기서 오는 스트레스가 정말 컸습니다. 저는 여러 건의 면접, 심지어 여러 건의 채용 제안을 놓고 자주 고민했거든요. 노련한 전문가와 이야기하면서 시간을 더 달라고 요청할 수 있다는 사실을 알게 됐어요. "말씀하신 시간까지는 결정을 내리기 어려울 것 같습니다. 면접을 다 끝내고 3주 안에 답을 드려도 될까요?" 처음 이 요청을 했을 때는 위험하고 불편하게 느껴졌습니다. 제안을 철회하지는 않을까 걱정됐죠. 그렇지만 저는 시간이 더 필요했고, 요청해야만 했습니다.

> ### 실제 필요한 스킬은 무엇일까?
>
> 추가 업무를 하는 데 쓸 수 있는 시간이 얼마나 되는지 솔직하게 자문하기.

이 스킬이 왜 필요할까?

캘린더를 쓸 때 과욕을 부려 업무와 회의 등을 꽉꽉 채우기 쉽다. 하지만 삶은 계획대로 되지 않으며 우리는 모두 늦을 수 있다는 것이다. 마감을 놓치고 싶은 사람은 없지만 그런 일은 어쩐지 자주 일어난다. 한 연구 결과, 회사 창업자의 76퍼센트는 제품 기능 개발의 마감일을 놓쳤다.[48] 지각한 이유가 모든 사람이 장기 휴가 중이어서는 아닐 것이다. 그보다는 애초에 일정표가 업무나 팀(특히 그 업무를 수행하는 사람들)에게 현실적이지 않았다고 보는 편이 더 타당하다. 지원이 많이 이루어지고 배려심이 많은 환경에서조차 업무 지연은 자주 일어나는 골치 아픈 문제다. 이는 팀과 고객, 책임자의 갈등을 유발한다.

이 스킬은 왜 익히기 어려울까?

- 어떤 업무를 완료하는 데 얼마나 많은 시간이 걸릴지 예측하기 힘들기 때문이다.
- 시간을 내서 캘린더에 상충하는 부분이 없는지 점검하려면 훈련이 필요하기 때문이다.
- 팀과 공동 작업을 하면 마감일을 지키기 힘들어지기 때문이다.

이 스킬을 익히기 위한 핵심 요령은 무엇일까?

캘린더를 점검해라 시간을 갖고 찬찬히 마감일을 확정해라. 일정을 살펴본 뒤 시간별, 날짜별, 비어 있는 시간대까지 그야말로 상세히 평가해라. 이중, 삼중으로 일정을 겹쳐 잡지 마라. 대신 집중해서 의미 있는 일을 할 수 있는 여유 시간을 찾아라.

사전에 이야기해라 상사가 "오늘 중에 보고서를 제출하세요"라고 말하는데 일정이 꽉 차 있으면 하기 어려울 수 있다. 상사에게 가능한 한 빨리 알리는 게 좋다. "죄송하지만 일정이 꽉 차 있네요. 마감 조정이 가능할까요?" 맞다. 모든 마감일은 지켜야 하지만, 많은 마감일이 고정적이지 않고 변경 가능하다.

건강을 챙겨라 많은 경우, 근무시간 외 수당을 받지 못한다. 취침 시간이나 식사 시간에 일하는 것은 좋은 선택이 아니다. 우리는 모든 직장이 표준 노동시간을 준수하지 않는다는 사실을 알고 있다. 긴급 상황이 생기고 예외 상황이 이따금 생기기 때문이다. 하지만 장기적으로 보았을 때 마감을 지키기 위해 건강을 해쳐서는 안 된다.

다른 사람에게 일을 넘겨라 마감을 지키지 못할 것 같으면 일을 쪼개서 도움을 요청해라. 어렵게 느껴질 수도 있다. 우리도 잘 안다. 하지만 취약성은 강점이며, 도움을 요청하고 수락하는 건 대개 전략적 행동이다.

스스로 시간 관리를 어떻게 하고 있는지 생각해 봐라 자주 마감일을 놓치는가? 일을 제시간에 마치는 게 걱정되는가? 막판에 급하게 일을 마무리하는 편인가? 우리 모두에게 그런 경험이 있다. 시간 관리가 어려운 다음의 네 가지 이유를 들 수 있다.

마감일을 놓치는 이유	해결책
❶ 일이 너무 많아서	곧장 알겠다고 답하지 말고 적어도 하루이틀 고민한 뒤 일을 할지 말지 결정해라. 무시하거나 연기하거나 다른 사람에게 맡길 수 있는 업무를 찾아라.
❷ 일을 미뤄서	계속 밤을 새는 대신 프로젝트를 조금씩 나눠서 수행할 수 있다. 자기에게 맞는 속도를 지켜 일찍 시작할수록 장애물을 더 빨리 찾아낼 수 있다.
❸ 능력 밖의 일을 수락해서	새로운 스킬을 배워라. 익숙한 환경에서 벗어나 일하고 새로운 스킬을 익히면 더 많은 시간을 쏟아야 하는 업무를 완료할 수 있다.
❹ 마감일이 적절하지 않아서	동시에 진행해야 하는 다른 업무를 사람들에게 솔직하게 말하고, 변경할 수 있는지 문의해라. (행정이나 재정 등의) 지원을 받아 마감일을 더 현실적으로 정할 수 있는지 물어봐라.

마이크로스킬 6
줄일 수 있는 일 정하기

리사   예전에는 어떤 일을 그만두기가 어려웠어요. 선배 의사와 교수님들은 이렇게 조언했어요. "뭐든 다 된다고 이야기해." 그래서 그렇게 했어요. 덕분에 일이 넘쳐났습니다. 집필 업무, 강연 일정, 응급실 교대 근무, 매일 연이은 회의, 해외 의학 워크숍 등으로 정신이 없었습니다. 집중해야 하는 업무가 광범위했고 24시간 일해야 할 것만 같았죠. 중견 의사가 되자 사람들은 저에게 진정으로 마음을 움직이거나 목적을 앞당겨 주는 프로젝트와 업무 외에는 못 한다고 말하라고 충고했습니다. 처음에는 불편하게 느껴졌지만 점차 익숙해졌습니다. 어떤 업무를 줄이면 의도적으로 휴식하고 집중해 전문성을 키울 수 있었습니다. 더불어 더 창의적이고 즐겁게 일할 수 있었습니다. 덕분에 팟캐스트가 탄생하고 비의학 매체에 논문이 실리고, 또 이 책이 나왔습니다!

> **실제 필요한 스킬은 무엇일까?**
>
> 모든 일이 시간과 에너지를
> 쏟을 가치가 있지는 않다는 사실을 기억하기.

이 스킬이 왜 필요할까?

크고 작은 프로젝트를 그만두고, 원하지도 필요하지도 않은 직책이나 직위를 내려놓는 요령도 필요하다. 심야 친목 모임을 주도해 이끌어왔는데 지금은 그러기가 버겁다면? 그만둬라. 지나친 책임감이 요구되며 두려움 마저 느끼지는 자리를 맡고 있다면? 그만둬라. 더 이상 원하지 않는 어떤 일을 그만두려면 쌓여 있는 업무를 줄이고 자신에게 무엇이 중요한지 생각할 여유와 자기 돌봄의 시간을 줘야 한다.[49] 이렇게 해야만 도움이 되지도 생산적이지도 않으며 관심사도 맞지 않는 팀이나 업무에서 벗어날 수 있다. 또한 다른 사람들의 이야기를 들을 기회도 비로소 생긴다.

이 스킬은 왜 익히기 어려울까?

- 좋은 기회를 놓치고 싶지 않은 마음과 더 이상 기회를 잡을 수 없

을까 봐 두려운 마음 때문이다.
- 자신과 다른 사람들을 실망시킬까 두렵기 때문이다.
- 그만두는 업무가 결정적인 기회이지 않을까 걱정되기 때문이다.
- 재정적 이유 때문에 그만둘 수 없기 때문이다.
- 실직하거나 직장에서 쓸모가 없어질까 봐 두렵기 때문이다.

이 스킬을 익히기 위한 핵심 요령은 무엇일까?

득과 실을 따져 봐라 크든 작든 어떤 프로젝트나 일을 그만두기 전에 이 결정이 미칠 영향을 생각해 봐라. '이렇게 생긴 자유 시간은 어떤 도움이 될까?' '이 경험을 못 하면 어떤 손해를 볼까?' '어떤 직함이나 책임 없이도 더 많이, 더 빠르게 성장할 수 있을까?' '신뢰할 수 없거나 성실하지 않은 사람으로 보이지는 않을까?' 최대한 객관적인 태도를 유지해 경력에 어떤 영향을 미칠지 따져 봐야한다. 어떤 일을 그만둘지 전략적으로 결정할 필요가 있다. 사실상 모든 것을 그만두고 자리를 지키기는 힘들 수 있기 때문이다.

득실에 대해 사람들과 의논해라 개인 자문단을 찾아가 이렇게 물어 봐라. "제가 하는 이 일을 계속해야 할지 그만둬야 할지 잘 모르겠어요. 어떻게 생각해요?" 사람들의 의견을 잘 들어보고 어떤 판단을 내리면 좋을지 궁리해봐라.

죄책감 때문에 그 일에 묶여 있는지 생각해 봐라 즉 하던 일을 그만두면 팀이나 일에 폐를 끼칠지도 모른다는 걱정 때문에 어떤 직장이나 역할에 긴 시간 머물러 있는 걸 권하지 않는다. 사람들이 나에게 마음을 쓰고, 나도 그 사람들에게 마음을 쓸 수 있다. 하지만 '서로를 위한다'는 이유만으로 행복하지 않은 일을 계속할 수는 없다.

좋은 기회를 놓칠지 모른다는 두려움을 버려라 그 두려움이 평정심을 잃게 할 수 있다는 사실을 명심해라. 이런 두려움은 모든 것이 충분하다는 풍요의 심리가 아니라 충분하지 않다는 결핍의 심리에서 온다. 실제로 기회는 더 많을 것이다. 자신을 믿고, 일을 줄이겠다는 자신의 결정을 믿어라.

무언가를 놓치는 기쁨을 누려라 어떤 일에 개입하지 않는 기쁨을 맛봐라. 내 이름이 언급되지 않고, 이메일이 덜 오고, 토론과 찬반 회의에 참여하지 않는 기쁨. 더 집중해서 침착하고 계획적으로 일할 기회를 얻을 수 있을 것이다. 업무를 덜어 내거나 내려놓음으로써 얻는 기쁨을 만끽해 봐라.[50]

그만두는 이유를 신중하게 전해라 어떤 일을 그만둘 때 신중하게 메시지를 전해라. 다른 사람들에게 부당하지 않고 진정성이 느껴지는 적절한 타이밍을 찾아서 그만둬라. 사람들에게 일을 기습적으로 넘기지 마라. 의논이 필요한 결정을 내렸다고 조용히 이야기해라. 필요하다면 주요 이해 당사자와 일대일 대화를 통해 먼저 이야기한 다음 사람들에게 이메일로 소식을 알려라. 사람들과 원수를 지려는 게 아니니 전략적으로 행동하되 상대방의 입장을 헤아려라. 그리고 '자리를 내려놓고 다른 목표에 집중하고 싶다'와 같은 명확한 이유를 밝혀라.

마이크로스킬 7

목적이 분명한 회의하기

리사   예전 근무지의 상사는 매달 회의를 진행했습니다. 저에게 전문 역량 개발과 멘토링을 해 주겠다고 했죠. 하지만 회의는 늘 안건도 없이 마구잡이로 진행됐고, 회의가 끝나도 아무런 조치 사항이나 질문에 대한 해결책을 얻지 못했습니다. 상사는 회의 시간의 대부분을 사람들의 뒷말을 하는 데 썼습니다. 시간이 지나도 크게 달라지는 게 없었고, 했던 이야기를 반복하는 대화가 계속됐습니다. 별다른 소득이 없는 회의에 1시간이나 쓰는 게 지나쳐 보였죠. 상사가 요청한 회의에서 빠지는 게 처음에는 힘들게 느껴졌지만 조금씩 회의 일정을 잡는 걸 줄여 갔습니다.

이 경험을 통해 제가 얻은 교훈을 세 가지로 정리해 볼 수 있습니다. 첫째, 정기회의 때 안건을 분명하게 정할 것, 둘째, 대화가 주제에서 벗어나지 않도록 하고 모든 사람이 다음 할 일을 알고 나갈 수 있게 하며 회의 시간은 회의의 목적과 목표에 맞게 조정할 것, 마지막으로 직장 내 역학 관계를 명심하고 대화 중에 다른 직원의 험담을 하지 않을 것을 염두에 두게 되었죠.

> ### 실제 필요한 스킬은 무엇일까?
>
> 회의의 목적이 없을 때 도움이 되는 회의로 바꾸거나 취소 여부 논의하기.

이 스킬이 왜 필요할까?

경력이 어느 정도 되면 회의를 주재하는 책임을 맡게 될 것이다. 이때 회의를 제대로 이끌었으면 좋겠다.[51] 멘티와 동료들이 툭하면 우리에게 자신의 프로젝트가 어떻게 진행되고 있는지 전혀 모르겠다고 한다. 아니면 무슨 일을 해야 할지 잘 모르겠다고 한다. 좀 더 깊이 들여다보면 핵심적인 문제를 알 수 있다. 팀 회의가 별 도움이 안 되거나 생산적이지 못한 것이다. 회의를 하는 목적은 간단하다. 회의 참석자들이 안전하고 생산적인 대화 후에 해야 할 일을 분명히 알고 회의실을 나가는 것이다. 회의를 제대로 준비하지 않고, 협조가 잘 되지 않으면 이 목표는 이루어지지 못할 수도 있다.

이 스킬은 왜 익히기 어려울까?

- 회의를 생산적으로 이끌어가는 법을 가르쳐주거나 보여 준 사람이 없기 때문이다.
- 안건과 분명한 업무 배정의 이점을 알지 못하기 때문이다.
- 앞에 나서서 많은 사람을 통제할 수 있을 것 같지 않기 때문이다. (가령 곁가지 주제가 너무 많고, 업무를 배정할 수 없고, 회의를 진두지휘할 능력이 없고, 회의의 주제가 없어서.)
- 결단력을 발휘해 회의를 진행하는 방법을 잘 모르기 때문이다.

이 스킬을 익히기 위한 핵심 요령은 무엇일까?

회의 안건을 작성해라 지나치게 자세히 쓸 필요는 없지만 이야기할 주제 목록을 작성하면 회의 목적을 분명히 할 수 있다. 안건을 사람들에게 사전에 공유하면 회의에 참석해야 할 필요성뿐 아니라 준비해야 할 내용을 알려 줄 수 있다. 사전에 보내면 제일 좋고, 캘린더 초대장에 추가하는 방법도 좋다.

기록할 사람을 정해라 일대일 회의가 아닌 이상, 누군가가 맡아서 회의 내용을 기록하면 좋다. 대개 회의 주관자는 기록하는 업무를 맡지 않는다. 회의를 기록하는 직원이 따로 없다면 참석자 중 한 명을 지정해 기록을 맡긴다. 이 업무가 너무 일방적으로 여성 직원에게만 가지 않도록 주의해야 한다. 이런 일은 특히 자원을 받을 때 자주 일어난다. 한 연구에 따르면 여성은 승진으로 이어지지 않는 업무에 지원할 확률이 남성보다 48퍼센트 더 높았다.[52] 가상 회의의 시대이니만큼 회의를 녹음한 뒤 상용 소프트웨어를 이용해 오디오 파일을 텍스트로 바꿀 수 있는지도 확인해두면 좋다.

다음 단계를 검토해라 회의를 끝내기 전에 다음 단계를 분명히 정하고 검토해야 한다. 업무 할당과 일정 수립도 다음 단계에 포함된다. 늘 자신의 업무를 확실하게 확인하기를 바란다.

다음 회의 일정을 정해라 다음 회의에 누가 들어와야 하는지 각별히 신경 써서 정할 필요가 있다. 가능하면 회의 도중 잠깐 시간을 내 다음 회의 일정을 바로 정해라. 이렇게 하면 나중에 시일이 이미 지난 후에 다시 일정을 정하지 않아도 된다. 참석자 목록은 최대한 짧게 유지해라. 혹은 누군가에게 다음 회의를 정할 책임을 맡겨라.

회의록은 이메일로 보내라 회의 내용을 요약해 이메일로 보내고, 받은 회의록도 꼭 챙겨 읽어라. 회의록을 공유하는 목적은 분명한 의사소통과 회의에 참석하지 못한 사람과의 정보 공유, 기록 보관, 그리고 업무 목록을 모든 사람과 공유하기 위해서다.

회의를 개선할 의견을 구해라 회의 주관자라면 회의를 개선할 제안을 기꺼이 받아들여라. 솔선수범해 맨 먼저 의견을 내라. "회의 시간에 참여도를 높이는 아이디어를 몇 개 낼게요." 아니면 이렇게 말할 수도 있다. "회의를 더 생산적이고 효율적으로 진행할 수 있을 것 같아요. 회의 시간을 60분이 아닌 45분으로 줄여 하루 15분을 아껴 봅시다."

결론

✔ 우선순위에 따라 업무를 정하고 완료해라. 완료된 업무를 검토하고 필요하면 다시 지시해라.

✔ 업무를 맡은 본인과 다른 사람에게 친절해라. 기회를 놓친다는 두려움은 내려놓고 이 순간에 집중해라.

✔ 어떤 일이든 투자 대비 수익을 파악해라.

3장

탁월한 의사소통을 위한
말하기 스킬

아다이라 몇 년 전, 트레이시 샌슨 박사가 진행한 온라인 강연을 저는 평생 잊지 못할 거예요. 강연 주제는 심각한 불안증으로 본인은 물론 응급실의 다른 사람들까지 위험에 빠뜨리는 환자들을 안전하게 치료하는 방법이었어요. 강연이 시작되고 강의 소개 슬라이드에서 화면이 멈췄어요. 우리가 기술적인 문제로 씨름하는 동안 샌슨 박사는 이야기를 시작했습니다. 슬라이드가 작동을 멈췄다고 해서 강연을 중단하지 않았죠. 물 흐르듯 술술 이야기를 이어 갔어요. 효과적인 보디랭귀지를 사용하고, 잠시 말을 멈추고, 억양을 바꾸고, 단어 선택을 다양하게 바꿔 가면서요. 청중은 박사의 이야기에 완전히 빠져들었죠. 우리 모두 슬라이드 없이도 그녀가 전하는 메시지를 이해할 수 있었습니다. 박사의 강연을 지켜본 뒤 저는 이렇게 혼잣말을 했습니다. "와, 탁월한 연사는 슬라이드 없이도 강연할 수 있다는 말이 무슨 의미인지 이제야 알겠네."

탁월한 커뮤니케이터가 되려면 무엇이 필요할까? 매력적이고 효율적으로 메시지를 전달해 청중이 중요한 정보를 얻을 수 있도록 하는 능력이다. 좋은 의사소통은 의도가 분명하고 배려가 깃들어 있다. 의식적인 단어 사용과 신체 표현, 타이밍, 문화 역량 등을 보여 준다. 좋은 의사소통은 매력과 재미를 갖추거나, '음' '그러니까' '아시다시피' 같은 말을 피하는 것만으로는 되지 않는다. 탁월한 대화는 팀 내 갈등을 줄이고 사기와 팀워크를 개선하는 등 직장 문화에 긍정적인 영향을 미칠 수 있다.[53]

한편 나쁜 의사소통은 일을 만든다. 상황을 명확히 밝히거나, 보고를 듣거나, 사과하기 위해 수습책이 필요할 수도 있다. 이렇게 되면 결국 팀이 순조롭게 일하기 힘들어진다. 갈등과 혼란을 일으킬 수 있다. 실제로 우리는 응급의학과 전문의로 일하면서 드라마 같은 상황을 많이 경험했다. 우리는 사람의 목숨이 오가는 스트레스가 심한 환경에서 온갖 종류의 사람과 별별 대화를 힘겹게 해 나간다. 불편한 의사소통은 우리 일을 더 힘들게 만든다.

왜 탁월한 의사소통을 하려고 노력해야 할까? 성공은 단순히 어떤 역할을 다하거나 책임을 진다고 따라오지 않기 때문이다. 성공 여부는 대개 말의 힘을 이해하느냐에 달려 있다. 말의 크기, 속도, 높낮이, 내용 등이 대표적이다. 무엇보다 의사소통을 하려면 다른 사람의 몸짓과 감정 반응을 유심히 듣고 관찰해야 한다. 신체 언어, 즉 보디랭귀지의 힘을 깨달아야 한다. 의견이 분분하긴 하지만, 전문가들은 소통의 최대 90퍼센트는 비언어적 의사소통에 달려 있다고 말한다.[54] 정확한 퍼센트는 중요하지 않지만, 표정, 손짓, 몸의 위치와 자세 등을 과소평가하지 마라.

그런데 왜 우리는 더 나은 의사소통을 하지 못했을까? 지독한 소통 실수를 제외하면 우리는 대개 의사소통에 대한 피드백을 받지 못한다. 즉, 누구도 우리를 앉혀 놓고 의사소통 잘하는 방법을 이야기해 주지 않는다. 우리는 어떻게든 그 방법을 알아내야 한다. 대개 다른 사람들을 관찰하며 힌트를 얻는다. 하지만 다른 사람들도 경험이 많지 않기는 마찬가지라면 어떻게 해야 할까?

그래서 준비했다. 의사소통 능력을 키울 수 있는 10가지 마이크로 스킬을 다음과 같이 정리해 봤다.

탁월한 의사소통을 위한 마이크로스킬

① 보디랭귀지 이해하기

② 의사소통의 걸림돌 파악하기

③ 요점을 간단히 말하기

④ 스토리텔링 전략적으로 사용하기

⑤ 듣기에 집중하고, 모두를 참여시키기

⑥ 비동기 메시지 활용하기

⑦ 실제로 읽히는 이메일 쓰기

⑧ 이메일 도구 활용하기

⑨ 부정적 감정을 전할 때 주의하기

⑩ 이메일은 근무시간 중 보내기

마이크로스킬 1

보디랭귀지
이해하기

아다이라   응급실에 들어온 환자들은 대개 그럴 만한 이유로 행복하지 못합니다. 긴 대기 시간, 통증, 구토, 공포, 걱정 등이 원인이죠. 한번은 환자 한 분이 대기실에서 5시간 동안 대기하다가 마침내 응급실 병상에 들어왔습니다. 제가 그 환자의 병실에 들어서자 환자는 한숨을 내쉬고 제 눈을 피하면서 퉁명스럽게 단답을 하더군요. 이 모든 신호가 저에게는 위험 신호였습니다. 화가 난 거죠. 문제를 수습해야 했습니다. 자리에 앉아 팔짱을 풀고 일부러 환자의 눈을 쳐다보면서 답답한 심정을 안다는 몸짓을 티 나게 했습니다. 우선 사과를 하고 상태가 위중한 환자를 치료하고 왔다고 설명했습니다. 우리는 병상에서 무슨 일을 했는지 자세한 내용을 절대 이야기해서는 안 됩니다. 뇌출혈이 발생해 수많은 약을 투약하고, 두개골 내 부종을 막기 위해 신경외과의와 응급 상담을 한 그 환자 이야기를 할 수가 없었죠. 하지만 저는 이 환자가 저한테 똑같이 중요하다는 사실을 이해시키고 싶었습니다. 저는 환자의 보디랭귀지를 읽고 그에 맞춰 제 보디랭귀지를 바꾸면 갈등을 피할 수 있으며, 장기적으로 일이 편해지고 스트레스가 줄어든다는 사실을 일찌감치 배워 알고 있었습니다. 대개는 그 사람 옆에 앉아 눈을 맞추는 단순한 행동만으로 말 한마디 하지 않고 대화의 분위기를 바꿀 수 있습니다.

실제 필요한 스킬은 무엇일까?

보디랭귀지가 메시지에 미치는 영향 이해하기.

이 스킬이 왜 필요할까?

감성 지능이 발달한 사람들은 보디랭귀지를 자유자재로 구사하고 다른 사람의 보디랭귀지를 읽을 수 있다. 하지만 모든 사람이 그런 건 아니니 유의하길 바란다. 아스퍼거 증후군과 자폐 스펙트럼 장애 같은 특정 발달 증후군과 발달 장애가 있는 사람들은 보디랭귀지를 해석하는 등 사람들과 관계를 맺는 데 어려움을 겪기 쉽기 때문이다. 미국의 심리학자 대니얼 골먼은 감성 지능[EI, emotional intelligence]을 네 가지 능력으로 세분화한다. 자기 인식, 자기 관리, 사회적 인식, 관계 관리다.[55] 본인과 팀원들의 행동 패턴을 알면 더 나은 의사소통을 할 수 있다. 팔짱을 끼고, 누군가에게 등을 보이고, 고개를 까딱거리는 식으로 인사하고, 눈살을 찌푸리고, 웃는 행동은 단순한 동작이 아니라 의사소통의 형태다.

이 스킬은 왜 익히기 어려울까?

- 보디랭귀지를 읽으려면 전체 대화의 부분을 이루는 사소한 행동에 주의를 기울여야 하기 때문이다.
- 문화적 차이 때문에 누군가의 보디랭귀지를 엉뚱하게 잘못 해석하고 있는지 확인하기가 힘들 수 있기 때문이다.
- 문자, 전화, 화상회의를 통한 의사소통에서는 단서가 되는 보디랭귀지가 없거나 달라지기 때문이다.

이 스킬을 익히기 위한 핵심 요령은 무엇일까?

자신의 몸에 집중해라 팔, 등, 다리, 손, 손가락, 목이 편안한가? 아니면 스트레스 때문에 뻣뻣하게 굳어 있는가? 거울을 보고 확인해 봐라. 스스로 어떻게 서 있는지, 눈을 어떻게 맞추고 피하는지, 표정과 자세, 손짓은 어떤지 유심히 살펴봐라. 특정한 이야기를 계속 듣는다면(가령 "괜찮아요? 화가 나 보이는데요?"라는 말을 자주 듣는다면) 시간을 들여 자기 모습을 더 의식해서 관찰해라. 그리고 감정 상태가 어떤지, 그러한 감정이 보디랭귀지로 어떻게 나오는지 살펴보자.

사람들에게 피드백을 받아라 개인 자문단에 이렇게 물어봐라. "우리가 같이 있을 때 제 보디랭귀지의 특이한 점을 발견한 게 있나요?"나 "제가 행복하거나 슬프거나 화가 나거나 스트레스를 받을 때 알아차리기 힘들었나요?" 등 구체적인 피드백을 받아라. 자세히 알수록 좋다.

다른 사람들을 관찰해라 다른 사람들의 동작을 유심히 지켜봐라. 커피숍, 지하철 또는 TV에 나오는 사람들을 살펴봐라. 친구, 가족과 이야기를 나누고 특정 순간에 자신이 그들의 감정 상태를 제대로 읽는지 물어봐라. 예를 들어, "스트레스를 많이 받은 것 같네. 내 말이 맞는 것 같아?"라고 확인해 보자.

평소 생각에 잠겨 있을 때 누가 보면
화난 것처럼 미간을 찌푸리는가?

못 참겠다는 듯이 팔짱을 꽉 끼거나
발을 톡톡 두드리는가?

평소 누가 봐도 화가 나거나
마음에 안 든다는 듯이 눈을 굴리는가?
일이 예상대로 안 풀릴 때 한숨을 크게 내쉬는가?

놀라면 입을 벌리거나
눈을 치켜뜨는가?

사람들과 대화 중에
자리를 뜨는가?

화가 났을 때 사람들에게
손가락질을 하는가?

당황했을 때 두 팔을 으쓱거리며
들어 올리는가?

슬프거나 제대로 인정받지 못한다는
기분이 들 때 몸을 움츠리는가?

개인 자문단에게 보디랭귀지에 대한 구체적인 피드백을 받아라

자신의 몸과 친해져라 여러분은 자신의 보디랭귀지를 연습해 개선할 수 있다. 몸동작은 외면의 움직임과 자세를 내면의 감정과 연결해 준다. 스트레칭, 무술, 요가, 명상, 운동을 포함한 활동을 통해 자신의 몸과 친해져라. 자기 자신을 잘 알고 읽을 줄 알면 다른 사람들의 마음도 더 쉽게 읽을 수 있게 된다.

> **마이크로스킬 2**

의사소통의
걸림돌 파악하기

아다이라 최근에 한 외국인 환자가 어지럼증 때문에 응급실에 들어왔습니다. 어지럼증은 대단히 알기 힘든 증상입니다. '어지럽다'는 말이 사람마다 의미가 다르기 때문이죠. 그래서 전체 병력이 중요합니다. 한 의대생이 통역 없이 그 환자와 상담을 했습니다. 그 학생은 외국어를 할 줄 알았지만 그리 유창하지는 않았습니다. 환자와 나누었던 대화에는 빈틈이 많았죠. "어지럼증은 언제부터 있었나요?"와 같은 학생의 질문에 환자가 뭐라고 대답했는지 확실치 않았습니다. 그래서 저는 현장 통역가에게 협조를 요청했어요. 우리는 훨씬 더 자세한 병력을 알게 됐죠. 결국 우리는 환자에게 뇌졸중 진단을 내렸습니다.

> **실제 필요한 스킬은 무엇일까?**
>
> 의사소통 시 도움이 필요할 수 있다는 사실 유념하기.

이 스킬이 왜 필요할까?

우리는 서로를 이해할 줄 알아야 한다. 우리는 저마다 능력이 다르다. 때로는 어느 한쪽이 최적의 의사소통을 할 수 있도록 배려해야 한다. 무엇보다 중요한 점은 어려움을 꾸역꾸역 헤쳐 가려고 애쓰는 대신 그 사람이 최적의 의사소통 수단을 활용할 수 있도록 시간을 주는 것이다. 그 수단은 말일 수도 있고 펜과 수첩, 또는 수어가 될 수도 있다.

이 스킬을 익히는 힘든 이유는 무엇일까?

- 누군가에게 나의 말을 이해했는지, 또는 어떤 특징과 장애가 있는지 묻는 게 어색하거나 불편하기 때문이다.
- 통역가 같은 자원을 이용할 수 있는지 알지 못하기 때문이다.
- 장애가 있거나 본인과 다른 언어를 쓰는 사람들에게 무신경하기 때문이다.

이 스킬을 익히기 위한 핵심 요령은 무엇일까?

모든 사람이 건강하다고 섣불리 판단하지 마라 모든 사람이 나와 같은 능력을 가지고 있다고 성급하게 판단하지 마라. 포용적이고 열린 자세로 대화에 임하고, 장애가 바로 드러나지 않을지도 모른다는 사실을 명심해라. 우리는 종종 환자들이나 팀원에게 이렇게 말한다. "제 말을 이해하기 힘들면 얘기하세요."

지원을 아끼지 마라 장애가 있는 사람들에게는 어떤 도구가 그들에게 도움이 되는지 알려 줄 수 있다. 어떤 용어나 의사소통 도구를 쓰길 바라는지 물어봐라. 가령 줌에는 자막 기능도 있다. 또 청각 장애가 있는 사람들에게는 전화 대신 이메일로 대화하자고 제안할 수도 있다. 색맹인 사람을 배려해서는 슬라이드 컬러 디자인을 조정할 수 있다(초록색 슬라이드에 빨간색을 쓰거나 하얀색 슬라이드에 노란색을 쓰지 마라).

인내심을 가져라 사람들에게 속도를 높이라고 재촉하고 싶은 충동을 참아라. 학습 장애나 신체 장애, 언어 장벽이 있는 사람들은 더 많은 시간을 들여야 자신의 생각이나 걱정, 질문을 처리하고 표현할 수 있다. 사무실, 스터디 그룹, 컨퍼런스를 비롯해 어디에서든 다른 사람들에게 자신만의 속도로 소통할 수 있는 시간과 여유를 줘라.

마이크로스킬 3

요점을
간단히 말하기

> **리사** 　처음으로 '장 괴사', 다른 말로는 허혈성 장 질환에 걸려 내원한 환자를 치료한 적이 있어요. 이 응급 질환은 환자의 장으로 혈액이 공급되지 않을 때 발생합니다. 이 환자들은 심하게 앓다가 대개는 사망합니다. 당시 저는 의과대학 학생이었습니다. 그때까지 그 정도로 고통스러워하는 환자를 본 적이 없었어요. 실제로 저한테 이렇게 애원할 정도였습니다. "저를 수술실로 데려가 주세요. 수술실로 좀 데려가 줘요."
> 그리고 몇 년 후, 응급실에서 근무를 하고 있는데 마찬가지로 심한 복통 환자가 한 명 들어왔어요. 환자는 연신 구토를 해댔고, 자신이 식중독에 걸렸다고 생각했습니다. 통증 때문에 침대에 가만히 누워 있지를 못했고 진통제를 아무리 써도 진정이 안 됐죠. 번뜩 의대 시절이 생각났습니다. 외과 전문의를 바로 호출해야 했죠. 지체하지 않았습니다. 쓸데없는

인사도 생략했고요. "허혈성 장 질환 의심 환자라 바로 수술에 들어가야 할 것 같습니다." 의사는 다른 진료 예약을 취소하고 환자를 수술실로 옮겼습니다. 제 진단이 맞았고 환자는 목숨을 구했죠. 응급실에서 전문의를 호출해 환자 상담을 요청할 때는 정말 집중해야 합니다. 응급실 의사들은 빙빙 돌리지 않고 핵심을 말하는 법을 배우기 유리합니다. 이 자질은 우리가 능률적인 의사소통을 하는 데 꼭 필요합니다. 분명 훈련을 통해 터득할 수 있는 스킬입니다.

> **실제 필요한 스킬은 무엇일까?**
>
> 하고 싶은 말을 분명하고 솔직하게 이야기하기.
> 메시지의 요점을 숨기지 않기.

이 스킬이 왜 필요할까?

핵심 메시지에 이것저것 덧붙이고 우회하고 충격을 완화하려 할 때 핵심을 놓치는 상황이 벌어진다. 또는 핵심이 빠졌다는 사실을 알지 못한 채 끝없이 이야기를 늘어놓는다. 그때 메시지는 불명확하거나 깊숙이 숨어 버려 찾기 힘들어진다. 의도적이든 아니든 이런 행동은 듣는 사람을 혼란스럽게 만든다. 청자는 자기 나름의 결론을 끌어내거나, 들은 말을 모두 잊을 수 있다. 아니면 별도로 더 깊이 조사해야 하거나, 심지어 다른 자료를 뒤져 전문 지식을 얻어야 할지도 모른다. 이런 식의 의사소통 오류는 불신을 낳을 수 있다. 우리가 빙빙 돌려 말할 때 말투와 상관없이 불신이 생긴다. 혹시 말하지 않은 게 있나 의심하게 된다. 우리는 이 말을 자주 인용한다. "명확함은 친절하고, 불명확함은 불친절하다."[56] 그렇다고 핵심을 말할 때 꼭 말하는 상대와 대립하거나, 공격적인 자세를 취하거나, 목소리를 높일 필요는 없다. 명확한 메시지는 공손한 태도와 정중한 언어로도 충분히 전달할 수 있다.

이 스킬은 왜 익히기 어려울까?

- 말하고 싶은 바를 설득력 있게 다듬을 시간이 부족하기 때문이다.
- 전문 지식이 부족해 요점이 명확하지 않기 때문이다.
- 요점을 세심하게 이야기할 만한 정서 지능이나 문화적 이해를 갖추지 못했기 때문이다.
- 단도직입적으로 이야기할 때 정보의 수용 정도와 자신의 평판이 걱정되기 때문이다.

이 스킬을 익히기 위한 핵심 요령은 무엇일까?

청자가 누구인지 파악해라 말하기 전에 생각해라. 회의실, 이메일 수신자 목록, 단체 채팅방에 누가 있는가? 고위직인가? 고객인가? 아니면 동료인가? 기밀 정보를 공유한다면 믿을 수 있는 사람인가? 편한 첫인상을 줘도 괜찮은 상대인가? 아니면 격식을 차리고 정리된 답을 내놓아야 하는 상대인가?

메세지를 확실히 정해라 대화를 시작하기 전에 본인의 입장을 정하고, 그 입장을 어떻게 분명히 전달할지 결정해라. 이렇게 자문해 보자. '지금 나는 어떤 메시지를 전달하려고 하는가?' 대화를 시작하기 전에 정리하는 게 제일 좋다.

서두르지 마라 새벽 3시에 화가 잔뜩 난 채로 본인 입장을 다섯 문단으로 구구절절 설명하는 이메일은 결코 좋은 선택이 아니다. 정보 조사를 충분히 해라. 질문하고, 입장을 살펴보고, 자기 입장을 정해라. 충동을 억누르지 못하면 메시지가 뒤엉키고, 이메일이 지나치게 길어지고, 언어가 거칠어지고, 부정확해지며, 전문성이 떨어지는 등 많은 문제가 생긴다. 따라서 급하게 답해야 하는 상황이 아니라면 지나치다 싶을 정도로 생각을 천천히 정리해라.

바로 핵심으로 들어가라 물론 모든 대화는 "안녕하세요" "고맙습니다" 또는 "별일 없으시죠?"로 시작할 수 있다. 혹은 본인이 이해한 상황을 간단하게 정리하면서 시작할 수 있다. 핵심은 그런 다음 바로 본론으로 들어가는 것이다. 정중하지만 명확하게 이야기하는 것이 중요하다.

모호한 말	명확한 말
"만나서 이야기 좀 할까요?"	"다음 주에 회의를 하고 싶은데요. 제 월급과 매달 교대 근무 일수에 대해 상의하고 싶습니다." → 회의 내용을 공지해 회의 목적을 미리 알 수 있게 해라.

"무슨 말씀인지는 알겠는데, 몇 가지는 좀 이해가 안 되네요."	"이메일에 쓰신 첫 번째 내용은 이해했습니다. 그런데 두세 번째 내용은 잘 이해가 안 돼서요. 좀 더 명확하게 설명해 주실 수 있나요?" → 명확한 설명이 필요한 특정 주제를 알려 줘라.
"그걸 꼭 해야 할지 잘 모르겠네요."	"신제품 출시에 대해 제시하신 아이디어와 계획이 한정된 예산 때문에 실행하기 힘든 부분이 있습니다. 만나서 문제를 해결할 방법을 논의해 봅시다." → 걱정되는 바를 단도직입적으로 이야기해라.

주장을 뒷받침할 증거를 제시해라 주장을 너무 과장할 필요도 방어적으로 이야기할 필요도 없다. 하지만 근거를 설명할 수는 있다. 친절하게 전문성을 발휘해 논리와 근거를 설명해라.

모호한 말	명확한 말
"만나서 이야기 좀 할까요?"	"최근 환자 만족도 평가와 다면 평가에서 좋은 점수를 얻었고, 부서 기준보다 평가가 좋았습니다. 제 현재 월급과 월급 인상 여지에 대해 이야기할 수 있을까요?"
"무슨 말씀인지는 알겠는데, 몇 가지는 좀 이해가 안 되네요."	"두 번째 주장은 근거가 부족해 보이네요. 지난달 조사에서 쓰신 내용과 상반되는 데이터 트렌드를 봤습니다."
"그걸 꼭 해야 할지 잘 모르겠네요."	"이 계획을 실행하려면 1만 5000달러가 필요한데 저희 예산은 2000달러입니다. 운영 업무를 해 줄 사무직원이 없어서 금액 차이를 해결할 방법을 찾아야 합니다."

대화를 계속해라 질문을 받고 피드백을 요청해라. 대화의 문을 활짝 열어 둬라.

마이크로스킬 4

스토리텔링 전략적으로 사용하기

리사 예전의 제 화법은 지극히 평범하고 무미건조했어요. 주제어가 많고 의학 논문을 자주 언급했죠. 제 개인적인 경험은 거의 꺼내지 않았습니다. 환자나 응급실 상황에 대한 이야기도 거의 안 했고요. 하지만 팀 스토리텔러와 몇몇 스피킹 코치들 덕에 방법을 바꿨습니다. 2014년에 테드메드 강연을 준비할 때였어요. 진행팀이 응급실에서 겪은 구체적이고 개인적인 환자의 사례(물론 개인 정보를 바꿔서)를 들어 이야기하라고 제안하더군요. 저한테는 완전히 새로운 방식이라 불안했어요. 저는 한 여자 환자의 사례를 들었습니다. 그 환자는 응급실의 먼 구석 방에서 고통에 찬 비명을 질렀죠. 자궁외임신을 했는데 난관이 파열돼 복부 출혈이 있었거든요. 초음파 검사로 확인한 결과였습니다. 바로 수술실로 옮겨졌고 무사히 수술을 끝냈습니다.

지금은 강연을 할 때 사연을 빼놓는 법이 없습니다. 연사로 설 때 저는 청중들이 제 이야기에 몰두하는 순간을 직접 마주합니다. 저와 감정적으로 교감하고 제 경험에 공감하는 순간이죠.[57] 저는 이야기의 힘을 절대적으로 믿습니다.

> ### 실제로 필요한 스킬은 무엇인가?
>
> 개인적인 일화를 들어 메시지를 설명하고
> 듣는 사람과 공감대 형성하기.

이 스킬이 왜 필요할까?

우리는 이야기에 공감한다. 이야기는 듣는 이에게 동기를 부여하고 연사를 이해할 수 있도록 해 준다.[58] 이야기는 청중의 마음을 사로잡고 어떤 개념이나 주제의 적용 가능성을 보여 준다. 딱딱한 표나 개요와 달리 항목 표시, 개요와 비교하자면, 이야기는 청중으로 하여금 그 상황에 자신을 대입시켜 보게 한다. 고객이나 클라이언트, 상사, 투자자를 설득하고 싶을 때 이야기는 그 사람들을 끌어들여 더 깊고 강렬한 방식으로 연결될 수 있게 해 준다. 우리가 이 책에서 우리의 개인적인 이야기를 나누는 이유이기도 하다.

이 스킬은 왜 익히기 어려울까?

- 공유할 이야기가 없거나, 자신이 그 이야기를 전할 소질이 없다고 생각하기 때문이다.
- 이야기가 메시지를 흐리거나 논의를 지체시킬까 봐, 또 과장될까 봐 걱정되기 때문이다.
- 개인적인 이야기를 나누는 게 불편하기 때문이다.

이 스킬을 익히기 위한 핵심 요령은 무엇일까?

이야기를 꺼내기 적절한 때인지 결정해라 이야기는 1분 길이일 수도 있고, 장편영화 한 편 길이일 수도 있다. 이렇게 자문해 봐라. '지금이 이야기를 꺼낼 때인가?' 사람들이 짐을 챙기거나 자리를 뜨고 있지는 않는지 분위기를 읽어라. 그래야 그들을 집중시킬 수 있다. 사람들이 지루하고 산만해 보인다면 주의를 다시 끌어올 수 있다.

목적을 명확히 해라 좋은 이야기에는 목적이 있다. 당연한 이야기 같겠지만 횡설수설하거나 목적이 없는 것처럼 보이면 안 된다. 이야기의 목적을 찾으면 세부 내용을 조정해 이 이야기를 하는 이유와 연결할 수 있다. '왜 내가 이 이야기를 하는 걸까? 왜 사람들은 이 이야기를 듣고 싶어 할까?' 초안을 여러 번 쓰고 또 고쳐 써야 이야기를 명확하게 다듬고 원하는 요점을 담을 수 있다.

모호한 말	명확한 말
"이야기를 하나 하려고 합니다. 사람들이 줄이어 퇴사한 어느 회사 이야기입니다. 소속감을 느끼지 못한 사람이 특히 많이 그만뒀습니다."	"예전에 다니던 회사에서 1년 반 사이에 팀원 14명이 퇴사를 했습니다. 그중 12명이 여자였고요. 몇몇은 다음 회사를 정하지도 않고 그만뒀죠. 퇴사 알림 이메일이 도착할 때마다 우리의 사기는 꺾였습니다. 그 여자 직원들은 왜 회사를 떠났을까요?"

자연스럽게 이야기해라 생생하고 진정성 있게 이야기해라. 공감과 대화를 끌어낼 수 있는 이야기를 해라. 억지로 하지는 마라. 누가 봐도 과장된 이야기를 하는 것보다는 아예 하지 않는 편이 낫다.

출처를 밝히고 허락을 구해라 어디선가 들은 이야기를 하고 싶다면 그 이야기를 해 준 사람이 누구인지 출처를 밝혀라. 개인 정보를 이야기할 계획이라면 그 사람에게 물어봐라. "저한테 한 이야기 제가 좀 써도 될까요?" 개인 정보가 걱정된다면 이야기의 목적은 유지하되 정보는 바꾸거나 익명으로 해라.

부담감을 버려라 우리 모두에게는 나눌 이야기가 있다. 꼭 대단한 상을 받은 스토리텔러가 아니라도 할 수 있다. 이야기는 짧아도 된다. 목표는 듣는 사람과 교감하고 메시지를 전하는 것이다.

마이크로스킬 5

듣기에 집중하고, 모두를 참여시키기

> **리사** 저는 몇 년이 걸려서야 회사에서 무례를 목격하는 순간에 말로든 몸으로든 반응할 언어를 찾았습니다. 한번은 회의를 이끌고 있었어요. 유색인종 여성 신입이 진행 상황을 말했죠. 이 직원은 보기 드문 전문 지식과 기술을 갖췄다고 알려져 있었어요. 직원이 말을 시작하기 무섭게 상사가 말을 자르며 직원이 한 말을 정정했고 공을 자신에게 돌렸습니다. 직원은 입을 다물었죠. 안타깝게도 이런 일은 어느 회의에나 있었습니다. 그 상사가 계속 말하는 동안 회의실은 조용해졌고요. 조치를 취하기로 했죠. 저는 정중하게 손을 들어 멈추라는 신호를 했습니다. 그리고 이렇게 말했습니다. "죄송한데요." 그러고는 신입 직원에게 몸을 돌리고 물었습니다. "말씀은 다 하신 건가요?" 그때서야 직원은 웃으며 진행 상황을 이어서 이야기했습니다. 시스템 때문에 이런 식의 무례한

대화가 벌어집니다. 이런 일은 어린 팀원, 여성, 유색인종에게 더 자주 일어나죠.[59] 우아한 의사소통은 말을 줄이고, 더 많이 듣고, 사람들과 무대를 나누는 일입니다.

실제 필요한 스킬은 무엇일까?

경청하기. 다른 사람이 들어올 공간을 마련하기.

이 스킬이 왜 필요할까?

듣기, 경청은 특히 중요하다. 내 생각을 이야기하고 대화에 끼어들고 싶은 충동은 매우 강하다. 하지만 균형을 맞출 필요가 있다. 본인이 본인의 목소리를 중요하게 생각하는 만큼 다른 사람들도 그럴 수 있다. 사람에게는 누구나 하고 싶은 중요한 이야기가 있다. 다른 사람의 생각을 듣고 그 생각을 바탕으로 이야기를 발전시켜 나가면 더 정확한 정보가 담긴 이야기를 적절하게 전달할 수 있다.

이 스킬은 왜 익히기 어려울까?

- 침묵은 사람을 불안하게 만들기에 말로 침묵을 깨고 싶은 마음이

강하게 들기 때문이다.
- 계속 입을 다물고 있으면 제대로 집중하고 있지 않는 것처럼 보이거나, 무능하게 보일까 봐 걱정되기 때문이다.
- 본인이 말이 너무 많고 자리를 지나치게 많이 차지하고 있다는 생각을 못 하기 때문이다.

이 스킬을 익히기 위한 핵심 요령은 무엇일까?

침묵에 익숙해져라 의사소통에서 침묵은 중요하다. 스스로에게는 생각할 시간을, 상대방에게는 말하고 생각할 시간을 주기 때문이다. 우아한 의사소통은 양보다 질이 중요하다. 모든 순간을 말로 채울 필요는 없다.

철저히 듣는 사람이 돼라 말을 멈추고 다른 사람들에게 발언할 기회를 줘라. 한두 사람이 말을 하기 전까지 기다려라. 회의, 토론회에서 어떤 질문이나 의견이 나왔을 때 반드시 맨 처음 대답할 필요는 없다.

비언어적 소통 방식을 활용해라 고개를 끄덕이거나 엄지를 척 들어 올리거나 박수를 치는 등 비언어적 신호를 활용해 동의를 나타낼 수 있다. 손이나 손가락을 들어 관심을 표하면 일부러 새치기하지 않고도 끼어들 수 있다. 매번 그럴 필요는 없다. 하지만 다른 사람의 의견을 편견 없이 듣고 있다는 표현은 분명히 해야 한다.

맨스플레이닝, 맨터럽팅, 브로프리에이팅은 금물 직장 내 편견은 실재한다. 그런 팀원이 되지 않기 위해 대화할 때 편견이 어떤 식으로 나타나는지 공부하고 익혀야 한다.[60] 안타깝게도 직장 내 역학 관계가 특히 여성과 유색인종을 침묵시킬 수 있음을 보여 주는 꽤 설득력 있는 데이터가 있다. 남성은 여성과 유색인종이 마치 동맹처럼 보이게 만드는 데 중요하고도 결정적인 역할을 한다.[61]

용어	정의	사례
맨스플레이닝 Mansplaining [62]	남성이 거들먹거리거나 잘난 척하는 말투로 특히 여성에게 무언가를 설명하는 것	남성: "그 프로젝트를 끝내는 제일 좋은 방법을 알려 줄게요. 당신이 하려고 하는 일은…" (사실 상대방 여성은 이미 두 군데 회사에서 비슷한 프로젝트를 진행한 적이 있다.)
맨터럽팅 Manterrupting [63]	남성이 입을 막거나 힘을 쓰지 못하게 할 목적으로 불필요하게 여성의 말을 끊는 괴롭힘의 형태.	주간 회의에서 그룹 프로젝트를 공유하려는 상황. 여성: "우리는…" 남성: "그전에 진행 상황을 이야기하고 싶은데요."
브로프리에이팅 Bropriating [64]	여성이 아이디어를 냈지만 아무 반응이 없다가, 남성이 똑같은 아이디어를 제안하는 상황.	여성 직원이 현장 대면 회의를 제안한 직후에 남성 직원이 똑같은 제안을 한다. 남성: "새로운 부서도 볼 겸 다음 회의는 현장에서 대면 회의를 하시죠."

마이크로스킬 6

비동기 메시지 활용하기

리사 응급실에서 우리는 온갖 다양한 방식으로 의사소통을 합니다. 저는 수련의들에게 상황을 정확하게 인식하는 방법을 가르치려고 노력합니다. 다음이 그 사례입니다.

- **이메일**: 1차 진료 의사에게 담당 환자가 내분비의학과에 가서 검사한 결과 이상이 없었고, 퇴원했다고 이야기하고 싶다.
- **대화**: 환자에게 가서 엑스레이 사진에 골절이 보인다고 이야기한다.
- **전화**: 응급실에 없는 가족에게 환자의 사망 사실을 알려야 한다.
- **문자**: 동료 교수가 다음 주 강의와 관련한 질문을 문자로 보낸다.
- **무선호출시스템**: 복통을 호소하는 한 환자를 수술실로 옮겨야 한다. 외과 의사를 호출한다.

- **안내 방송**: 환자가 심장 발작을 일으켜 응급실에 심장의학과 전문의들이 바로 와야 한다. 안내 방송을 해 심장의학과에 연락을 취한다.

실제 필요한 스킬은 무엇일까?

여러 커뮤니케이션 도구 사용하기.

이 스킬이 왜 필요할까?

이메일, DM, 문자 메시지 등 비동기 대화 채널의 장점은 즉시 답하지 않고 편할 때 천천히 답할 수 있다는 것이다. 바로바로 답할 필요 없이 충분히 생각할 시간을 갖고 신중하게 대답할 수 있다. 그러면 자연스럽게 일의 집중도와 생산성도 좋아진다.[65]

이 스킬은 왜 익히기 어려울까?

- 기술을 익히는 일이 벅차고 겁날 수 있기 때문이다.
- 음성을 녹음하거나 영상통화를 하는 게 부담스럽기 때문이다.
- 편하게 나누는 실시간 대화를 더 선호하기 때문이다.

이 스킬을 익히기 위한 핵심 요령은 무엇일까?

사람과 상황에 맞는 의사소통 수단을 사용해라 문자 메시지는 편하고 개인적이며 이메일 공간을 차지하지도 않는다. 이메일은 정중하고 공적이다. 음성 메시지는 말투와 억양을 통해 감정과 성격을 담는다. 또 영상 메시지는 상대방의 얼굴을 보고 목소리를 들을 수 있게 해 준다. 하지만 충분히 친밀한 사이가 아닌 이상 상사에게 음성이나 영상 메시지를 보내는 것은 추천하지는 않는다. 영상, 문자, 음성 메시지는 사전에 조율과 계획이 필요한 전화나 회의보다 부담이 적다. 어떤 사람이 본인과 나이대가 비슷하거나 같은 팀에 있다는 이유만으로 시도 때도 없이 메시지를 주고받고 싶어 한다고 넘겨짚지 마라.

메시지 내용에 신경 써라 개인적인 대화와 공적인 대화는 경계가 달라야 한다. 대학 친구에게 보내는 종류의 문자 메시지를 상사에게 보낼 수는 없다. 민감한 내용을 문자로 보낼 때 보안에 신경 써라. 문자나 이메일로는 부정적이거나 불편한 이야기는 삼가라. 그런 이야기는 전화로 하거나 직접 만나서 하는 게 제일 좋다. 메시지는 공유, 복사, 전달이 가능하다는 점을 기억해라.

선호하는 방식을 사전에 논의해라 팀이 제일 선호하는 의사소통 수단을 사전에 물어보면 좋다. 마음을 열고 팀원들에게 어떤 식으로 의사소통하고 싶은지 물어봐라. 우아한 의사소통의 가장 중요한 사항은 참여자들이 소통 방식과 지켜야 할 경계에 동의하는 것이다(늦은 밤이나 주말에는 되도록 연락을 삼가는 것 등).

마이크로스킬 7

실제로 읽히는 이메일 쓰기

아다이라 리더십 프로그램을 공동 출범한 초기에 이메일을 쓴 적이 있어요. 보내기 전에 저의 멘토이자 효율 커뮤니케이션의 대가인 미셸 린 박사에게 읽어 봐 달라고 부탁을 했죠. 문단이 네 개나 되는 데다가 한 페이지가 넘는 이메일을 린 박사에게 보냈어요. 린 박사는 친절하지만 명확하고 직설적으로 의견을 줬습니다. "사람들은 이메일을 전부 다 읽지 않을 거예요." 그러고는 명확하게 고쳐 쓴 세 문단짜리 이메일 초안을 첨부했습니다. 한 문단에 문장은 두 개뿐이었고요. 우리 두 사람이 쓴 이메일이 확연히 달라 웃음이 났습니다. 린 박사의 조언은 큰 도움이 됐습니다. 아무리 잘 쓴 이메일이더라도 너무 길면 아무도 읽지 않을 수 있습니다.

> ### 실제 필요한 스킬은 무엇일까?
>
> 무시당하거나 삭제당하지 않고 읽히는 이메일 보내기.

이 스킬이 왜 필요할까?

읽히는 이메일을 써야 한다. 사람들이 8~12초 사이에 읽을 수 있는 되도록 '짧은 이메일'이어야 한다.[66] 이메일 메시지의 65퍼센트가 읽히지 않는다는 보고 자료가 있다.[67] 의미를 '더 명확하게' 전달하는 것이 핵심이다. 단, 회의를 줄일 수 있다면 긴 이메일도 괜찮을 것이다. 무엇보다 의사소통에 효과적인 방향으로 이메일을 활용하길 바란다.

이 스킬은 왜 익히기 어려울까?

- 명확하고 간결한 이메일을 쓰려면 맞춤법 검사를 비롯해 시간과 노력이 들기 때문이다.
- 상사가 좋은 본보기를 보여 준 적이 없기 때문이다.
- 팀과 기업 문화가 최적화된 이메일 커뮤니케이션을 중요하게 생각하지 않기 때문이다.
- 모든 사람이 실시간 회의보다는 길고 자세한 메시지를 원한다고

생각하기 때문이다.

이 스킬을 익히기 위한 핵심 요령은 무엇일까?

이메일 제목을 신중하게 정해라 핵심적인 목적이 제목에 간략하게 들어가야 한다. (예) 11월 29일 회의록).

인사말을 어떻게 쓸지 고민해라 길게 쓸 필요는 없다. 자기답게 진솔하게 쓰면 된다. "즐거운 주말 되셨길 바랍니다" 또는 "안녕하세요!"도 괜찮다. 과장된 표현은 피하되 상대방에게 친절하고 사려 깊은 인사말을 건네는 것이 좋다. "건강하고 편안하시길 바랍니다" "요즘 선생님과 선생님 가족 생각이 많이 났습니다." 이런 식으로 자연스럽게 안부를 전하는 것도 좋도 방법이다.

짜임새 있게 써라 기본에 충실하되 명확하게 써라. 일상적으로 보내는 이메일은 지나치게 형식에 신경 쓸 필요가 없다. 핵심 내용은 소단락으로 만들거나 앞에 점을 넣어 강조할 수 있다. 듣는 사람에게 낯선 약어라면 처음 사용할 때는 전체 이름을 다 써준 뒤에 줄여라. "가령 응급실(emergency department(ED))에서 우리는…"[68] 처럼 쓸 수 있다. 이메일이 길다 싶으면 긴 문단을 여러 문단으로 짧게 나누거나, 주제와 크게 관련 없는 말을 잘라 내거나, 전화를 걸어라.

요약문을 만들어라 한 문장으로 요약할 수도 있다. 특히 이메일이 길다면 요약문을 써라. 핵심 정보를 잘 보이게 만들어라. 중요한 정보는 굵은 글씨나 이탤릭체, 밑줄 또는 다른 색깔로 표시해라. 글씨체나 색깔은 지나치게 심미적인 면만 중시하지 마라. 요약문은 메일 첫머리에 주로 넣는다.

> 리사, 안녕하세요.
>
> 휴일 즐겁게 보냈길 바랍니다. ● ─── 단체나 개인에게 이야기를 꺼낼 때 "휴일 즐겁게 보냈길 바랍니다" 또는 "기분 좋은 하루 보내시길 바랍니다" 같은 인사로 시작할 수 있다.
>
> 세라와 곧 있을 모금 행사 관련 회의를 진행했나요? ● ─── 이메일의 목적을 언급해라.
> 리사와 그 팀 팀장님이 워크숍 날짜를 정했는지 다시 이야기하고 싶어서요.
> **월요일까지** 날짜를 확정하려고 해요. ● ─── 중요한 내용을 잘 보이게 만들어라. 중요도가 높은 정보는 굵은 글씨, 이탤릭체, 색깔을 넣어 표시해라.
>
> 저는 오늘 오후 4~5시에 시간 괜찮습니다. ● ─── "언제 시간 되세요?"라고 묻는 대신 고를 수 있는 선택지를 줘라.
>
> 감사합니다.
> 아다이라
> 555-55-5555

이메일은 길고 복잡할 필요가 없다. 필수적인 정보만 넣고
핵심 정보는 강조해 읽는 사람들 눈에 잘 띄게 만들어라

상세 정보는 재확인해라 오류는 있게 마련이다. 자동 수정 기능이 있으면 더 그렇다. 몇 분을 더 들여 날짜, 시간, 위치, 링크, 참석자 이름 등을 확인할 필요가 있다.

불필요한 정보는 잘라 내라 이메일을 다시 읽어 보고 관련이 없고 주제를 흐리는 정보는 삭제해라.

어투에 유념해라 이메일이라는 매체의 특성상 많은 감정이 배제된

다. 따라서 퉁명스럽거나 차갑게 들리지 않도록 조심해라. 당혹스러움을 표현하기 위해 '휴'나 '헉' 같은 단어를 사용하는 것도 자제해라. 이모티콘, 이모지, 구두점, GIF 이미지는 감정을 전달하는 데 도움이 되지만 격식이 부족해 보일지도 모른다. 그런 도구들, 특히 감탄부호를 사용해 감정을 표현하는 건 대개 성별의 특성이 반영된다. 즉 여자들이 남자들보다 그런 경향이 강하다.[69] 지나치게 명랑하고 쾌활하게 보일 필요없이 그저 자기답게 쓰면 된다. 중립적이고 편안하고 무심해도 괜찮다. 정중하고 명확하게 보내는 정도면 충분하다.

서명란 기본 서명란을 만들어 메시지 뒤에 자동으로 따라붙게 만들어라. 서명란의 목적은 사람들에게 내가 누구인지 보여 주고 나에 대한 더 상세한 정보를 살필 수 있게 하는 것이다.

간단한 서명란	자세한 서명란
아다이라 랜드리 555-55-5555	아다이라 랜드리, 의학박사, 하버드대학교 조교수 라이팅 인 컬러 공동 창립자 트위터: @AdairaLandryMD 555-55-5555 (직장) → 성명, 자격증, 주요 직함, 회사/기관명을 적어라.
리사 E. 루이스	리사 E. 루이스, 의학박사, 응급의학과 교수 성별 인칭 대명사: She / Her / Hers 웹사이트 | 인스타그램 | 링크드인 → 필요에 따라 연락처 정보를 담아라. 　웹사이트 링크나 온라인 연락처를 넣어라.

마이크로스킬 8

이메일 도구 활용하기

리사 누군가 제게 이메일로 어떤 사람을 소개해주거나 업무와 관련된 정보를 전달해주면, 필요에 따라 숨은 참조를 걸어 앞으로 그에게 불필요한 내용이 전달되지 않도록 합니다. 숨은 참조 기능은 과소평가받기도 하지만, 저는 좋아하는 기능입니다. 불필요한 전체 회신을 피하고 수신자의 사생활도 지킬 수 있는 좋은 방법입니다. 한편 그저 기록을 남기는 용도로 숨은 참조 기능이 석질하게 쓰이지 않는 상황도 봤습니다.

> **실제 필요한 스킬은 무엇일까?**
>
> 참조, 숨은 참조 기능을 사용하기. 전체 회신을 자제하기.

이 스킬이 왜 필요할까?

지금쯤 사려 깊은 이메일이 우아한 의사소통에 도움이 된다는 사실을 분명히 느꼈기를 바란다. 이를 위해 이메일 도구와 보조 기능을 익혀야 한다. 사려 깊게 이메일을 보내면 보통 하루에 이메일을 읽는 데 사용된다고 알려진 5시간을 줄여 줄 수 있다.[70] 우리는 배려심이 깃든 이메일 문화, 즉 동료들의 받은편지함을 배려하는 문화에 대한 글을 쓴 적도 있다.[71] 동료들의 업무량을 배려하는 문화를 만듦으로써 동료들과 서로 도움을 주고받을 수 있다.

이 스킬은 왜 익히기 힘들까?

- 이메일 기능들의 차이점을 알지 못하기 때문이다.
- 상사와 동료들이 저마다 선호하는 이메일의 방식이 다르기 때문이다. "모든 메일에 나를 참조로 넣어 줘요"라고 말하는 사람도 있고, "필요할 때만 참조를 걸어 줘요"라고 말하는 사람도 있다.
- 기존에 굳어진 이메일 패턴을 바꾸기가 망설여지기 때문이다.
- 전체 회신이 팀에 늘 도움이 된다고 믿기 때문이다.
- 숨은 참조는 은밀한 의사소통에 사용해야 한다고 믿기 때문이다 (다른 사람들에게는 알리지 않고 숨은 참조에 누군가를 넣는 등).

이 스킬을 익히기 위한 핵심 요령은 무엇일까?

발신:	크리스 호프만
수신:	primary.recipient@example.com, another.primary.recipient@example.com
참조:	for.your.information@example.com, also.fyi@example.com
숨은 참조:	secret.person@example.com
제목:	이메일 제목
이메일:	이메일 내용

수신 란 활용 이 란에 있는 사람들은 모두 대화에 직접적으로 관련이 있다고 봐야 한다. 이 란에 들어간 사람들은 이메일을 받는 모든 사람이 볼 수 있다. 또 이 사람들은 누가 참조로 들어가 있는지 볼 수 있다. 하지만 숨은 참조에 누가 있는지는 볼 수 없다. 수신 란에 있는 수신자가 전체 회신 버튼을 누르면 이메일은 (숨은 참조에 있는 사람을 제외하고) 모든 사람에게 보내진다.

참조(CC) 활용 참조는 누군가에게 정보를 공유하기 좋은 도구다. 대체로 우리가 누군가에게 무언가를 요청하거나 중요한 정보를 이야기할 때 이 과정에 참여해 도움을 얻을 만한 사람을 참조에 넣을 수 있다. 참조를 정보 전달 목적의 란이라고 생각해라. 대개 참조에 포함된 사람들은 직접적인 행동을 할 필요가 없다. 그리고 참조 란에 있는 사람들은 비공개가 아니다. 수신 란에 있는 사람들처럼 참조 란에 있는 사람들도 모든 이메일 수신자에게 보인다.

숨은 참조 란을 활용해라 숨은 참조의 가장 큰 장점은 모든 사람의 받은편지함을 순식간에 어지럽히는 전체 회신의 위험을 없앤다는 점이다. 어떻게 그럴 수 있냐고? 숨은 참조에 들어간 각 수신자는 다른 숨은 참조 수신자들에게 전체 회신을 할 수 없다. 이들은 서로 볼 수 없기 때문이다. 20명, 50명, 또는 100명에게 이메일을 보내고 싶으면 모두 숨은 참조에 넣어 전체 회신을 받는 위험을 피할 수 있다. 숨은 참조의 두 번째 장점은 똑같은 민감한 정보를 한꺼번에 같이 들어야 하는 수신자들의 정체를 숨길 수 있다는 점이다.

인사말에서 수신자 목록에 있는 사람들을 언급해라 이메일 수신자들 중 숨은 참조 란에 있는 사람들은 발신자를 제외한 다른 사람들에게는 보이지 않는다는 사실을 명심해라. 의사소통을 명확히 하기 위해 이메일을 받는 모든 사람, 즉 수신 란과 숨은 참조 란에 있는 사람들을 인사말에서 분명히 언급해라. 아다이라가 학생 40명에게 이메일을 보낼 때 그녀는 학생들을 모두 숨은 참조에 넣고 다음처럼 이메일을 시작한다. "안녕하세요, 학생 여러분."

전체 회신은 신중하게 사용해라 전체 회신은 신중하게 사용해라. 특히 이메일 수신자 목록이 긴 경우에는 더 조심해라. 잠시 멈춘 뒤 이렇게 자문해 봐라. '내 답장이 모든 사람에게 꼭 필요하고 중요할까?'

마이크로스킬 9

부정적 감정을
전할 때 주의하기

아다이라 응급의학과 수련의 4년 차에 수석 레지던트로 발탁됐어요. 수석 레지던트 때는 모든 레지던트의 한 해 근무 일정을 짜야 했죠. 일정에 대한 피드백을 처리해야 했어요. 일부 이메일은 말이 좀 심했어요. 정확히 이렇게 말한 건 아니지만 "일 더럽게 못하네"라는 식의 피드백을 들은 기억이 납니다. 다른 수석 레지던트들과 저는 규칙을 만들었어요. 수준 이하의 거친 말에는 답하지 말 것. 그리고 대응 절차를 만들었어요. 한 명이 거친 이메일에 예의 바른 답장 초안을 쓴 뒤 다른 사람이 메일을 보내기 전에 읽어 봅니다. 그런 뒤 모든 이메일은 24시간 동안 대기 후 다시 한번 검토를 거칩니다. 이 덕에 우리 쪽에서는 부정적인 말투로 답장을 보내지 않을 수 있었습니다.

> ## 실제로 필요한 스킬은 무엇일까?
>
> 특정 사람이나 상황에 대해 부정적인 감정을 품고 있다면
> 잠시 멈춰 생각한 다음 공유하기.

이 스킬이 왜 필요할까?

우아한 의사소통을 위해서는 화가 담긴 이메일을 보내거나 역효과를 낼 수 있는 내용의 말을 전하기 전에 잠시 멈춰 신중하게 고민하는 시간을 가져야만 한다. 우리의 즉각적인 반응과 감정은 대개 다듬어지지 않은 날것이다. 이런 감정은 거를 필요가 있다. 맞다. 화를 내고 진절머리를 치고 황당해하고 질투할 수 있다. 그게 정상이다. 하지만 언제, 어떻게, 누구에게 이런 감정을 드러낼지는 전략적으로 생각해야 한다. 메시지는 편집되고 오독될 수 있다는 사실을 명심해라. 감정이 걸러지지 않고 과열되어 있다면 실제로 전하고자 하는 내용은 전달되지 않고 감정만 증폭될 수 있다. 전략적으로 행동하길 바란다. 말하고 쓰는 내용을 잘 관리해라.

이 스킬은 왜 익히기 어려울까?

- 반응하지 않거나, 자기 입장을 설명하지 않기 힘들기 때문이다.
- 강한 감정을 드러내는 것이 자신과 팀에 생산적이고 건강한 방법이라고 생각하기 때문이다.
- 하고 싶은 말을 참고 싶지도, 직장에 대한 신념을 바꾸고 싶지도 않기 때문이다.

이 스킬을 익히기 위한 핵심 요령은 무엇일까?

의도적으로 휴식을 취해라 기본적인 피로에 스트레스 상황까지 겹치면 이 마이크로스킬을 익히기 힘들어진다. 휴식을 취하면 반사적인 반응과 행동을 통제하기가 더 쉬워진다. 잠이 부족하면 분노와 공격성 같은 감정을 다스리기가 더 힘들어진다.[72]

잠시 시간 간격을 두고 뒤에 답장해라 속상하고 짜증 나고 화가 날 때 숨을 깊게 들이쉬고 내쉬어라. 한발 물러서서 산책을 가고 화장실을 가라. 스스로에게 시간을 줘라. 스트레스를 주는 상황에서 물리적으로 멀어지면 몸은 물론 상황도 나아진다.

친구에게 전화해라 신뢰하는 사람, 또는 그 상황과 관련이 없는 사람의 의견을 구해라(후자가 더 좋다). 불분명하거나 과장되거나 내 생각을 제대로 담아내지 못하는 내용이 있는지 물어봐라.

초안을 작성해라 마음을 털어내어 글로 적어 보자. 전화할 예정이고 감정적인 이메일을 쓸 생각이 없다 할지라도 머릿속에 있는 말을 미리 적어 두면 내용이 명확해지고 마음이 편안해진다. 노트나 워드 문서에 생각을 적어 봐라. 이메일 창에는 문제가 될 만한 생각을 적어 두지 마라. 실수로 보내기 버튼을 누르기 쉽다.

다음 날 다시 써라 시간이 급한 일이 아니라면 다음 날까지 기다렸다가 쓴 내용을 다시 봐라. 여유를 가지고 쓰면 감정을 덜어 낼 수 있다. 명확하고 간결하고 객관적으로 다듬어라. 분노, 짜증, 원망은 걷어 내라. 왜냐고? 감정적인 반응 때문에 정작 만들고 싶은 변화나 하고 싶은 주장에서 멀어져서는 안 되기 때문이다.

호기심을 가져라 다른 사람들의 생각에 호기심을 가져라. 가정과 추측을 바탕으로 대화해서는 안 된다. 자초지종을 잘 알지 못할 수도 있음을 받아들여야 한다.

계획을 짜라 일단 처음 일어난 감정이 지나가고 마음이 차분해진 뒤에 메시지를 보낼지, 회의를 잡을지, 아니면 다음으로 넘어갈지 결정해야 한다.

마이크로스킬 10

이메일은
근무시간 중 보내기

아다이라 몇 년 전 동료 의사가 금요일 밤 9시에 연구 조사를 마무리하라는 이메일을 보냈어요. 그렇게 급해 보이지는 않아 '월요일에 해야지'라고 생각했죠. 일요일 밤에 그 동료는 또 이메일을 보내 왔어요. '내 이메일 받았어요?' 그러고는 월요일 아침 7시에 또 한 번 연락을 했죠. 그날 조사를 완료할 수 있는지 묻는 문자 메시지였어요. 정해진 근무시간이 아닌데 여러 번 메시지를 보낸 거예요. 생각해 보면 저도 이 동료처럼 신입 시절에 근무시간이 지난 뒤에 메시지를 보내기도 했습니다. 많은 사람이 그런 경험이 있습니다. 하지만 사실 이메일로 전하는 대다수 일이 촌각을 다툴 정도는 아닙니다. 일도 중요하지만 상대방의 근무 외 시간을 존중하는 자세도 중요하다는 걸 기억하는 것이 좋습니다.

실제로 필요한 스킬은 무엇일까?

근무시간 내에 이메일 보내기.

이 스킬이 왜 필요할까?

근무시간은 저마다 다르다(특히 재택과 사무실 근무를 병행하거나 교대 근무가 있는 회사라면). 팀원들과 상의해 기본 근무시간을 정해라. 물론 주 7일 24시간 돌아가고 연락이 자주 필요한 회사도 있다. 하지만 그런 근무 환경에서도 경계를 지을 수 있다. 우리는 '서로 배려하는 이메일 문화의 풍경'이라는 논문에서 일부러 근무 외 시간에 연락하는 문제를 언급했다. 근무 외 시간에 이메일을 받은 사람은 부당하게 일 생각을 하게 된다.[73] 응급의학과 의사인 우리도 다른 사람이 집에 있거나 잠을 자는 시간에 자주 일한다. 하지만 이메일을 받는 사람과 그 사람의 일정을 생각해 보라고 권하고 싶다. 근무 외 시간은 대개 밤, 주말, 휴가, 연차, 휴일을 가리킨다. 팀원들에게 친절하다는 건 이런 시간에 연락을 취하지 않는다는 의미다. 사람들에게는 일하지 않는 시간도 꼭 필요하다.

이 스킬은 왜 익히기 어려울까?

- 책상에 쌓인 일, 특히 급한 일을 끝내야 한다고 느끼기 때문이다.
- 이메일을 받으면 답하지 않기가 힘들기 때문이다.
- 팀원이 바로 답해 주길 기다린다고 생각하기 때문이다.
- 회사의 이메일 문화가 건강하지 못하고, 사적 경계도 거의 없기 때문이다.

이 스킬을 익히기 위한 핵심 요령은 무엇일까?

발송 시간에 주의해라 팀원들을 만나 "이메일 보내는 시간을 최적화할 방법이 있을까요?"라고 물어봐라. 영국에서 시작된, 여성의 경력 개발 지원을 선언하는 아테나 스완 헌장 Athena Swan Charter 은 고등교육과 연구 분야에서 양성평등을 위한 가이드라인을 제시하며 근무시간은 평일 오전 10시부터 오후 4시로 생각하면 대체로 안전하다고 권고한다.[74]

예약 발송을 해라 근무 외 시간에 이메일을 작성한 뒤 적절한 시간에 보내지도록 예약 발송을 해라. 예약 발송을 하는 방법을 모른다면 검색해 봐라.

서명란에 한 줄 메모를 추가해라 이메일 서명란 하단에 다음과 같은 한 줄 메모를 추가해라. 예를 들어 "월~금 오전 9시부터 오후 5시까지 근무하니 이 시간 외에는 답변이 어렵습니다"라거나 "밤, 주말, 휴일에는 답변이 힘들 수도 있습니다"라고 넣을 수 있다.

또 다른 의사소통 수단을 골라라 어떤 일이 정말 급하다면 이메일이 제일 좋은 연락 수단인지 고민해 봐라. 때론 이메일을 여러 번 주고받기보다 5분간 통화로 문제를 해결하는 편이 더 쉬울지도 모른다.

결론

- ✔ 의사소통을 할 때 명확하고 간결한 말을 쓰려고 노력해라.
- ✔ 대화할 때 보디랭귀지가 중요한 역할을 한다는 사실을 명심해라.
- ✔ 모든 사람의 대화 방식이 나와 같지는 않다. 호기심을 가지고 열린 마음으로 인내심을 갖고 상대방의 이야기를 경청해라.

4장

업무 능력만큼 중요한
평판 관리 전략

아다이라　평판이 안 좋은 외과 의사가 있었어요. 하루는 그 의사가 응급실로 들어오더니 컴퓨터 워크스테이션 쪽으로 걸어가더군요. 제 동료 몇몇이 긴장하는 게 보였어요. 그 의사가 옆으로 지나가자 간호사가 시선을 딴 데로 돌렸어요. 인사를 주고받는 사람도 없었고요. 흉통 환자에게 심전도 검사를 하던 기사는 그가 옆으로 지나가자 눈을 돌렸습니다. 옆에 있는 간호사에게 무슨 일 있냐고 묻자 그 외과 의사가 사람들에게 여러 번 소리를 질렀고 무시하는 말투로 말해서 아무도 그 의사와 이야기하고 싶어 하지 않는다고 하더군요. 사람들은 그 의사가 자기들을 괴롭힌다고 생각했어요. 그 의사에게 직접 물어보진 않았지만 궁금했습니다. 그는 자신이 무례하고 같이 일하기 힘든 사람이라는 인상을 준다는 걸 알까? 그리고 이런 평판을 신경 쓸까?

　　좋든 싫든 우리는 모두 어떤 식으로든 알려진다. 근면하다거나 친근하다거나 야망이 넘친다거나 게으르다는 등 그 사람이 가진 어떤 면으로든 평판이 난다. 행동과 말하는 방식을 통해 우리는 사람들에게 인식되고 설명된다. 재미있는 점은 우리 평판의 대부분이 주관적인 기준에서 비롯된다는 것이다.

좋은 평판을 쌓는 데는 시간이 많이 걸린다. 긴 시간에 걸쳐 일관되게, 반복적으로 보이고 노출되어야 하기 때문이다. 반대로 나쁜 평판은 잠깐이면 쌓이고 좋은 평판만큼 많은 사례가 필요하지도 않으며 한번 굳어지면 벗어나기 어렵다. 우리는 종종 이런 말을 듣곤 한다. "사람들이 널 어떻게 생각하는지는 신경 쓰지 마." 대체로 맞는 말이다. 자신을 돌보고 힘을 아껴라. 바꿀 수 없는 일은 걱정하지 마라. 하지만 회사 생활은 그렇게 간단하지가 않아서 자기 자신에게만 집중해서도 안 된다. 임금 인상, 승진, 중책 등이 항상 나 스스로에게만 달려 있는 건 아니다. 조직에서 실제 경력은 대개 사람들이 나를 어떻게 보느냐에 따라 결정된다.

이건 평판과도 결부된다. 사람들은 스스로 느낀 첫인상보다 평판을 더 믿는다는 자료도 있다. 가령 온라인 고객의 90퍼센트는 어떤 매장을 직접 방문하기 전에 후기를 먼저 살피고 신뢰할 것이다.[75] 인상을 결정할 때도 다른 사람들의 의견을 참고하면 편리하다. 우리는 여러분의 탁월하고 긍정적인 면에만 집중해 그런 면을 키워 보고자 한다. 자신이 믿음직하고 따뜻하고 결단력 있고 창의적이고 호기심 많은 사람인지 알아보기를 바란다. 한편, 자신의 부정적인 면을 되돌아 보는 것도 중요하다. 기분이 오락가락하거나 감정이 자주 격앙되는가? 종잡을 수 없는 성격인가? 아니면 매번 지각을 하는가?

우리가 해결해야 하는 안타까운 문제가 하나 있다. 키, 나이, 성별, 성적 지향, 피부색 같은 신체적 특징과 인구 통계학적 특징이 직장 내 평판에 영향을 미치면 안 되지만, 실제로는 영향을 미친다. 이런 특징은 평판과 분리해야 한다. 하지만 모두의 생각이 우리와 같지는 않아서 직장 내 성공과 인정은 우리의 정체성과 외모와도 깊은 관련이 있다.[76] 여기서 분명히 말해 두는데, 우리는 우리가 바꿀 수 있는 평판에 대해서만 이야기하려고 한다. 이번 장은 내가 어떤 부분에서 진정으로 성장할 수 있고 또 성장하고 싶은지 돌아보는 기회가 될 것이다. 우리는 여러분이 거짓되거나 자기답지 않게 행동하길 바라지 않는다. 또 외모나 성격을 억지로 바꿔 가면서 사람들과 어울리길 바라지도 않는다.

이번 장에서는 긍정적인 평판을 쌓는 전략, 그 평판을 유지하는 방법, 그리고 평판이 나빠졌을 때 피해를 최소화하는 방법을 9가지로 세분화하여 이야기하고자 한다.

평판 관리를 위한 마이크로스킬

❶ 마감일을 지키고 팀원들과 공유하기
❷ 불만 제기는 신중하게 하기
❸ 실패담을 나눠 인간적인 모습 보여 주기
❹ 거짓말이 불러올 대가 알고 있기
❺ 자신의 업무 태도 파악하기
❻ 직장 내 평판 키우기
❼ 험담하지 않기

❽ 자존심에 발목 잡히지 않기

❾ 평판이 나빠졌을 때 피해 최소화하기

❿ 진심으로 사과하기

마이크로스킬 1

마감일을 지키고 팀원들과 공유하기

리사 마감을 지키지 않는 동료와 한 팀에서 일할 때 저는 모두에게 그 영향이 미친다는 걸 알게 됐어요. 진행 상황을 확인할 때마다 문제없이 진행 중이라고 대답하니 더 힘들었어요. 목표로 한 마감일이 닥칠 때마다 결과물은 없었죠. 워크숍에 쓸 슬라이드가 준비되지 않고, 원고 초안이 나오지 않고, 요청한 설문조사에 대한 답장이 없었죠. 그 피해는 고스란히 팀원들에게 돌아갔습니다. 일단 신뢰하기 힘든 문제가 있었습니다. '그 사람이 일을 무사히 마칠까?' 그리고 그 사람이 프로젝트 진행을 지연시키고 있다는 실망감이 있었습니다. 또, 남은 사람들이 그 사람의 일까지 떠맡아야 한다는 원망이 있었습니다. 팀의 사기는 떨어지고 짜증은 쌓여 갔습니다. 그 팀원이 아무리 다정하고 친절하게 다른 팀원들에게 인사를 건네도, 신뢰할 수 없고 변명만 늘어놓는 사람이라는 평판이 생겼습니다. 그리고 그 평판은 굳어졌습니다. 결과적으로 다들 그 사람과 일하고 싶어 하지 않았죠. 대화와 중간 점검은 결국 아무런 도움도 안 됐습니다. 저는 이 경험에서 많은 걸 배웠습니다. 내가 마감일을 놓치는 사람이라면 그 사실을 인정하고 팀원들에게 이야기해 어떻게 대비해야 할지 알려 줘야 한다는 사실을 말이죠.

> **실제 필요한 스킬은 무엇일까?**
>
> 팀원들에게 일의 진행 상황 알리기.

이 스킬이 왜 필요할까?

무엇보다 연락도 없이 잠수를 타는 행동은 무슨 일이 있어도 허용되어서는 안 된다. 정말 무책임한 행동이다. 사람들은 눈치를 챌 것이고, 평판은 바닥을 칠 것이다. 때로는 엇나간 관심사, 마감일이 겹친 다른 업무, 부족한 능력, 한정된 자원 때문에 완료가 불가능한 업무도 있다. 또 때로는 신경 써야 하는 개인적 문제가 갑자기 닥칠 수도 있다. 매번 그런 게 아니라면 다른 사람들도 가끔은 그럴 수도 있다고 이해해 줄 것이다. 설령 이해받지 못하더라도 본인의 상황을 공유해야 한다.

이 스킬은 왜 익히기 어려울까?

- 시간 관리가 힘들기 때문이다.
- 마감일과 일정이 팀원들에게 중요하지 않다고 생각하기 때문이다.
- 팀원들을 실망시키기 싫어 대화를 피하기 때문이다.
- 현재 상황을 알리는 것이 업무 진행보다 우선이 아니기 때문이다.

이 스킬을 익히기 위한 핵심 요령은 무엇일까?

업무가 과중하다면 솔직하게 이야기해라 프로젝트에 대한 본인의 의견이 있다면 팀원들에게 이야기해라. 아무 문제가 없고 업무에 동의한다면 이메일로 간단하게 괜찮다는 표시를 하고 일정을 확인해라. "안녕하세요. 이 일정 괜찮습니다. 금요일까지 공유할게요." 일정을 맞추기가 어렵고 다른 일정을 원한다면 "마감일을 하루 늦추면 마칠 수 있습니다"라거나 "그 전날 중요한 발표가 있습니다" 또는 "다른 상사가 연간 보고서를 우선 제출하라고 했는데 괜찮을까요?"라고 보내라.

현재 진행 상황을 공유해라 진행 상황을 간단하게 써서 보내라. "예산안 작성 완료, 회의실 예약 완료, 워크숍 연사 섭외 완료, 이번 주 중으로 나머지 세부 사항 완료 예정." 어려움을 겪고 있다면 "마지막 단계에서 헤매고 있습니다. 이 문제 해결책을 논의하는 회의를 잡아 줄 수 있나요?"라고 지원을 요청할 수도 있다.

다른 선택지나 일정을 제안해라 무슨 일이 생겨서 일정을 맞출 수 없다면 현재 상황을 공유하고 간단하게 설명한 뒤 다른 선택지를 제안해라. "죄송한데 일이 늦어지고 있어서 하루만 연장하고 싶습니다." 마감을 지키는 것이 제일 좋지만, 늦어지고 있다는 메시지를 보내는 편이 아예 아무 말도 하지 않는 것보다는 낫다.

덜 약속하고 더 해내라 실제 할 수 있는 것보다 덜 약속하고 더 나은 결과를 내는 편이 더 좋다. 업무를 완료하려고 애쓰고, 가능하다면 정해진 일정보다 앞서서 제출해라. 그렇다고 일정보다 앞서 마치겠다고 약속하지는 마라. 마감을 지키기 위해 자신을 지나치게 몰아붙여 번아웃이 오는 상황은 피해야만 한다.

마이크로스킬 2

불만 제기는
신중하게 하기

아다이라 예전에 엔지니어, 영업 사원, 의료 전문가 등 여러 분야의 전문가가 일하는 팀의 리더로 일한 적이 있습니다. 우리 팀은 의료 교구를 제작하는 일을 했습니다. 전체적인 팀 분위기는 생산적이고 건강했습니다. 다만 이따금 팀원 하나가 이런 식으로 불만을 제기했어요. "진행 속도가 너무 느려요. 더 큰 경쟁사를 따라잡아야 해요." 엄밀히 따지면 그 직원 말이 맞았죠. 우리는 그들처럼 발전하지도 성장하지도 못했습니다. 그럼에도 그 직원이 제기한 불만은 무례하고 팀을 분열시키는 것 같았죠. 요점도 분명하지 않고 해결책도 없었습니다. 그저 우리가 뒤처지고 있다는 점만 지적했습니다. 사람들이 진행 상황을 보고할 때 그런 말을 자주 꺼내서 마치 이야기하는 사람에게 개인적인 감정이 있는 것처럼 느껴졌습니다. 그 직원이 제기한 불만 중 타당한 부분도 많았지만 회의실에 있던 다른 사람들의 기분과 자존심을 헤아리지 않는 것처럼 보였습니다. 그 때문에 팀원들의 사기가 떨어졌고요. 처음에는 저도 볼멘소리 같은 불만을 어떻게 생산적인 해결책으로 바꿀 수 있을지 알 수 없었습니다. 그저 기분만 나빴습니다. 얼마 뒤 그 직원과 직접 이야기하며 그 불만을 좀 더 생산적으로 바꿔 보려고 했죠. "뭘 바꿔야 이 문제를 팀원들이 해결하기 더 쉬워질까요?"

실제 필요한 스킬은 무엇일까?

부정적이거나 비판적인 의견을 신중하게 표현하기.

이 스킬이 왜 필요할까?

회사에서 제 기능을 못 하는 부분을 언급하고 반대 의견을 제시하는 일은 흔히 일어난다. 사람들이 회사에서 한 달에 10~12시간씩 불평하는 데 쓴다는 보고 자료도 있다.[77] 불평할 수는 있다. 하지만 전략적으로 해야 한다. 부정적인 말을 너무 많이 하면 본인의 기가 빨리는 동시에 팀의 사기도 떨어질 수 있다. 또 엉뚱한 사람에게 해로운 방식으로 분노를 표출하면 본인의 평판은 물론 자리도 위태로워질 수 있다. 전략적인 불만 제기는 괜찮다. 안전한 곳에서는 불만을 표현할 수 있고 그 불만이 변화로 이어질 수도 있다.

이 스킬은 왜 익히기 어려울까?

- 부정적인 면에 집중할 때는 해결책을 생각하기 힘들기 때문이다.
- 그 불만을 많은 사람이 알고 있기는 하지만, 내부 고발자나 선동자로 찍힐까 두렵기 때문이다.
- 불만을 제기하면 그 해결책을 찾거나 문제를 바로잡는 업무를 맡게 될 것이기 때문이다.
- 불평을 엉뚱한 사람에게, 또 너무 많이 쏟아 내고 있다는 사실을 자각하지 못하기 때문이다.

이 스킬을 익히기 위한 핵심 요령은 무엇일까?

말하기 전에 생각해라 몇 번 호흡한 뒤에 불만을 제기해라. 산책을 하고, 운동을 하고, 식사를 든든히 해라. 몸과 마음을 차분하게 유지해라. 신뢰하는 동료, 친구, 가족을 찾아서 거기서부터 시작해라. 그 사람들이 내 속도를 잠시 늦춰 몸과 마음을 차분하게 만들어 줄 것이다.

감정에 이름을 붙여라 본인의 현재 감정 상태를 파악한 뒤에 불만을 제기해라. 마음이 차분한 상태인가? 충분히 고민했는가? 몸에 힘이 잔뜩 들어가 있고 여전히 화가 난 상태인가? 화가 나고 감정 통제가 되지 않는 건 아직 불만을 제기할 준비가 되지 않았다는 위험 신호. 무턱대고 시작하지 마라. 좀 더 기다려라. 대개 부정적인 감정이 소화되지 않은 상태로 상사를 비롯한 팀원을 찾아가는 것은 위험하다.

불만을 점검해 봐라 또래, 동료, 친구로 이루어진 개인 자문단을 기억하는가? 거기서부터 시작해라. 본인의 불만을 털어놓은 다음 이렇게 물어봐라. "제기할 만한 문제 같나요? 그렇다면 이런 식으로 문제 제기를 하려고 하는데, 당신이라면 어떤 식으로 할 건가요?"

주목받을 준비를 해라 그렇지 않을 수도 있지만 '문제를 제기한' 사람으로 각인될 마음의 준비를 해야 한다. 모든 사람이 뒤에서는 그 문제를 놓고 이야기한다고 하더라도 마찬가지다. 불만을 제기한 순간 일어날 수 있는 후폭풍도 받아들여야 함을 알고 있어라.

해결책을 제시해라 마땅한 해결책이 없더라도 문제를 제기할 수는 있다. 직원들은 문제 해결자가 되라는 회사의 기대에 상당한 반발을 느낀다. 가장 큰 이유는 그런 기대가 사람들을 부담스럽고 두렵게 만들기 때문이다.[78] 그럼에도 불만을 생산적인 무언가로 바꾸는 방법은 해결책을 제시하는 것이다. 할 수 있는 선에서 해결책을 제시하면 불만은 더 쉽게 받아들여질 것이다. 또한 해결책을 제시하는 것은 그 문제에 대한 깊은 관심을 보여 주는 행동이다.

마이크로스킬 3

실패담을 나눠
인간적인 모습 보여 주기

아다이라   병원에서는 흔히 'M&M(질병률^{morbility}과 사망률^{mortality})'이라 부르는 주간 컨퍼런스를 진행합니다. 이 회의에서는 의사로 구성된 팀이 환자 사례를 개별적으로 검토한 뒤 문제가 있다면 원인을 찾아냅니다. 의사 일을 시작한 초창기에 제 환자 사례를 M&M 회의에서 다룬 적이 있습니다. 그 환자는 약물 복용으로 인해 심리적으로 대단히 불안했고 폭력의 조짐을 보였습니다. 직원들을 때리겠다고도 말했습니다. 제가 환자와 차분히 대화하고 말로 회유해 그 행동을 억누르려 해 봤지만 효과가 없었습니다. 그 사람이 경비원을 주먹으로 때렸을 때 저는 약물을 주사해 환자를 진정시켰습니다. 약물 치료는 환자를 안정시키는 데 효과가 있습니다. 충분한 수면과 시간을 주면 약물도 대사가 되고 불안정한 행동도 대부분 해결됩니다. 제 환자의 사례를 놓고 M&M 회의를 하는 동안 의사들은 그 사례를 검토하고 청중의 의견을 구했습니다. 결국 제가 그 환자를 부적절하게 치료했다는 결론이 났습니다. 진정제를 더 적게 투여했어야 한다는 겁니다. 당황스러웠고 상처를 입었습니다.

지금은 그런 경험을 해 다행이라고 생각합니다. M&M이 모든 사람에게 일어난다는 그런 사실을 알기 때문이죠. 이는 의사들이 겸손한 태도를 배우는 기회이기도 합니다. 저는 의사인 동시에 실수하는 인간이니까요.

> ### 실제 필요한 스킬은 무엇일까?
>
> 실패담을 공유해 인간적인 경험을 자연스럽게 보여 주기.

이 스킬이 왜 필요할까?

어떤 직업이든 실수는 벌어진다. 의료계에서 실수는 환자의 죽음이나 영구적 손상을 초래할 수 있다. 요즘 의료계에서는 실패와 그에 따른 수치심에 대해 조금 더 공개적으로 논의되는 모습이 보이고 있다.[79] 실수담을 공유하면 신뢰도와 공감도, 친근함이 높아질 수 있다고 믿는다. 하지만 대부분의 직장에서 더 우선시되는 문화는 성공담을 보여 주고 이야기하는 것이다. 실패담이 공개되고 논의되는 경우는 드물다.

이 스킬은 왜 익히기 어려울까?

- 실패담을 이야기하면 괜히 남의 시선이 의식되고, 스스로 약한 존재처럼 느껴지기 때문이다.
- 결점 실패담이 자신에게 불리하게 작용할까 두렵기 때문이다.
- 같은 경험이 있는 리더나 팀원이 없다면 실패를 모델로 삼기 어렵기 때문이다.

이 스킬을 익히기 위한 핵심 요령은 무엇일까?

어떤 이야기를 공유하면 좋을지 결정해라 본인의 편안함에 맞게 내용을 조절해라. 본인의 선택이니 본인이 결정하면 된다. 어떤 주장이나 아이디어를 거절당했거나, 고객에게 나쁜 평가를 받았던 이야기를 하는 것이 편할지도 모른다. 반면, 집에서 배우자와 겪는 갈등이 근무에 영향을 주고 있다는 이야기는 조금 더 하기 어려울지 모른다.

다른 사람들과 공유하기 무언가를 공유하는 연습을 해 보자. 실수하거나 거절당한 경험에서 벗어나기 위한 조언이 필요하거나 상처받은 마음을 회복하고 싶다면 친구나 자문단에게 먼저 이야기해라. 그런 뒤 다른 사람들에게도 이야기할지 결정해라.

가르칠 수 있는 기회로 만들어라 "저는 승진을 신청했지만 성공하지는 못했습니다. 저는 피드백을 요청했고 승진 신청을 하기 전에 해야 할 세 가지를 알게 됐습니다." 이런 식으로 본인이 얻은 교훈을 누군가에게 가르칠 수 있는 기회로 만들어라. 사람들은 솔직하게 이야기를 나눈 데 고마움을 느낄 것이다.

마이크로스킬 4

거짓말이 불러올 대가 알고 있기

리사   한 환자가 직장에 출혈이 있다고 호소하며 응급실로 들어왔습니다. 저는 출혈이 얼마나 심각한지 보려고 검사를 지시했죠. 우리는 레지던트들에게 솔직하라고 가르칩니다. 신체 어느 부위의 검사나 질문을 잊거나 빠뜨렸다면 언제든 환자를 다시 찾아가면 되지만 수치심이나 자존심 때문에 거짓말을 하는 일부 레지던트들도 있었기 때문이죠.

나 "직장 검사 결과는 어땠나요?"
레지던트 "정상이었습니다."
나(환자에게) "레지던트가 직장 검사를 했는데 내출혈이 보이진 않네요."
환자 "직장 검사 안 했어요."
나 "직장 검사 했다던대요."

환자 "진짜예요. 저 의사가 제 배 위에 손가락 하나를 갖다 댄 건 기억나네요."

이후 레지던트와 불편하지만 중요한 대화를 나눴습니다.

> **실제로 필요한 스킬은 무엇인가?**
>
> 자기 자신, 그리고 자기가 하는 일에 솔직해지기.

이 스킬이 왜 필요할까?

단순한 거짓말은 용서하기도 잊기도 쉽다. 아직 집에서 나가지도 않았으면서 "거의 다 왔어"라고 하거나 상대방이 무슨 말을 하는지 전혀 못 알아들었으면서 "그래, 그렇겠네"라고 대답하는 상황이 그렇다. 그런데 심한 거짓말의 대가는 수십 년간 이어질 수 있다. 가령 이력서에 경영학 석사^{MBA}를 마쳤다고 거짓 학력을 적어 놓으면 회복하기 힘들 것이다. 거짓말 유형이 뭐가 됐든 실직, 돌이킬 수 없는 평판 하락 등의 큰 대가를 치를 수 있다. 때로는 거짓말로 인해 관계 회복이 힘들어질 수도 있다.

이 스킬은 왜 익히기 어려울까?

- 능력에 대한 자신이 없고, 솔직해지기가 불편하기 때문이다.
- 타인의 기분을 맞추는 스타일이라 다른 사람에게 좋은 인상을 주려고 애쓰기 때문이다.
- 일자리를 잃거나 나쁜 평가를 받는 게 두렵기 때문이다.
- 진실을 약간 '과장하는 것'뿐이라고 생각하기 때문이다.

이 스킬을 익히기 위한 핵심 요령은 무엇일까?

진부해도 괜찮으니 수습해라 거짓말하고 싶은 유혹이 드는 상황에서는 진부한 표현이더라도 솔직하게 잘못을 인정하며 수습하는 것이 좋다. 심호흡을 한번 한 뒤에 이렇게 말해라. "죄송하지만 그 업무를 완료하지 못했어요" 또는 "이런 말을 하게 돼서 송구스럽지만, 저 때문에 그 문제가 일어났습니다" 아니면 "말을 꺼내기 쉽지 않은데, 지난번에 제가 거짓말을 했어요"라고 말해라.

상황을 설명해라 사과한 뒤에는 간략한 설명을 덧붙일 수 있다. 자세한 내용을 장황하게 떠들지 마라. "마감을 맞춰야 한다는 부담감 때문에 일을 급히 처리했습니다" 또는 "실망시켜드리고 싶지 않아 저도 모르게 그만…" 아니면 "개인적인 일이 있어 집중을 못 했어요"라고 말해라.

피해의 규모를 따져 봐라 거짓말로 인한 피해는 무엇일까? 누군가에게 피해를 입힐 수 있고, 장부, 제품의 피해, 손실이 있을 수 있고, 평판이 나빠질 수도 있다. 고객을 잃거나 안 좋은 고객 후기가 남을 수도 있다. 응급실에서는 환자가 죽을 수도 있다. 일상 속에서 나누는 대화 속 장난스러운 거짓말도 있듯이 모든 거짓말이 극단적으로 나쁜 결과를 불러오는 것은 아니지만, 직장에서의 거짓말은 그 결과가 대부분 좋지 않다는 것을 알아두어야 한다.

상담 치료를 받아 봐라 수시로 거짓말을 하거나, 좋은 인상을 줘야 한다는 부담감에 솔직하게 말하기가 힘들어서 걱정이라면 심리 치료사를 만나 봐라. 원한다면 먼저 신뢰하는 사람(친구나 가족)과 거짓말하고 싶은 충동에 대해 이야기를 나눠 봐라. 그 방법이 효과가 없다면 전문가의 도움을 받는 방법도 고민해 보자. 자신의 정신 건강을 소중히 생각하고 점검해야 한다는 걸 기억하길 바란다.

마이크로스킬 5

자신의 업무 태도 파악하기

아다이라   대학을 졸업하고 처음 한 일은 식료품점 선반에 물건을 채우는 작업이었습니다. 계산대에 있는 식료품을 지정된 선반에 가져다 놨습니다. 교대 근무를 할 때마다 그 일을 200만 번씩 되풀이했죠. 의대에 지원한 뒤로 그다지 의욕이 없는 시기였습니다. 그러던 중 관리자가 "아다이라, 일에 열의를 보여 주면 포장 업무로 승진시켜 줄 수 있어"라고 말했죠. 저의 몸짓, 얼굴 표정, 수다스러움, 태도 등 모든 걸 되돌아보게 되더라고요. 다음 날 저는 출근해서 동료들에게 인사를 하고 진심으로 관계를 맺고 친근하게 대화하기 시작했습니다. 근무를 할 때마다 그렇게 했고, 곧 식료품 포장 업무를 맡게 됐습니다. 훌륭한 교훈이었습니다. 업무는 단순히 기계적인 일만 가리키는 게 아니라 동료, 회사의 문화와 상호 작용하는 방식이기도 했습니다.

> ### 실제 필요한 스킬은 무엇일까?
>
> 잠시 멈춰 본인의 업무 태도를 점검하고
> 태도를 바꿀지 결정하기.

이 스킬이 왜 필요할까?

성공한 사람들은 흥미진진한 일뿐만 아니라 지루한 일도 잘 한다. 지루한 일은 열심히 하기 힘들다. 힘든 일이나 아무 목적이 없는 일도 마찬가지다. 그래서 꾸벅꾸벅 졸고, 한눈을 팔고, 중도에 그만두기 십상이다. 하지만 딴짓을 하면 다른 이들이 알아차릴 것이다. 어떻게? 화상회의에서 늘 오디오가 꺼져 있거나, 사무실을 자주 비우거나, 구석에 앉아 스마트폰을 하거나, 이메일에 매번 답을 하지 않거나, 채팅방에서 한 번도 질문하지 않거나, 또 사람들이 주말을 어떻게 보냈는지 물을 때 단답형으로 답하면 말이다. 누군가에게 딴생각이나 딴짓을 하는 것 같다는 지적을 받으면 스스로 이렇게 물어봐라. '내가 일에 집중하지 않고 있다는 사실을 사람들이 알아차리는 게 신경 쓰이나?'

이 스킬은 왜 익히기 어려울까?

- 몸과 마음이 지쳐 있기 때문이다.
- 소속감, 존중, 환영, 인정 등을 받지 못한다고 느끼기 때문이다.
- 일은 돈을 버는 수단이지 열정의 수단은 아니라는 생각이 들기 때문이다.
- 자신의 성격이 일반적인 근무 방침과 맞지 않기 때문이다.
- 웃지 않거나 눈을 맞추지 않는 편을 더 선호하기 때문이다.

이 스킬을 익히기 위한 핵심 요령은 무엇일까?

번아웃이나 우울증이 원인은 아닌지 고민해 봐라 이 두 가지를 가려내기 힘들 수 있다. 정신의학 전문가를 만나 도움을 얻어라. 번아웃은 과로나 업무 환경에서 받은 스트레스가 몸과 마음, 그리고 감정으로 드러나는 것이다. 번아웃이라는 생각이 들면 휴식을 취하고 일을 잠시 쉬는 방법(휴가나 안식년)도 도움이 된다. 그 증상으로 우울증, 지속적인 슬픔, 흥미 상실이 나타난다면 치료사나 약물 등 전문가의 도움이 필요할 수 있다. 일단 본인의 감정과 증상을 개인 자문단에게 공유하고 추가로 도움이 필요할지, 인사팀이나 상사에게 알려야 할지, 아니면 구체적인 해결책이 있는지 물어봐라.

집중력 도둑을 없애라 휴대전화 사용에 주의해라. 일대일 회의를 할 때는 이메일을 읽지 마라. 그 순간에 집중해라. 근무를 할 때마다 휴대전화를 치우라고 말하지는 않겠다. 우리 대부분이 불가능할 테니까. 하지만 근무시간에는 자제할 필요가 있다.

피드백을 구해라 (상사를 포함한) 팀원들에게 나의 인상이 어떤지 물어봐라. 구체적으로 답해 달라고 말해야 팀원들이 나를 어떻게 보고 생각하는지 알 수 있다. 행동을 어떻게 바꾸면 좋을지 제안해 달라고 요청해라.

관심을 보여라 팀원들과 (불시에) 중간 점검 회의를 해라. 팀원들이 무슨 일을 하고 있는지, 도움이 필요한 부분은 없는지 물어봐라. 조용히 앉아서 내가 팀 발전과 기여에 관심이 있다는 사실을 숨기기보다 관심을 보여 주는 편이 낫다.

사람들과 어울릴 방법을 찾아라 분명히 말해 두지만, 친목 행사나 모임에 가는 게 마음이 불편하다면 억지로 가라고 권하지는 않겠다. 하지만 자신에게 편한 방법을 찾아 팀원들에게 관심을 보여 주길 바란다. 가령 눈을 맞추거나, 웃거나, 손을 흔들거나, 고개를 끄덕이거나, 가벼운 대화를 나누는 방법이 있다.

진행 상황과 결과를 공유해라 자신이 한 일을 다른 사람들에게 알려 업무 적극성을 드러낼 수 있다. 주기적으로 상사와 팀원들에게 자신이 완료한 업무를 알려라. 이메일로 공유해도 좋다. "예정된 미팅 잘 마쳤습니다" "이메일 발송 완료했습니다" 등 간단하게 가능하다. 이를 통해 본인이 한 노력을 드러내고, 팀 내 연결감을 쌓을 수 있다.

마이크로스킬 6

직장 내 평판 키우기

아다이라   예전에 다니던 회사의 대표이사는 대형 인수를 통해 여러 회사를 창업한 기업가였어요. 업계의 개척자라는 평판을 얻었죠. 사람들은 대표의 의견을 신뢰했고, 그는 자신의 기업 경영 철학을 전 세계에서 강연했습니다. "이 사람은 천재야!" 컨퍼런스에서 늘 이런 이야기를 들었습니다. 대표는 돈이 되는 계약을 성사시키고 재능 있는 인재를 영입히는 능력을 통해 존경받았습니다. 하지만 회사 내부에서는 체계적이지 못하고 조직 내부에서 일어나는 일을 모른다는 평가를 받았습니다. 사람들은 부정적인 고객 후기에 대표이사가 어떻게 반응할지 두려워했습니다. "이 고객은 제품이 마음에 안 든대. 대표이사한테는 말하지 마. 말하면 우리가 만들지 않은 제품을 갖고 우리를 비난할 거야." 외부의 평판은 회사 내부 평가와 일치하지 않았습니다.

실제 필요한 스킬은 무엇일까?

일상적인 관계와 직장 내 평판 발전시키기.

이 스킬이 왜 필요할까?

평판은 내가 다니는 회사에서부터 시작된다. 특히 소셜 미디어의 영향력이 커진 만큼 회사와 집이 있는 지역에 신경 쓰고 집중해야 한다. 좋은 시민이 되려고 애쓰고, 내가 몸담은 조직의 사명, 우선순위, 책임에 기여하는 게 중요해졌다. 내가 생활하는 권역 내 평판도 마찬가지다. 더 큰 명성과 높은 자리를 위해 일상적 의무를 게을리하면 다른 팀원들에게 피해를 줄 수 있다. 사람들의 입방아에 오르내리고 금세 소문이 퍼진다.[80]

이 스킬은 왜 익히기 어려울까?

- 눈앞의 일과 팀은 당연시하기 쉽기 때문이다.
- 일을 더 많은 사람에게 보여 주고 인정받고 싶기 때문이다.

이 스킬을 익히기 위한 핵심 요령은 무엇일까?

매일의 책임을 다해라 본인의 일과 팀을 가볍게 여기지 마라. 마감일을 꼭 지켜라. 새로운 일과 과중한 업무로 힘에 부친다면 팀원들과 이야기해 업무를 조정해라.

인간관계에 신경 써라 팀원들과 중간 점검을 통해 일을 잘하고 있는지 확인해라. 도울 일은 없는가? 특히 후배들에게 도움을 주면 직장 문화에 긍정적인 작용을 할 수 있다.

알고 있는 지식을 나눠라 성공한 사례를 공유하면 다른 사람들이 배울 수 있다. 성공 전략을 혼자만 틀어쥐고 있지 마라. 우리는 대표성을 띄지 않고 한 발 소외되어 있는 그룹의 사람들이 기회를 공유하는 대화에서 배제당하기 쉽다는 사실을 잘 알고 있다.[81] 그러니 "오, 맞아요. 파리에서 연설을 했어요. 재미있었어요"라고 말하는 대신 "누군가 저한테 많은 컨퍼런스 웹사이트에서 '연사 모집'을 한다는 걸 알려 주기 전까지는 연단에 어떻게 오르는지 전혀 몰랐어요. 전달해 줄 테니 웹사이트에 모집 공고가 뜨면 지원해 보세요"라고 말해 봐라.

마이크로스킬 7

험담하지 않기

리사 회사에서 사람들은 대화를 하죠. 대화 내용이 기밀사항이래도요. 예전에 다니던 회사에서 상사에게 다른 병원에 면접을 보기로 했다고 말하고 도움을 요청한 적이 있어요. 그 상사는 제 눈을 쳐다보고는 이렇게 말했어요. "아무한테도 얘기 안 할게요. 우리 둘만 아는 걸로 하죠." 저는 순진하게 그 말을 믿었어요. 얼마 뒤 회의 중에 동료가 이렇게 말하더군요. "어머, 리사, 면접본다면서요?" 간이 떨어지는 줄 알았어요. 경악스럽고 속은 기분이 들었죠. 상사에 대한 신뢰가 싹 사라졌어요. 지금 생각해 보면 큰 교훈을 준 경험이었어요. 동료들을 코치하고 멘토 역할을 할 때 저는 어떤 소문이 들리면 그 즉시 모두가 안다고 생각하라고 조언합니다. 비밀이 늘 지켜지는 것은 아니기 때문이죠.

> ### 실제 필요한 스킬은 무엇일까?
>
> 직장 안에서 하는 험담의 기능과 위험, 결과를 유념하기.

이 스킬이 왜 필요할까?

다른 사람에 대해 이러쿵저러쿵 이야기하고 관심을 갖는 건 인간의 본성이다. 하지만 직장 내 험담에 똑똑하게 임했으면 좋겠다. 내가 누군가의 험담을 하면 그 사람에게만 피해가 가는 게 아니라 실제로는 내 명예와 신뢰도에도 타격이 간다. 내가 누군가의 험담을 하거나 심지어 듣기만 해도 다른 사람들은 궁금해한다. '내가 없을 때 저 사람은 나에 대해 뭐라고 이야기할까?' 또는 '저 사람은 내 이야기를 얼마나 쉽게 떠벌릴까?' 자문해 봐라. '이 정보를 다른 사람에게 말하는 게 어떤 도움이 되지?' 아무런 도움도 안 된다면 모르는 척 넘어 가라.

이 스킬은 왜 익히기 어려울까?

- 소문이 들릴 때 차단하는 방법을 모르기 때문이다.
- 소문의 당사자를 별로 좋아하지 않고, 그 사람에 대한 정보가 퍼지는 데서 묘한 정당성이나 만족감을 느끼기 때문이다.

- 누군가를 험담하는 게 딱히 피해를 주는 일 같지 않으며, 인간관계 면에서 얻는 바가 있기 때문이다.
- 자세한 내용을 공유해서는 안 된다는 걸 알면서도 어쩐지 공유해야만 할 것 같은 기분이 들기 때문이다.

이 스킬을 익히기 위한 핵심 요령은 무엇일까?

아이디어를 논해라 "대인은 아이디어를 논하고, 범인은 사건을 논하고, 소인은 사람을 논한다."는 말이 있다. 사람들이 당신을 생각할 때 처음 떠올리는 이미지가 험담꾼은 아니었으면 좋겠다.

험담은 회사 밖에서 해라 회사에서 떠도는 이야기를 전달받고 다른 사람들에게 옮기고 곱씹고 싶은 마음이야 우리도 잘 안다. 꼭 그래야 한다면 회사 밖에 있는 신뢰하는 사람들에게 해라.

자리를 피해라 들리는 이야기가 불편하고 얽히고 싶지 않다면 자리를 피해라. 조용히 자리를 뜨거나 "잠시 실례할게요" 또는 "개인적인 정보라 이렇게 공개적으로 이야기하면 안 될 것 같은데요"라고 말해라.

신중하게 공유해라 소문을 이야기하고 싶어 근질근질한 마음은 안다. 들은 정보를 다른 사람들에게 이야기하는 것만으로도 스트레스가 풀리기도 한다. 직접 듣거나 목격한 복잡미묘한 정보라면 더욱 그렇다. 이야기하려는 내용과 사람, 장소가 안전한지 확인하고 꼭 이야기하고 싶다면 아주 신뢰하는 친구와 동료들하고만 나누자.

> 마이크로스킬 8

자존심에 발목 잡히지 않기

리사   의사들은 자존심이 강한 편이죠. 몇 가지 원인을 꼽을 수 있을 겁니다. 의료계에는 수직적 위계 구조가 있습니다. 어떤 사람들은 의사를 받들어 모시죠. '과대망상증'은 실제로 존재합니다. 예전에 일한 병원에서 리더십과 금융 분야 전문 지식이 있는 분을 정기적으로 만났습니다. 그분은 의사가 아니었지만, 그분 회사의 이사진과 상당수는 의사들로 이루어져 있었습니다. 그분이 한 말 중 자주 생각나는 말이 있습니다. 그 말 덕분에 제 자존심을 억누르곤 하죠. 그분은 이렇게 말했어요. "리사 박사님, 의사들은 자기들이 회의실에서 가장 똑똑한 사람들이라고 자주 생각해요. 하지만 의사들은 의료계가 아닌 다른 분야에서 성공한, 그들 못지않게 똑똑한 사람들이 얼마나 큰 도움을 주는지 깨닫지도 인정하지도 못합니다."

> ### 실제 필요한 스킬은 무엇일까?
>
> 나의 자신감 수준이 다른 사람들에게 어떻게 보이는지 이해하기.

이 스킬이 왜 필요할까?

여러분은 역량 강화를 추구하고, 건강한 수준의 자신감을 가지려 해야 한다. 이런 맥락에서 본인의 자신감이 어느 정도로 보이는지 알고 있는 게 중요하다. 평판의 측면에서 지나친 자신감은 우리를 곤란하게 만들 확률이 더 높다. 과학자 데이비드 더닝과 저스틴 크루거는 더닝 크루거 효과를 통해 우리에게 경고한다. 능력이 없는 사람은 자기 능력을 과대평가하고, 능력 있는 사람은 자기 능력을 과소평가한다는 것이다.[82] 무슨 의미일까? 아는 게 거의 없는 사람은 자신이 얼마나 무지한지 역시 알지 못한다는 것이다. 여기에는 성별에 따른 차이도 있을 수 있다. 토마스 차모로-프레무지크는 자신의 책 《왜 무능한 남자들이 리더가 되는 걸까?》에서 많은 업계의 수많은 리더가 남성이라고 말하며 실제 남성 리더들보다 여성 리더들이 더 우수한 성과를 내는 경우가 많다고 강조한다. 또한 그는 다수의 회사에서 과도한 자신감이나 나르시시즘을 가진 사람들이 승진하는 경향을 지적한다. 이는 잘못된 기준이며, 리더십 평가 방식은 재고되어야 한다.[83]

이 스킬은 왜 익히기 어려울까?

- 자기가 가진 능력을 잘 파악하지 못하면 스스로 자신감이 과하다는 사실을 알아차리지 못하기 때문이다.
- 불안감이나 무능력함 때문에 괜히 잘난척을 하기 때문이다.
- 자신의 평판에 대해 다른 사람들의 의견을 들은 적이 잘 없기 때문이다.

이 스킬을 익히기 위한 핵심 요령은 무엇일까?

경청해라 경청의 효과를 과소평가하지 마라. 사실 듣기는 말하기보다 더 중요하다. 물론 매 순간 입을 꾹 다물고 있으라는 말은 아니다. 자기 소신을 분명히 말할 수 있고, 또 그래야 한다. 하지만 그렇다고 선불리 지식을 뽐내지는 마라. 능력과 노력을 결과로 입증해라. 발표, 정책 초안, 매출, 계약 건수로 직접 보여 줘라.

겸손해라 뭔가를 배우고 전문 지식을 쌓을 때 적당한 겸손을 유지해라. 이렇게 자문해라. '내가 다른 사람을 초라하고 주눅 들게 만들고 있지는 않나?' '내가 정말로 자신감이 넘치는 건가, 아니면 실제로는 불안해서 과잉 보상을 하고 있는 건가?' '나의 부족한 점은 무엇일까?' '어떻게 하면 더 나은 사람이 되고, 더 잘할 수 있을까?'

하찮아 보이는 일도 최선을 다해라 겉으로 보기에 별로 중요하지 않거나 그냥 끝내 버리면 될 것 같은 일도 자부심을 가지고 해라. 가령 응급실에서 우리는 환자가 추울 때 기꺼이 담요를 가져다주고, 요청하면 환자용 변기 쓰는 걸 도와준다. '나는 이런 일을 할 사람이 아닌데' 식의 태도를 버려라. 그런 태도는 거만해 보일 수 있고, 자신이 하는 일과 평판, 팀까지 위태롭게 만들 수 있다.

자신감을 특권이라고 생각해라 직장에서 자신감과 능력은 사람마다 달리 평가받는다. 가령 여성과 유색인종이 자신감을 내비치면 늘 긍정적으로 평가되지는 않는다. 하지만 남성은 심지어 무능할 때도 자신감을 드러내는 것이 용인되는 경향이 있다.[84] 여성과 유색인종은 다시 한번 고초를 겪는다. 자신감 부족이 대개 승진의 걸림돌로 꼽히기 때문이다.[85]

피드백을 구해라 스스로 자신감이 지나쳐 보인다는 사실을 전혀 알지 못할 수도 있다. 알게 되면 솔직히 충격을 받을 수도 있다. 이를 사전에 방지하기 위해 다음 회의 때 팀원들에게 질문해 봐라. "제 자신감과 능력에 대해 이야기할 수 있을까요? 적당한 것 같은가요? 회사에서 제가 내는 성과에 비춰 적당한가요?"

마이크로스킬 9

평판이 나빠졌을 때 피해 최소화하기

리사   몇 년 전에 같이 일한 동료 한 명은 교대 근무를 빨리 끝내려고 용을 썼어요. 사람들은 그 사람이 응급실 의사가 될 마음이 없다고 생각했어요. 그 동료는 파티와 사내 연애 이야기를 입에 달고 살았죠. 설령 퇴근 후 생활이 중요하다고 생각할지라도 친구가 아닌 동료와 이야기하고 공유할 때는 신중해야 합니다.

하지만 변화가 있었죠. 선임 레지던트가 되자 그는 진지한 태도로 일에 집중하는 의사로 성장했어요. 팀원들을 잘 돕고 교대 근무가 끝난 뒤에도 늦게까지 남아 일을 마무리했죠. 하지만 그는 수련의 시절 동안 부정적인 평판에서 쉽게 벗어나지 못했어요. 기존에 굳어진 평판을 바꾸기가 얼마나 어려운지 알고 놀랐죠.

> ### 실제 필요한 스킬은 무엇일까?
>
> 나쁜 평판을 적극적으로 나서서 회복하기.

이 스킬이 왜 필요할까?

좋은 평판은 서서히 꾸준하게 쌓인다. 반면 나쁜 평판은 순식간이다. 부정적인 평판은 쉽고 빠르게 생긴다. 설령 사실이 아니고 부당하다고 해도 말이다. 나쁜 평판은 나쁜 태도나 행동에서 비롯된다고 여겨진다.[86] 이런 상황에 처하면 긍정적인 일을 함으로써 부정적인 평가를 뒤집을 수 있다.

이 스킬은 왜 익히기 어려울까?

- 자신의 평판이 어떤지 모르고 있기 때문이다.
- 관심을 기울여 노력하고 힘을 쏟아야 평판을 바로잡을 수 있기 때문이다.
- 말과 행동은 주워 담을 수 없다. 사과하고 행동을 바꿔도 소용없을 수 있기 때문이다.
- 위기관리의 좋은 본보기를 보여 준 사람이 없기 때문이다.

이 스킬을 익히기 위한 핵심 요령은 무엇일까?

자신의 평판을 알아 봐라 신뢰하는 동료나 상사, 심지어 회사 밖에 있는 친구들에게 본인의 직업적 평판을 물어 봐라. 미리 메시지를 보내라. "제 평판이 어떤지 만나서 이야기해 줄 수 있나요?" 이렇게 하면 그에게 생각을 정리하고 다른 사람들에게 의견을 구할 시간을 줄 수 있다. 본인이 이미 알고 있을 수도 있지만, 구체적인 부분을 지적받을 필요가 있다.

달라진 행동을 보여 줘라 말로만 바뀌는 건 소용 없다. 실제로 변화된 모습을 보여 줘야 한다. 충분히 전념해야 일회성이 아니라 장기간 노력했음을 보여 줄 수 있다. 보여주기식 행동을 하면 사람들이 알아챌 것이다. 예전으로 돌아가지 않는 진정성 있고 지속적인 변화라는 사실을 알려 줄 필요가 있다.

도움을 요청해라 어떤 문제는 혼자서 해결할 수 있지만, 어떤 문제는 도움이 필요하다. 평판을 해치는 문제가 되풀이되고 바꾸기가 쉽지 않다면 심리 상담사나 코치, 교육 자료가 도움이 될 것이다. 뭐가 필요하든 도움과 의견, 필요한 능력을 얻으려고 적극적으로 노력해라.

인내심을 가져라 부정적인 평판을 뿌리 뽑고자 할 때 변화는 생각하는 것보다 더딜 수 있다. 스스로에게 관대해져라. 상황을 바로잡고 바뀐 행동을 보여 줄 시간을 줘라.

마이크로스킬 10

진심으로
사과하기

아다이라 멘토인 저는 학생과 레지던트 들이 자신이 택한 길을 잘 걸어갈 수 있도록 돕습니다. 몇 년 전에 한 학생이 자신이 쓴 글을 읽어봐 달라고 부탁하더군요. 그때는 저도 본격적으로 글을 쓰기 전이었습니다. 정말 내밀하면서도 마음을 울리는 글이었어요. 동시에 더 명확하고 간략하게 쓸 수 있는 부분도 여럿 보였죠. 그래서 더욱 힘 있는 글이 될 만한 부분에 의견을 달았어요. 이 피드백이 학생의 글을 더 나아지게 만들 거라는 생각에서였습니다. 1시간 동안 글을 고치면서 그 학생을 돕고 있다고 믿었어요. 하지만 사실 저는 개인적인 글에 피드백을 줄 만한 전문 지식이 없었어요. 제 여과되지 않은 의견은 거칠고 퉁명스러워 보였죠. 저는 다른 동료를 통해 제 말이 너무 과격해 그 학생이 자기가 글을 잘 못 썼다고 느꼈다는 사실을 알게 됐습니다. 경악스러웠죠. 바로 연락해 사과를 했습니다. 지나치게 해명하지는 않았고, 제 실수를 어떻게 반성했는지 이야기했습니다. 성장이 필요한 부분을 공유했습니다. 그리고 피드백을 주는 방법에 대해 어떤 식으로 공부할 생각인지 전하며 이야기를 끝냈습니다.

> ### 실제 필요한 스킬은 무엇일까?
>
> 사과해야 할 때를 알아차리고 진심을 다해 사과하기.

이 스킬이 왜 필요할까?

사과는 실수를 책임지는 사람과 책임지지 않는 사람을 가르는 차이다. 분명히 해 두자면, 온종일 사과하라는 말이 아니다. 특히 직장에서 여성들이 과도하게 사과하도록 지나치게 사회화된 사례가 더러 보인다.[87] 하지만 진심으로 실수했음을 인정하고 사과하는 법을 배우기를 바란다. 우리는 자존감과, 기꺼이 사과하려는 마음 사이에서 균형을 잡을 필요가 있다. 지금까지는 쉽게 사과하지 않는 것이 자존감을 키우고, 진정성을 중시하며, 상황을 통제하고 있다는 느낌을 주는 것처럼 보여 왔다.[88] 그렇지 않다. 사과는 우리를 인간적으로 만들고, 공감과 이해를 표현하고 잘못을 인정하게 한다.[89]

이 스킬은 왜 익히기 어려울까?

- 자존심이 말과 행동에 책임을 지지 못하도록 가로막기 때문이다.
- 죄책감과 수치심은 실제 감정이며, 이 두 감정이 여러분을 침묵하게 만들 수도 비난을 면하게 만들 수도 있기 때문이다.
- 회사의 문화가 사과를 본보기로 보여 주는 대신 실수를 숨기고 축소하기 때문이다.

이 스킬을 익히기 위한 핵심 요령은 무엇일까?

묵살하지 말고 경청해라 실수를 지적받으면 진지하게 받아들여라. 일단 묵살하기 전에 마음을 열고 받아들이고 상황을 평가해라. 잘못의 정도에 따라서 사과하기 전에 우선 개인 자문단과 이야기하는 것도 좋다.

자신의 감정을 살펴라 자신의 감정 상태를 확인해 봐라. 실수에 대해 어떤 마음이 드는가? 그런 실수가 왜 일어난 것 같은가? 다음에는 어떻게 다르게 행동할 것 같은가? 여유를 가지고 답을 찾아봐라. 친절하고 공감을 잘하고 믿을 수 있는 사람과 이 문제를 이야기해 봐라.

적절한 수단을 찾아 사과해라 이메일에 답하는 걸 잊었는데 큰 피해는 없었다면? 미안하다는 이메일이면 충분하다. 회계 실수로 회사에 수만 달러어치 손해를 입혔다면? 대면 회의나 가상 회의를 고려해 봐라. 얼굴을 보고 사과하면 다른 사람이 진심 어린 목소리를 듣고 몸짓을 읽고 실시간으로 반응할 수 있도록 해 준다.

늦지 않게 사과해라 사과는 문제가 일어났을 무렵에 하는 것이 제일 좋다. 몇 달 또는 몇 년 후가 아니라 몇 시간 내지 하루이틀 내를 뜻한다. 그렇긴 해도 아예 사과하지 않거나, 빠르지만 말뿐인 사과를 하는 것보다는 늦어지더라도 진심 어린 반성이 담긴 사과가 낫다.

간단한 순서를 만들어라 우리는 어려운 대화를 해야 할 때 리허설을 하는 편이다. 그러면 마음을 차분하게 만들 수 있다. 연습을 통해 말하고 싶은 바를 더 편안하고 명확하게 전달할 수 있다. 다음은 사과의 순서다.

목표	목적
자기반성과 후회를 표현해라	좋은예 "늦어서 미안해요. 시간을 지키는 걸 더 우선순위로 삼아야 했는데…." 나쁜예 "다들 늦는데요. 뭐, 별일 아니에요." "늦어서 미안해요. 가져오라는 폴더 챙기느라고 늦었어요." → 방어적으로 굴지 마라. 프로답지 못한 행동을 정당화하지 마라. 다른 사람의 경험을 왜곡하거나 깎아내리는 식으로 말하지 마라.
공감하기	좋은예 "제 농담에 기분 상했다면 미안해요." 나쁜예 "그냥 농담이었어요. 너무 진지하게 받아들이지 마세요." → 사과하고 인정하고 책임지는 동시에 공감한다는 표시를 해라.
배운 것을 말로 표현해라	좋은예 "앞으로 성급하게 이메일 답장을 하지 않을게요. 신중하게 답변하고 감정이 정리될 때까지 기다릴게요." 나쁜예 "아, 제 답장은 무시하세요. 진심이 아닌 거 아시잖아요." → 무엇을 배웠는지, 앞으로 어떻게 달라질지 이야기해라. 재발 방지를 위한 대비책까지 넣어라.

주목을 끌려고 하지 마라	**좋은 예** "팀원들을 실망시켜서 죄송합니다. 일이 왜 이렇게 엉망이 됐는지 알고 있습니다." **나쁜 예** "일이 이렇게 돼서 정말 속상해요. 잠을 제대로 자지 못했거든요. 사실 일정이 말이 안 됐어요." → 사과의 목표는 상대방에게 여지를 주는 것이다. 잘못을 인정하되 너무 자기 얘기만 늘어놓으면서 책임을 모면하려 하지 마라.
마음을 열고 듣고 대화해라	**좋은 예** "의견 이야기해 주셔서 고맙습니다." **나쁜 예** "사실은 그렇지가 않아요. 지나치게 파고드신 것 같은데요." → 동료의 말을 끊지 말고 들어라. 말하는 도중에 끼어들거나, 동료의 경험을 깎아내리거나, 얼버무리려 들지 마라.

결론

- ✔ 말하고, 쓰고, 행동하고, 참여하는 방법 모두 평판에 영향을 준다.
- ✔ 솔직해져라. 실수했다면 사과해라.
- ✔ 가까운 사람들을 챙겨라. 다른 사람을 돕고, 도움을 받으면 고마움을 표해라.

5장

역량과 전문성을 키우는
노하우

아다이라　2021년에 저는 의사들의 멘토와 자문가 자리에서 내려왔습니다. 덕분에 일정에 여유가 생겼고 마침내 책을 쓰기로 결심했습니다. 책 집필은 오랫동안 제 개인적인 목표이기도 했습니다. 그래서 가능한 많은 시간을 쏟아 책 쓰는 방법을 공부했습니다. 다양한 책을 읽어보고, 전문가들이 책 쓰는 과정을 이야기하는 콘텐츠를 읽고 보고 들었어요. 온라인과 오프라인 글쓰기 커뮤니티에도 가입했고요. 책을 쓸 수 있겠다는 확신이 들었을 때 리사에게 공동 집필을 하자고 설득했죠. 그런 뒤에 우리는 같이 공부를 더 했습니다. 몇 주간 책 제안서에 대해 논의를 했어요. 제안서를 완성한 뒤에 이제 됐다는 자신감이 들어서 공동 저자로 저작권 대리인과 출판사를 찾아 나섰습니다.

　　전문성은 대개 학위 또는 자격증을 취득하며 생긴다. 또한 독서, 실무 경험, 전문가와의 협업 같은 경험이 더해지며 커지기도 한다. 어떤 직업은 체계적인 교육이 필수다. 신경외과 의사가 되기 위해서는 의대에 가서 전문 훈련을 받아야 하고, 비행기 조종사가 되기 위해서는 훈련을 마치고 비행 시간을 채우고 자격증을 받아야 한다.

우리 모두에게 운 좋게도 인터넷은 전문성의 세계를 바꿔 놨다. 인터넷의 넓은 접근성 덕분에 우리는 콘텐츠와 소프트웨어, 인적 자본을 쉽게 이용할 수 있다. 이는 전문성을 쌓는 속도와 접근성에서 두 가지 큰 변화를 만들어 낸다. 우선, 더 빠르게 배울 수 있다. 영상과 팟캐스트는 언제든 두 배 속도로 들을 수 있다. 이동 없이 강의를 듣고, 전 세계의 강사들과 일하고, 인공 지능을 활용해 논문을 쓰고, 온라인으로 학위를 취득하고, 이메일과 영상통화를 통해 협력할 수 있다. 그럴 재능이나 기술이 없다면 앱을 찾거나 누군가를 고용해 일을 완료할 수 있다. 둘째, 더 많은 청중과 만날 수 있다. 소셜 미디어, 뉴스레터, 팟캐스트, 웹사이트, 블로그는 모두 버튼 몇 개를 클릭하는 것만으로 메시지를 확산하고 콘텐츠를 공유하는 과정을 도와준다. 더 많은 사람에게 더 빠른 속도로 엄청난 영향력을 만들어 낼 수 있다.

다만 학위를 받았거나 고위직이라고 해서 반드시 전문성을 지닌 것은 아니다. 실제 대형 플랫폼에서 목소리가 큰 사람 중에는 잘못된 정보를 공유해 논란을 만드는 사람도 있다. 팔로워나 플랫폼이 있다고 해서 꼭 신뢰할 만하거나 윤리적이거나 널리 인정받는 전문가는 아니라는 사실을 염두에 둘 필요가 있다. 단지 확고한 의견을 가진 것만으로 전문성은 보장되지 않는다. 정보에 근거한 정확한 지식을 갖춰야 한다.

누구나 전문가로 간주될 수 있다는 생각에도 반박하고자 한다. 실제로 전문성은 나이 많은 백인 남성과 같은 특정 인구 계층이 더 쉽게 얻는 경향이 있다. 환자들을 대상으로 한 설문에서 환자의 32퍼센트가 담당 여자 의사를 간호사라고 추측했고, 남자 의사의 75퍼센트는 의사라고 올바르게 인식되었다.[90] 간호사가 전문 기술이나 훈련이 부족하다는 말이 아니다. 그들은 실제로 전문성을 갖춘 전문가들이다. 다만 여성을 의사로 보지 않는 편견이 존재하는 것이 문제다. 심지어 그 여성들이 다양한 훈련을 받고 자격을 갖추고 있음에도 말이다.

우리가 살면서 마주칠 편견을 바로잡을 수는 없더라도, 계속 앞으로 나아가기 위해 필요한 스킬을 갖출 수는 있다. 이번 장에서는 특정 분야의 전문성을 키울 수 있는 10가지 마이크로스킬을 소개한다.

역량과 전문성을 키우기 위한 마이크로스킬

❶ 키우고 싶은 전문성 고민하기

❷ 멀티미디어를 활용해 해당 주제 공부하기

❸ 주변 사람들에게 아이디어 시험해 보기

❹ 측정 가능한 기준 정하고 그 기준에 도달하기

❺ 협업을 통해 전문성 강화하기

❻ 내가 가진 기술과 경력을 보여주기

❼ 소셜 미디어에서 영향력 키우기

❽ 리더의 역할을 제대로 파악하고 올바른 기회 잡기

❾ 자신의 전문 주제로 상 받기

❿ 전문성을 발전시키는 법 배우기

마이크로스킬 1

키우고 싶은 전문성 고민하기

리사   코로나19 기간 동안 저는 많은 시간을 집에서 보냈습니다. 저는 팟캐스트를 시작했고, 그 이름을 정하기 위한 브레인스토밍에 들어갔습니다. 비저블^{Visible}, 인비저블^{Invisible}, 보이스^{Voices}, 페이스^{Faces}, 단어를 이리 저리 조합해 친한 친구, 지인, 동료에게 보내 의견을 나눴습니다. 그렇게 메시지와 가치를 담아 '비저블 보이스 팟캐스트$^{The\ Visible\ Voices\ Podcast}$'로 이름을 정했죠. 우리는 의료 서비스, 트렌드 등의 주제를 다루고, 유명한 사람들뿐만 아니라 유명하지 않은 사람들의 목소리도 잘 들릴 수 있도록 전달하고자 합니다.

> ### 실제 필요한 스킬은 무엇일까?
>
> 평가를 받거나 책임져야 한다는 걱정은 하지 말고
> 아이디어 목록 만들기.

이 스킬이 왜 필요할까?

흔히 어떤 아이디어를 선택하는 이유는 그 아이디어가 처음 나온 것이라서지 최고의 아이디어라서가 아니다. 또 대개는 안전하고 싶어서 누군가 만들어 놓은 길을 따라가기 마련이다. 브레인스토밍은 우리 앞에 놓인 아이디어가 유일하다는 생각에 이의를 제기한다. 브레인스토밍은 창의력을 발휘하는 일이다. 브레인스토밍은 우리로 하여금 경계를 확장해 아직 발견되지 않았고 발견되기를 기다리는 아이디어를 찾게 만든다. 아이디어의 목록은 길든 짧든 상관없다. 브레인스토밍은 어떤 아이디어가 좋고 나쁜지 확인하는 과정이 아니다. 고정관념에서 벗어난 생각을 하고 그동안 한 번도 떠올리지 못한 아이디어를 찾아내는 과정이다.(좋은 아이디어 목록은 자유롭고, 비현실적이고, 대담하고, 창의적인 느낌이 들어야 한다.)

이 스킬은 왜 익히기 어려울까?

- 브레인스토밍을 해 본 경험이 없기 때문이다.
- 고정관념에서 벗어난 사고를 하는 게 익숙지 않기 때문이다.
- 자신의 아이디어를 다른 사람들과 나누는 게 민망하기 때문이다.
- 자신의 아이디어 목록이 부담되기 때문이다.

이 스킬을 익히기 위한 핵심 요령은 무엇일까?

목록을 만들어라 전문가가 되고 싶은 주제의 목록을 만들어라. 스스로 흥미를 느끼고 다른 사람에게도 유익한 주제여야 한다. 사람들과 대화를 나누며 한 번도 생각해 보지 않은 분야를 살펴봐라. 정말이다. 한 번도 해 보지 않은 생각은 늘 있다. 아다이라의 다섯 살 된 딸 노바는 종종 커서 뭐가 되고 싶은지 이야기한다. "의사!" 노바가 아는 직업이 의사뿐이기 때문이다. 건축가나 변호사를 만난 적은 없다. 두 직업의 존재를 모르기 때문에 노바의 목록에 들어가지 못한 것이다.

한발 멈췄다 행동해라 우리는 흥분하면 성급하게 결정을 내린다. 정신을 차리고 침착하게 행동해라. 목록을 본격적으로 실행하기(가령 전사에 발표를 하거나, 웹사이트 도메인을 사거나, 먼 지역으로 이사 하기 등) 전에 일단 가만히 가지고 있어라. 일터에서 현명한 결정은 대개 논리적이고 이성적인 사고 과정을 거친다.

아이디어의 우선순위를 정하고 목록을 줄여라 주제 목록을 만들고 심숙고한 후에는 결정을 내려야 한다. 하루는 24시간뿐이니 지금 필요하지 않거나 옳지 않은 선택지는 걸러 내라. 지금 필요한 결정을 해라. 나머지는 나중을 위해 미루거나 아예 건너뛰어라. 목록을 줄일 때 다음과 같이 질문해라.

첫째, 이 주제를 생각하면 힘이 나고 즐겁고 신나는가? 해당 분야가 지속 가능해 보이는가?

둘째, 이 주제는 독특한가? 전문가들로 넘쳐나는 이 세계에 들어가게 되지는 않는가? 그렇다면 나는 충분히 독특한 견해와 전달 방식, 목소리를 가지고 있는가?

셋째, 이 주제의 청중은 누구인가? 청중의 범위가 너무 좁은가? 아니면 너무 광범위한가?

넷째, 이 주제는 눈에 띄는 영향을 미치는가? 또 나에게 중요한 방식으로 스킬을 얻고 키우게 해 주는가?

파고들어라 해당 주제와 관련된 자료를 더 많이 찾아 읽어라. 빈틈을 찾아라. 가령 인공 지능 분야에서 전문가가 되고 싶으면 그 주제의 인기와 종사자가 빠른 속도로 증가했다는 사실을 알게 될지도 모른다. 하지만 인공 지능을 활용한 멘토링처럼 아직 낯선 주제를 알아보는 방법도 고민해 봐라. 이 난세에서 열의를 보여야 한다. 새롭고, 흥분되고, 더 많은 기회를 열어 줄 수 있기 때문이다. 여러분이 할 수 있는 최선은 식감을 믿고 계속 알아보는 것이다.

작은 것부터 차근차근 시작해라 우리는 야망을 사랑하지만, 전문성을 키울 때는 작은 것부터 천천히, 그리고 꾸준히 하는 것이 좋다는 사실을 안다. 최대한 작게 쪼개라. 가령 관리자가 되고 싶으면 전반에 걸쳐 리더십 스킬을 키울 수 있다. 하지만 그 스킬은 막 대학을 졸업한 신입을 관리하는 능력을 키우는 것만큼 특별하고 매력적이지는 않다. 구체적이고 실질적으로, 그리고 깊이 파고들어라.

마이크로스킬 2

다양한 매체를 활용해 해당 주제 공부하기

아다이라 저는 연설 스킬을 키워 강연자로서 전문성을 갖추기로 마음먹었습니다. 일단 스탠퍼드대학교의 메리앤 뉴워스 교수의 스토리텔링 과정부터 듣기 시작했어요. 뉴워스 교수는 마음을 움직이는 짧은 이야기를 하는 방법을 가르쳐 줬어요. 또 손짓을 이용해 아이디어와 감정을 전달하는 방법도 알려 줬습니다. 그 과정을 마친 뒤에 연설에 대한 책 몇 권을 읽었습니다. 그리고 교육 기금을 활용해 2시간짜리 일대일 연설 코치를 고용했습니다. 또 온라인 영상을 봤습니다. 하나의 자료만으로는 뛰어난 연설 스킬을 배우기 힘들었지만, 여러 자료를 함께 활용하니 목표를 이루는 데 도움이 됐습니다.

> ## 실제 필요한 스킬은 무엇일까?
>
> 다양한 자료를 활용해 공부하기.

이 스킬이 왜 필요할까?

거의 모든 주제에 언제든 이용할 수 있는 교육 자료들이 넘쳐난다. 현장 학습에만 의존하는 것은 영리한 방법도 효율적인 방법도 아니다. 영상, 팟캐스트, 책, 스마트폰 앱, 블로그, 컨퍼런스, 강연 모두 우리의 전문성을 강화한다. 오프라인 모임 역시 여전히 사람들과 관계를 맺고 전문가들에게 실시간으로 배울 수 있는 좋은 기회다.

이 스킬은 왜 익히기 어려울까?

- 정보가 너무 많으면 부담스럽기 때문이다.
- 어떤 자료가 믿을 만하며 시간과 돈을 쓸 가치가 있는지 알기 힘들기 때문이다.
- 공부하려면 근무시간 외에 노력과 시간을 쏟아야 하기 때문이다.

이 스킬을 익히기 위한 핵심 요령은 무엇일까?

출발점을 찾아라 출발점이 될 참고 자료를 하나 찾은 뒤 다른 자료로 확장해 나가라. 이는 온라인 영상, 뉴스레터, 팟캐스트, 또는 사람일 수도 있다. 심지어 소셜 미디어에서 전문가들을 팔로잉한 뒤 시작할 수도 있다. 아다이라는 소셜 미디어에서 특정 주제의 전문가를 찾아 그가 팔로잉하는 사람들을 확인한 뒤 일부를 점차 팔로잉한다.

학습 자료에 대한 개요나 계획을 짜라 모든 걸 한 번에 배울 필요는 없다. 정해진 절차를 따를 필요도 없다. 하지만 배우는 내용의 순서는 체계적이고 계획적으로 느껴져야 한다. 우리가 책 집필에 대한 공부를 시작했을 때 우선 에이전시에 대한 공부를 한 다음 출판사에 대한 공부를 했다. 책 계약을 하기도 전에 마케팅을 공부하지는 않았다.

학습을 간소화해 품을 줄여라 효율적인 방법은 출퇴근이나 조깅을 할 때 팟캐스트나 오디오북을 듣는 것이다. 또 워크숍이나 세미나 참석 같은 기회를 학습뿐 아니라 인맥을 쌓고 다른 전문가를 만나는 기회로 활용하는 것이다.

마이크로스킬 3

주변 사람들에게 아이디어 시험해 보기

아다이라   저는 늘 '멘토링'과 '집필'이라는 제 두 가지 꿈과 관련된 비영리 단체를 만들고 싶었어요. 기존의 비영리 단체와 조직의 사례를 깊이 파고들어 조사했죠. 정말 품이 많이 든다는 걸 알게 됐습니다. 일단 서류를 준비하고, 기금을 조성하고, 웹사이트를 구축하고, 또 프로그램과 프로젝트를 진행하는 데 제 시간을 모조리 쏟아야 했죠. 저는 훌륭한 동료 의사인 페라 다다보이와 이야기를 나눴습니다. 우리는 함께 일해 좋은 결과를 낸 경험이 있었거든요. 각자 최대한 많은 자료를 읽고 공부한 뒤에 아이디어를 비영리 단체에서 일하는 사람들에게 시험해 봤습니다. 또 조직 운영과 모금에 익숙한 사람들에게도 이야기했습니다. 이들과의 대화 덕에 우리가 잘 모르는 부분, 그리고 그동안 생각하지 못했던 걸림돌을 찾았습니다.

> ### 실제 필요한 스킬은 무엇일까?
>
> 구상한 아이디어를 지인들에게 확인받기.

이 스킬이 왜 필요할까?

때로 우리는 아이디어를 완벽히 소화하고 있다고 느끼기 전까지 잘 공유하지 않는다. 그때는 너무 늦다. 아이디어를 이미 진행해 버렸을 수도 있고, 너무 많은 공을 쏟아 방향 전환이 쉽지 않을 수도 있다. 그보다는 미완의 아이디어를 편하게 공유하고 브레인스토밍을 하길 바란다. 공유하기 이르다 싶을 때 사람들에게 이야기해서 의견을 얻어라. 이렇게 하면 외부인들의 생각을 일찌감치 들을 수 있고 최초의 아이디어를 더 정교하게 다듬을 수 있다. 또 생각이 타당하다는 확인도 받을 수 있다. 피드백은 개선이 필요하다는 의미일지라도 어떤 아이디어가 이제 진전시킬 준비가 됐다는 느낌을 줘 모든 관계 당사자의 의욕과 관심을 불러일으킬 수 있다.

이 스킬은 왜 익히기 어려울까?

- 아이디어를 일찍 공유하는 게 얼마나 중요한지 모르기 때문이다.

- 사람들이 완성된 결과물만 기대하고 있을까 봐 두렵기 때문이다.
- 벌거벗겨진 기분이 들어 불편하고, 어떤 질문을 해야 할지 모르기 때문이다.
- 아이디어를 공유하면 혹시 다른 사람이 훔쳐 갈까 두렵기 때문이다.

이 스킬을 익히기 위한 핵심 요령은 무엇일까?

사람을 신중하게 선택해라 새내기 직장인이라면 누군가에게 도움을 청하는 게 겁날 수 있다. 하지만 관리자나 멘토와 정기적으로 만나 의견을 들었으면 좋겠다. 너무 많은 인원보다 신뢰하는 관계자들로 이루어진 소수의 인원 의견을 얻는 것이 좋다.

완성되기 전에 보여 줘라 아이디어가 완성될 때까지 기다리지 마라. 맞다. 어떤 사람들은 최종 결과물을 원할지도 모른다. 괜찮다. 이 사람들에게는 곧 다시 보여 주겠다고 말해라. 이들이 처음 브레인스토밍을 할 사람들은 아니다.

발전적인 질문을 해라 초반에 사람들과 발전적인 질문을 주고받아야 한다. 내가 제대로 된 길로 잘 가고 있는지 확인하고 싶을 테니까. 처음에 하기 좋은 질문은 다음과 같다.

"이 아이디어 어떤가요?"
"조심해야 할 만한 점이 있나요?"

"경력을 쌓는 데 도움이 될 것 같나요?"

"제가 이 일을 하기 위해 뭘 준비하면 좋을까요?"

"이 분야에서 제가 가진 전문 지식과 기술이 필요할까요?"

"어떤 걸림돌이 있을까요?"

"동료들보다 제가 주목받을 수 있을까요?"

풍요로운 마음가짐을 갖고 믿어라 아이디어를 빼앗길까 봐 걱정하지 마라. 아이디어만으로는 별 가치가 없다. 정말 중요한 건 아이디어의 실행이다. 누군가 당신의 아이디어를 얄밉게 가로챈다면 칭찬이라고 생각하고 본인의 창의성과 혁신적인 생각을 자랑스럽게 생각해라. 그리고 같은 아이디어를 발전시키고 실행하는 방법이 무궁무진하다는 걸 명심해라.

마이크로스킬 4

측정 가능한 기준 정하고 그 기준에 도달하기

아다이라 레지던트 기간에 우리는 여러 스킬에 능숙해져야 합니다. 응급의학과는 그 스킬의 목록이 꽤 방대합니다. 다양한 응급 환자를 치료해야 하니까요. 아이를 분만하고, 어깨 탈구를 바로잡고, 심한 호흡 곤란을 처치하고, 농양을 제거할 줄 알아야 합니다. 그렇다고 윗사람들이 우리를 링 안에 내던지고 "몽땅 익혀 와"라고 하진 않았어요. 대신 매년 성장 정도를 확인하고 목표를 세울 수 있도록 도와줬어요. "좋아. 내년에는 허리 천자 시술을 더 해 보자." 그런 이야기를 들으면 근무 중에 해당 시술이 필요하게 됐을 때 특히 주의하게 됐습니다. 그런 점검 지점이 없었더라면 4년 동안 목적 없이 헤매다가 졸업할 때쯤 엉뚱하게 이런 말을 들었을 거예요. "분만 목표 10명은 안 채우고 뭐 한 거야?"

실제 필요한 스킬은 무엇일까?

전문성 계발 정도를 점검할 수 있는 방법 찾기.

이 스킬이 왜 필요할까?

우리 모두에게는 성장하고 있다는 긍정적인 신호와 이를 파악할 수단이 필요하다. 진행 상황을 기록하면 흥미와 동력이 생긴다. 또한 에너지를 어떻게 쓸지 방향을 조정할 수 있다. 다음 질문에 답할 수 있어야 한다. '나는 성장 중인가? 나에게 성공과 성장을 보여 주는 지표가 있는가?' 누군가에게 도움을 요청했을 때 그 사람이 대놓고 무례하게 굴어도 감정적으로 받아들이지 마라. 그건 그 사람 문제니 잊어버리고 그 사람의 민낯을 보기 전에 더 얽히지 않은 걸 감사하게 생각해라.

이 스킬은 왜 익히기 어려울까?

- 진행 상황을 정량적으로 측정하기가 힘들기 때문이다.
- 앞으로 어떻게 나아가야 할지 방법을 찾지 못하면 사기가 꺾이기 때문이다.
- 다른 사람과 비교했을 때 자신감이 떨어지기 때문이다.

이 스킬을 익히기 위한 핵심 요령은 무엇일까?

객관적 측정 기준을 만들어라 우선 핵심 목표를 파악해 전문성을 쌓아라. 가령 전국 학회의 초청 연사가 되고 싶다고 해 보자. 이 목표와 관련해 공부할 몇 가지 세부적인 단계를 정해라.

- 연설 관련 책 한두 권을 읽는다.
- 유튜브에서 유명한 연설 세 개를 찾아본다.
- 동료 코치나 전문 코치 몇 명을 찾아 연설 스킬을 키운다.
- 연사 공고에 본인을 추천하거나 다른 사람에게 추천을 부탁한다.
- 네트워크를 활용해 단체로 이메일을 보내거나 전화를 걸어 강연 자리를 마련한다.

프레임워크를 적용해 봐라 OKR$^{Objective\ and\ Key\ Results}$, 즉 목표 및 핵심 결과 지표 프레임워크 방법론을 적용해 보길 추천한다. 이를 통해 핵심 목표를 세울 수 있다. 이는 구체적이고 정량화된 결과를 추정해 목표를 달성할 수 있도록 도와준다.[91] 가령 이런 식이다.

나는 점장이 되고 싶다(목표). 나는 고객 설문조사 피드백을 15퍼센트 개선하겠다(결과). 나는 매출을 10퍼센트 늘리겠다(결과). 나는 올해 지역의 점장을 두 번 만나겠다(결과).

진행 상황을 기록해라 스프레드시트를 이용하거나 유료 구독 서비스를 이용해 작업을 기록할 수 있다. 편하게 기록하고 싶다면 포스트잇 메모지나 봉투 뒷면에 기록해도 된다. 어떤 도구를 쓰든 읽기 쉽고 이용하기 쉽게 기록해라. 원한다면 색깔로 구분하거나 밑줄을 긋거나 굵은 글씨로 표시해라. 탭과 줄을 여러 개 넣어 다양한 목적에 맞게 사용할 수 있다. 스타일에 신경 쓰기보다는 명확하고 보기 쉽게 기록하는 게 더 중요하다.

피드백을 요청해라 피드백을 통해 스킬을 키울 수 있다. 일부 사람들은 알아서 피드백을 해 줄 테지만, 대개는 열심히 요청해야 한다. 발표를 마친 뒤 이런 식으로 피드백을 요청해봐라. "제 발표 어땠어요? 더 많은 일화를 들려주려고 해 봤어요. 어떤 일화가 괜찮았어요? 바꾸고 싶었거나 덜 좋았던 일화가 있었나요?" 이렇게 질문하면 질 높은 피드백을 얻을 수 있을 것이고, 진행 상황에 대한 생각과 해석을 바꿀 수 있을 것이다.

도움을 요청해라 모든 목표를 혼자 힘으로 달성하기 어려울 수 있다. 다른 사람들에게 도움을 요청하는 것은 자연스러운 과정이며 주변 사람들에게 이렇게 질문해라. "이 주제를 가지고 전국 무대에 서는 연사가 되고 싶어요. 제가 적임자일 것 같은 강연의 기회가 들어오면 저를 기억해 주시겠어요?"

성공 과정을 관찰하라 다른 사람들의 진행 상황을 보면서 중요한 배움을 얻을 수 있다. 여러분과 나이는 같지만 전문성을 더 잘 쌓아 나가고 있는 것처럼 보이는 동료를 떠올려 봐라. 그 동료에게 조심스럽고 예의 바르게 어떻게 전문성과 기회를 얻었는지 질문해 봐라. "그냥 열심히 했어요" 같은 답보다는 구체적인 답을 얻어 내야 한다.

마이크로스킬 5

협업을 통해
전문성 강화하기

리사   저는 응급의학과에서 부서 관리자 업무를 맡고서야 교류 교육 행사 기획의 큰 영향력을 깨달았어요. 처음에는 친구들을 제가 있는 뉴욕시에 초대한다는 취지로 시작했어요. 서로 윈윈이었죠. 저는 친구들의 전문성을 전파하고, 친구들은 우리 팀원들을 만나 인맥을 확장하고, 이력서에 경력 한 줄을 추가할 수 있었어요. 레지던트 의사와 사회 초년생들은 전국적으로 유명한 분야의 전문가들을 만날 수 있었고요. 실제로 이 교류는 크게 확장됐습니다. 미처 생각지도 못했던 협업의 기회가 만들어졌죠. 연구 프로젝트 진행, 공동 논문과 출판물 출간, 지역 워크숍으로 이어졌고, 서로 강연 초대를 하기도 했습니다. 이런 협업은 전문성을 심화하는 데 도움을 주었습니다. 그 이후로 저는 일하는 곳마다 월례 교육 행사를 이어 나가고 있습니다.

> ### 실제로 필요한 스킬은 무엇인가?
>
> 학습과 교육 기회를 쌓고, 평판 발전시키기.

이 스킬이 왜 필요할까?

다른 사람과 함께 일하면 새로운 시각이 열리고, 아직 완벽하지 않은 스킬을 강화할 수 있다. 협업은 평판에도 도움을 주기 때문에 재직 중인 회사는 물론 업계 내 인맥이 확장된다. 무엇보다 협업을 하면 기존에 알던 사람에 더해 새롭게 알게 된 사람들이 내가 경력을 쌓아 가는 여정을 지켜볼 수 있다.

이 스킬은 왜 익히기 어려울까?

- 인맥이 넓지 않고, 사람들에게 협업하자고 말하기가 주저되기 때문이다.
- 사람들의 연락처를 알기 힘들기 때문이다. 모든 사람이 연락처 정보를 공개하지는 않는다.
- 위계 구조가 협력을 힘들게 하기 때문이다.
- 협업에 관심이 없기 때문이다.

이 스킬을 익히기 위한 핵심 요령은 무엇일까?

기회를 찾아내라 자신이 속한 분야나 업계에 대해 더 많이 공부할수록 어떤 부분을 개선해야 할지 잘 알게 된다. 강의나 팟캐스트를 들을 때 주장의 허점을 찾아내라. 이는 내용에 더 알아보거나 해결할 여지가 있다는 의미다. 이미 수행 중인 부분에 대한 실무 지식을 쌓고, 부족한 부분에 대한 목록을 만들어라. 이게 기회다. 협력할 사람에게 연락하기 전에 (의무는 아니지만) 사전 조사를 하면 좋다. 가장 중요한 질문은 다음과 같다. '이 사람에게서 받고자 하는 도움은 무엇인가?'

함께 일할 사람을 찾아라 우선은 한 사람과 시작해라. 스스로 부족한 부분과 필요를 따져 협업하고 싶은 사람에게 연락을 취해라. 이메일이나 소셜 미디어, 뉴스레터 같은 전문 채널을 통하는 것도 좋을 수 있다. 여러분이 아는 누군가에게 그 사람을 안다면 이메일로 소개해 달라고 부탁해라. 부탁할 때는 신중하고 공손하게 해라. 그 사람이 자기가 아는 사람을 전부 소개해 줄 거라고 기대하지는 마라. 사람들이 나중에 연락해 올 수 있도록 마음을 열고 받아줘라.

학습 커뮤니티를 찾아라 학습 커뮤니티는 자원한 사람들이 모여 대개 허물없이 특정 주제에 대한 지식을 나눈다. 관심 분야에 따라 찾기 쉬울 수도 있다. 온라인에서 특정 분야의 행사를 찾고, 소셜 미디어 그룹에 가입해라. 비슷한 전문가들이 참가하는 모임 아니면, 적어도 대화를 지켜볼 만한 모임을 고르자. 자신이 속한 업계나 관심 있는 분야 교육 프로그램에 가입해라. 관심 분야가 비슷한 사람들과 더 가까워질 수 있고 협업을 하거나 전문 지식을 나눌 수 있다.

마이크로스킬 6

내가 가진 기술과 경력을 보여주기

리사   임상 초음파 분야에서 전문성을 갖추기 위한 모든 단계(논문 발표, 조직 리더 워크숍 지도)를 밟은 상태에서 제가 가진 전문성을 나누는 것에 대해 고민했어요. 하지만 어느 곳에서도 강연 제안을 받지 못했죠. 그래서 부서장으로 일하는 응급의학과 친구에게 고민 상담을 했습니다. 그러자 친구가 "우리 부서에 교육 연설하러 올래? 내가 행정 보조원한테 연락해서 날짜 조율하라고 할게"라고 말했죠.
친구와 대화를 나누면서 때로 기회는 인맥, 그리고 질문하는 것만으로도 생긴다는 걸 깨닫게 되었습니다.

> ### 실제 필요한 스킬은 무엇일까?
>
> 지금껏 이룬 성장과 쌓은 지식을 사람들에게 보여 주기.

이 스킬이 왜 필요할까?

강연을 통해 자신이 가진 경력과 지식을 나누는 것은 그 주제에 익숙해지는 한 방법이다. 프로젝트에 참가하는 것도 좋은 방법이며 어떤 종류의 기회든 참여하면 본인이 지닌 지식을 보여 줄 수 있다. 이를 통해 나 자신은 물론 다른 사람들도 나의 강점과 개선이 필요한 부분을 확인할 수 있다. 이는 이름을 알리고 능력을 입증하는 데 도움이 된다.

이 스킬은 왜 익히기 어려울까?

- 사기꾼으로 보이지 않을까 하는 걱정과 두려움이 있기 때문이다.
- 아직 준비가 덜 됐다는 기분이 들고, 아는 것을 사람들에게 보여 주기 전에 경험, 지위, 나이, 고급 교육이 필요하다는 생각이 들기 때문이다.
- 사람들이 나에게 아직 준비가 되지 않았다고 말하기 때문이다.

이 스킬을 익히기 위한 핵심 요령은 무엇일까?

가면 증후군 이해하기 흔히 가면 증후군은 회사에 자신이 어울리지 않는다고 생각해 적응하기 힘들어 하는 상태라 이해된다. "나 가면 증후군이 있어"라고 자가 진단을 하는 경우가 흔하다. 하지만 회사에서 본인이 사람들을 속여서 그런 기분을 느끼는 경우는 잘 없다. 그보다 가면 증후군은 필요한 인정과 지지를 받지 못하기 때문에 생긴다. 그런 부정적인 공간에서는 외계인이 된 기분이 들고 자신의 잠재력을 의심하게 된다. 이처럼 지지가 부족한 상황은 여성, 유색 인종, 장애인 등 소외 계층을 힘들게 한다.[92] 하지만 여러분에게는 충분히 자질이 있고, 그걸 보여줄 기회를 가질 자격이 있다.

좋은 기회를 알아차려라 멘토이자 교육자인 우리는 이제 막 일을 시작한 전문가들이 좋은 기회가 눈앞에 있는데도 잘 알아차리지 못하는 경우를 본다. 심지어 기회임을 알아차렸을 때조차 그다음에 뭘 어떻게 해야 할지 몰라 한다. 어떤 기회든 처음 취해야 하는 행동은 단호하게 밀고 나가는 것이다.

기회	목표	취해야 할 행동
전공, 분야, 집단의 책임자/관리자 자리가 나온다. →	열심히 노력해서 관리자가 되고 싶다. →	그 기회에 대해 상사와 멘토와 면담한다. "이 자리를 얻으려면 어떻게 해야 할까요?"라고 물어라.

연례 컨퍼런스에서 내 전문 주제의 연사를 모집 중이다.	→ 특정 주제나 업무 분야에서 인정받는 연사가 되고 싶다.	→ 연사 신청을 해라. 워크숍, 강연 아이디어를 몇 개 내라. 동료들을 초대해 가입하게 해라.
친목 자리에서 내가 꿈꾸는 회사에 다니는 사람 옆자리에 앉았다.	→ 비슷한 길을 걸어 비슷한 회사에 들어가고 싶다.	→ 그 사람에게 같은 관심사를 가지고 있다고 말해라. 경력을 쌓아 온 과정을 물어봐라. 연락처를 받아 대화를 이어 가라.
쓰고 싶은 글과 관련한 제출 공모가 떴다.	→ 작가로서 전문성을 키워줄 해당 분야의 글을 쓰고 싶다.	→ 편집자들에게 연락해서 글에 대해 설명하고 글 초안을 보내라

자신을 위해 질문하고 목소리를 내라 내가 기회를 잡지 못한다고 직장 동료 누구도 잠을 설치지 않는다. 나를 신경 쓰지 않아서가 아니다. 본인은 본인이 챙겨야 하기 때문이다. 어떻게? 일단 질문해라. 같이 공부하고 학교를 다닌 친구들을 생각해 보자. 그 친구들은 어디서 일하고 있는가? 무얼 하고 있는가? 그 친구들이 나에게 전문성을 키울 기회를 줄 수 있을까? 질문을 생활화해라. 한편 이런 말이 있다. "일단 물어라. 최악의 상황은 거절당하는 것뿐이다." 하지만 아다이라는 자신의 멘티들에게 이렇게 이야기한다. "최악의 상황은 그 사람은 승낙했을 텐데 내가 묻지 않은 상황이다." 거절당할 수 있다는 사실을 받아들여라. 다만 묻지 않고 후회하는 일은 만들지 마라.

능력과 전문성을 사람들에게 알려라 자신의 전문성을 다른 사람들과 공유할 방법이 몇 가지 있다. 개인 웹사이트를 만들고 공개해라. 소셜 미디어에 게시물을 올려라. 링크드인 프로필에 소개 글을 넣거나 이메일 서명란에 문장을 추가해라. 일단 나의 전문성을 거기에서 알려라.

자신을 믿고 자신의 목소리를 들어라 너무 어리거나 준비가 되지 않았다는 충고는 심각하게 받아들일 필요가 없다. 자신을 믿어라. 개인 자문단에게 의견을 구해라. 크게 생각하고, 자기 목소리를 낸 것을 절대 후회하지 마라.

마이크로스킬 7

소셜 미디어에서 영향력 키우기

리사   팟캐스트 '비저블 보이스'를 시작했을 때 제가 신뢰하는 두 친구가 은연중에 저한테 소셜 미디어 플랫폼에 더 가입해야 한다고 말하더군요. 한 명은 MBA를 졸업한 교육자이고 또 한 명은 법학과를 졸업한 대표이사이자 신생 기업 투자자이자 창업가였어요. 두 친구가 따로 저한테 같은 조언을 했죠. 링크드인에 가입하라고요. 두 사람은 직업과 관련된 인맥의 중요성과 이를 관리하는 도구의 효과를 잘 알고 있었습니다. 친구들 말이 맞았어요. 소셜 미디어는 서로 관심 있는 주제를 배우고 나누고 이야기하고, 전문 분야의 사람들과 관계를 맺는 손쉬운 방법입니다. 이를 통해 저는 특정 분야 전문가들과 관계를 맺었고, 팟캐스트 게스트로 초대할 수 있었습니다.

실제 필요한 스킬은 무엇일까?

시간을 투자해 소셜 미디어 영향력을 만들고 유지하기.

이 스킬이 왜 필요할까?

직장에서 맺을 수 있는 관계는 한정적이다. 시간이 좀 지나면 그 이상이 필요하다. 소셜 미디어가 사업과 경력에 도움이 된다는 〈뉴욕타임스〉 기사도 있다.[93] 소셜 미디어는 힘을 키워 준다. 소셜 미디어는 전 세계 사람들과 자원을 이용할 수 있게 해 준다. 즉 새로운 사람들과 활발한 일대일 소통 또는 전문가가 작성한 글이나 공유한 내용을 관찰하는 식의 수동적 상호 작용을 가능케 한다. 소셜 미디어에 시간을 투자하면 전문성 성장에도 도움이 될 수 있다.

이 스킬은 왜 익히기 어려울까?

- 악플러를 비롯한 괜한 시비를 거는 사람들이 두렵기 때문이다.
- 프로필을 만들고 플랫폼 방식과 설정을 배우는 데 노력이 필요하기 때문이다.
- 큰 시간이 투자될 수도, 자칫 중독될 수도 있기 때문이다.

이 스킬을 익히기 위한 핵심 요령은 무엇일까?

위험한 주제는 피해라 논란이 많은 사회 또는 정치 관련 주제를 꺼내고 싶으면 조심해라. 본인 회사에 대한 비난이나 불평, 넋두리를 할 때는 한 번 더 생각해라. 그리고 아이들, 휴가, 집 외관과 인테리어 사진 등 사생활을 어디까지 공유하고 싶은지 결정해라.

플랫폼을 골라라 소셜 미디어 플랫폼은 많다. 내가 원하는 집단이 어디에서 활동하는지 알아내라. 팀원들과 개인 자문단의 추천을 받아라. 도움이 되는 플랫폼에 집중해라.

프로필을 만들어라 다른 사람들의 프로필을 관찰한 뒤 무엇이 마음에 들고 또 마음에 들지 않는지 메모해라. 가장 효과적이고, 보기 좋고, 본인의 관심사에 맞고, 잘 읽히는 프로필을 참고해서 프로필을 작성해라. 이때 업무 목적을 위한 프로필이라는 사실을 기억하고 얼굴이 잘 보이는 사진을 사용하기 바란다.

관찰하고, DM을 보내고, 공개적으로 댓글을 달아라 우선 다른 사람들이 플랫폼을 어떻게 사용하고 있는지 지켜봐라. 내용을 살펴봐라. 어떤 글이 관심을 얻는가? 사람들에게 개별 메시지(DM)를 보내고, 올린 글에 댓글을 달고, 자신을 소개하기도 해라. 익숙해지면 게시글에 공개적으로 댓글을 달아도 좋다.

본인의 경계를 파악해라 늘 명심해야 하는 사실은 왜, 누구를 위해 소셜 미디어를 하느냐이다. 전문성을 입증하고 키우기 위해서라면 전문성을 보여 주는 콘텐츠를 위주로 올려야 한다. 자신이 편하게 느끼는 정도로 하고, 올리는 내용의 경계를 정해라.

마이크로스킬 8

리더의 역할을 제대로 파악하고 올바른 기회 잡기

아다이라 하버드 의과대 학생 40명의 지도교수 역할을 맡기 전, 제게 가장 중요한 것이 무엇인지 생각했어요. 근본적으로는 다른 사람들이 경력을 키울 수 있도록 돕는 것이었죠. 지도교수 자리에 지원하기 전에 상사와 이야기를 나눴습니다. 상사는 리더십을 키울 좋은 기회이자 디딤돌이라고 말했어요. 지금 그 자리에 있는 사람들과도 이야기를 나눴습니다. 이 직무를 안내하는 자료에는 학생들이 의대를 다니는 동안 성장 과정의 감독 책임을 지는 자리라고 쓰여 있었습니다. 지도교수는 저녁과 주말에도 학생들을 만나야 한다는 사실도 알게 됐죠. 이런 내용은 전단에는 제대로 안내되어 있지 않은 정보였습니다. 이것 때문에 단념하지는 않았습니다만, 참고하면 좋을 내용이었죠. 더 나아가, 의대 학생들에게도 이 역할에 대한 의견을 물었습니다. 깊이 파고든 덕분에 이 자리가 얼마나 중요한지 알 수 있었습니다. 득과 실을 아주 분명하게 알게 되었죠. 결국 이 리더십 기회는 제 전문성 목표와 완벽하게 들어맞아 보였습니다.

> ### 실제 필요한 스킬은 무엇일까?
>
> 자기 전문 분야의 책임자가 될 기회 파악하기.

이 스킬이 왜 필요할까?

리더가 될 기회가 왔을 때 그 기회를 냉정하게 평가하고 장단점을 따져봐야 한다. 모든 자리가 가치가 있고, 성장에 도움이 되는 것은 아니기 때문이다. 여기에는 연봉, 문화, 직무 내용, 근무시간, 출장 유무 등이 들어간다.[94] 지나치게 행정 업무가 많고, 시간이 많이 들고, 기력을 고갈시키는 리더 자리에 발목을 잡히고 싶지는 않을 것이다. 창의적이고 독립적이고 전문성을 지속해서 키울 기회를 보장하지도 않는 경우는 더더욱 그럴 것이다. 그러므로 기회가 왔다고 무턱대고 잡을 게 아니라 신중하고 꼼꼼하게 들여다볼 필요가 있다.

이 스킬은 왜 익히기 어려울까?

- 너무 자세한 질문을 하는 게 두렵기 때문이다.
- 본인의 배경 조사를 하다가 솔직한 평가를 받으면 지원할 의지가 꺾일까 봐 두렵기 때문이다.
- 모든 리더 기회는 좋은 투자라고 믿기 때문이다.
- 기회를 거절하는 것이 내 경력에 어떤 영향을 미칠지 알 수 없기 때문이다.

이 스킬을 익히기 위한 핵심 요령은 무엇일까?

직무 내용을 파악해라 새로 리더 자리를 맡기 전에 가능한 모든 걸 익혀 둬라. 직무 내용을 읽어 두고 근무시간과 근무시간 외 할 일을 파악해라. 공유받지 못한 세부 사항들을 찾아봐라.

그 일을 했거나 하고 있는 사람들과 이야기해 봐라 그 일을 그만뒀다면 왜 그만뒀는지 분명하게 물어보면 좋다. 자리를 맡기 전에 불편할 수도 있는 질문을 해라. "어떤 대우를 받으셨나요?" "왜 그만두셨나요?" "인정받는다고 느꼈나요?" "이 일이 경력에 도움이 됐나요? 그랬다면 어떤 식으로 도움이 됐나요?"

사람들이 이후에 어디로 가는지 알아봐라 그 역할을 맡은 이후에 어디로 가는지 알아봐라. 이 자리가 종착지인가? 아니면 더 크고 중요한 자리로 가는 발판이 될 가능성이 높은가? 이 궤적을 파악하면 다음에 최적의 자리로 옮겨가기 위해 필요한 스킬과 기회에 집중하는 데 도움이 될 것이다.

지원과 자원의 정도를 파악해라 그 역할을 수행하기에 적절한 행정 지원, 재정 지원, 권한이 주어지는가? 체계와 지원 없이 혼자 알아서 해야 하는 자리가 되지는 않는가? 면접자이자 채용 담당자에게 업무 범위와 제공되는 자원을 구체적으로 물어봐라.

역할의 범위와 영향력을 알아봐라 전문가로서 경험을 쌓고 싶어 이 자리 수락을 고민했을 것이다. 내 영향력이 미치는 사람이 다섯 명인가, 5000명인가? 누군가의 그늘에 가려 지낼 것 같은가? 아니면 스스로 본인이 하는 일의 대변인이 될 것 같은가? 일하는 회사나 업계, 분야의 경영진에게 내가 하는 일을 보여 줄 기회가 있는가?

제안을 거절하는 법을 익혀라 승낙과 거절은 어려울 수 있다. 기회가 오면 유혹을 느낀다. '드디어 누군가의 눈에 들었어' 또는 '실력을 발휘할 기회야'라는 생각이 들 것이다. 충분히 조사해 완벽하게 파악한 뒤에 승낙해라. 다음은 제안을 거절해야 할 때 대표적으로 쓸 수 있는 문장이다. "귀한 시간 들여 저를 선택해 주셔서 감사합니다. 충분히 고민하고 제 멘토들과도 이야기를 나눠 보았습니다. 아쉽지만 이번 기회는 거절하기로 했습니다. 그렇지만 향후 다른 기회에 대해서도 부디 저를 기억해 주셨으면 합니다."

마이크로스킬 9

자신의 전문 주제로 상 받기

아다이라   어느 시점에 동료들이 상을 많이 받는다는 사실을 알게 됐어요. 반면 저는 아무 인정도 받지 못했죠. 제가 너무 어린 데다가 대단한 업적을 쌓지도, '상을 받을 만한' 일을 하지도 않았기 때문이라고 생각했어요. 얼마 뒤 한 동료에게 축하 인사를 건네다가 비결을 알게 됐죠. "정말 많은 상을 받았네요. 축하해요." 그러자 동료가 말했습니다. "사람들한테 저를 후보로 추천해 달라고 부탁했거든요. 저를 추천하고 싶어 하는 사람들을 위해 추천 자료를 정리해서 전달해요." 그때 동료들이 수상 후보에 오르려고 적극적으로 임해 왔다는 사실을 알게 됐죠. 충격을 받았어요. 그때까지 저는 그저 가만히 앉아 누군가가 저를 인정해 주기를 기다리고 있었거든요. 지금껏 지켜봤던 수상이 자신을 열심히 알린 결과였다는 걸 비로소 깨닫게 되었습니다.

> ### 실제 필요한 스킬은 무엇일까?
>
> 직접 나서서 인정과 상, 훈장을 받아 내기.

이 스킬이 왜 필요할까?

인간은 누구나 주목받고 싶어 하고 목소리를 내고 싶어 한다. 학계에서 여성이 일로 제대로 된 인정과 주목을 받기 힘들다는 사실을 특히 잘 안다.[95] 심할 때는 공이 다른 누군가에게 돌아가거나, 공을 빼앗기기도 한다. 상과 훈장은 전문성과 신뢰성을 강화한다. 지원하는 방법과 후보 지명을 받는 방법을 파악하는 것이 중요하다. 우리도 처음에는 우리가 하는 일을 어느 날 짠하고 마법처럼 인정받게 될 거라고 생각했지만 현실을 알고 적극적으로 나서게 되었다.

이 스킬은 왜 익히기 어려울까?

- 누군가 내 집까지 직접 찾아와 수상 후보로 지명할 것이라고 믿기 때문이다.
- 문화적 특성상 질문하거나 자기주장을 내세우거나 자기 자신을 후보로 추천하는 게 이상하다고 느껴지기 때문이다.

이 스킬을 익히기 위한 핵심 요령은 무엇일까?

더 이상 기다리지 마라 물론 멘토, 후원자, 코치, 자문 등 무한한 지원군이 있는 사람들의 이야기도 들어 봤을 것이다. 하지만 모두가 그렇지는 않다. 사람들 대부분은 기회를 적극적으로 찾아 나선 끝에 지원을 받는다. 청하지도 않았으면서 다른 사람들이 자발적으로 나서서 "당신이 상을 받고 전문성을 갖추는 데 제가 뭘 도와주면 될까요?"라고 물어 주길 기다리지 않았으면 한다.

불편함을 받아들여라 불편함에 익숙해져라. 팀 사람들과 개인 자문단에게 상과 훈장을 어떻게 받았는지 물어봐라. 채택할 방법이 있는지 살펴봐라. 질문하는 연습을 해라. 다음과 같이 말해 보자. "저를 이 상의 후보로 추천해 주실 수 있나요?"

기회 목록을 작성해라 이용할 수 있는 기회가 많다는 걸 명심해라. 이 분야의 사람들과 다른 분야의 사람들에게 질문해라. 상과 인정, 직업 훈련, 경력 관리 등을 받는 방법을 알려 줄 수도 있다. 지금은 지원할 적기가 아닐지라도 엑셀 파일을 열고 기회의 이름과 조건, 일정 등을 기록해 둬라.

이력서를 업데이트해라 쉬워 보이지만 꾸준히 하기는 대단히 어려울 수 있다. 달력에 월별, 분기별 등으로 알람을 설정해 놓고 해라. 강연을 하고 그 강연 이력을 이력서에 추가해라. 글을 발표하고 이력서에 추가해라. 실시간으로 업데이트하는 것이 제일 좋다. 우리 두 사람은 이력서를 온라인, 구글독스에 지속적으로 업데이트한다. 언제 어디서든 이력을 추가하고 편집하기 수월하기 때문이다.

본인의 추천서 초안을 써 둬라 나를 위해 후보 추천서를 쓰는 사람을 도와줘라. 추천서 초안을 써라.[96] 추천서 앞쪽에 추천서를 제출하는 사람에 대한 객관적인 사실을 써라. 그런 뒤 자신에 대한 객관적인 사실을 두세 문단에 걸쳐 자세하게 기술해라. 작업물을 재확인해 날짜와 철자가 맞는지 확인하고 추천서를 마무리할 추천인에게 보내라.

마이크로스킬 10

전문성을
발전시키는 법 배우기

리사 응급의학과 초음파 교육자로서 제 역할은 발전해 왔습니다. 작지만 꾸준한 노력의 과정에서 실제로 주제 전문성이 성장하고 발전했습니다.

- **특별 연구원** 저는 1년간의 초음파 연구원 과정을 마쳤습니다.
- **참여 학습자** 그리고 학습자로 초음파 워크숍에 참석했습니다.
- **연사 교육자** 때마침 연사로 초청을 받아 무대에 서서 초음파에 대한 강의를 하고 현장 교육자로 활동하게 됐습니다.
- **워크숍 기획자** 나중에는 이틀간의 워크숍을 준비하고 실행 계획과 세부 사항을 운영하는 역할을 맡았습니다.
- **코치 멘토** 마침내 수련의를 양성하게 되었습니다. 그들이 워크숍을 운영

할 수 있도록 도왔습니다.

- **스토리텔러** 흥미롭게도 교육과 학습, 강의, 글쓰기 경험은 모두 말하기, 쓰기, 듣기, 스토리텔링 스킬을 키워 줬습니다.

그 과정이 늘 직선으로 뻗어 나가지는 않지만, 역할이 확장됐다는 것은 전문성이 성장했다는 증거입니다.

> **실제 필요한 스킬은 무엇일까?**
>
> 지속적으로 스킬과 지식을 심화하고 확장하기.

이 스킬이 왜 필요할까?

배움에 대한 호기심과 열망을 결코 멈춰서는 안 된다. 늘 성장하고 배우고자 하는 마음을 가져야 한다.[97] ㅈ때로 어떤 분야나 유행, 업무가 사라진다는 사실을 알지만, 내가 습득하는 스킬과 지식은 늘 가치가 있을 것이다. 한 분야에서 다른 분야로 조정, 확장, 전환을 고민하는 것도 하나의 스킬이다.

이 스킬은 왜 익히기 어려울까?

- 지속적인 동기를 갖기가 힘들기 때문이다.
- 적극적이고 의식적으로 행동하려면 시간이 많이 들기 때문이다.
- 늘 해 오던 방식대로 일하는 마인드셋에 익숙해져 있기 때문이다.

이 스킬을 익히기 위한 핵심 요령은 무엇일까?

기존의 사람들, 새로운 사람들 모두와 협업해라 같은 사람들과 계속해서 같이 일하는 건 쉽다. 특히 신뢰가 쌓이고 친밀한 관계와 분위기가 형성됐을 때는 더 그렇다. 그래도 새로운 사람들을 찾아 같이 일해라. 원한다면 한 번에 한 사람씩 추가해라. 돌아가며 사람들을 들이고 내보내라. 내가 맡은 프로젝트에 대해 새로운 목소리와 아이디어를 받아들여라. 친절해라. 사람들을 내치거나 고립된 기분이 들게 하지 마라. 이렇게 말해라. "함께 일할 수 있어서 정말 즐거웠습니다. 나중에 다시 일할 기회가 있으면 좋겠네요."

뉴스를 읽고 들어라 자신이 속한 분야의 전문 주제와 관련된 소식을 전해 주는 뉴스와 소셜 미디어 매체를 구독해라. 인접한 주제를 탐구하는 것도 유용하다.

컨퍼런스와 온라인 세미나에 참석해 인맥을 쌓아라 우리는 컨퍼런스에 가면 강연을 몇 개 듣기도 하지만, 복도나 카페에서 다른 참가자들을 만나는 데 많은 시간을 쓴다. 혼자 앉아 있는 동료가 보이면 말을 걸어 최근의 업무와 업무처는 어떤지 알아봐라. 온라인 세미나의 경우도 마찬가지다. 누가 참석했는지 보고 개별 메시지를 보내 나중에 만나서 후기를 나누자고 제안해 봐라.

동료, 멘토와 만나라 지금 하고 있는 일을 이야기하고 지식 기반과 전문성을 확장하기 위해 무엇을 더 할 수 있을지 의견을 구해라. 더 경험이 많은 사람들은 내가 일하는 분야의 방향성에 큰 그림을 가지고 있을지도 모른다. 동료들은 최근 소식을 잘 알고 있을 것이고, 비교적 젊은 멘토들은 무엇이 새롭고 무엇이 낡았는지 말해 줄 수 있을 것이다.

결론

- ✓ 전문성을 쌓는 일은 구체적인 경험을 지속적으로 쌓는 일이다.
- ✓ 혼자서 전문성을 갖출 수는 없다. 사람들과 함께 일하고 도움을 요청해라.
- ✓ 멈춰 있지도 경직되어 있지도 마라. 마음을 열고 유연하게 폭넓은 학습 기회를 받아들여라.

6장

슬기로운 직장 생활을 위한
마인드셋

> **리사** 하루는 응급실에서 근무 중이었습니다. 칼슘 수치가 위험할 정도로 높은 환자 일로 진단 검사실과 얘기 중이었죠. 그때 한 의대생이 신규 환자를 예진하고 보고를 하러 왔어요. 제 쪽으로 다가오더니 통화 중인 저에게 대뜸 환자에 대한 소견을 말하기 시작했습니다. 통화 상대편보다 더 크게 말하는 바람에 회전의자를 돌려 웃음을 띠고 잠시 기다려 달라는 의미로 손가락 하나를 들어 보이고는 귀에 댄 수화기를 보여줬어요. 화가 나지는 않았습니다. 그 학생은 제가 통화 중이라는 사실을 알아차리지 못했으니까요. 그래도 보통은 저와 눈을 맞추고 제가 귀 기울여 들을 준비가 되었는지 확인하기 마련입니다. 몹시 위중한 환자라면 끼어들 만하죠. 하지만 그런 상황이 아니었습니다. 학생이 긴장하거나 응급실 문화를 잘 모르는 경우도 있습니다. 하지만 그렇지도 않았죠. 우리는 여러 차례 교대 근무를 함께 했습니다. 그때는 4주간 진행하는 응급실 실습의 마지막 주였거든요. 학생은 그간의 경험과 피드백으로도 사회적 신호와 환자 진찰 소견의 보고 방법, 즉 업무가 돌아가는 방식을 이해하지 못했던 거죠. 이 일은 그 학생이 상황을 제대로 판단하는 법을 배울 수 있는 기회였습니다.

직장에는 팀원들이 서로 소통하여 업무를 완수하도록 하는 문화, 다시 말해 업무 방식이 있다. 그런 문화를 배우려면 열린 자세와 의식적인 태도를 취해야 한다. 보통 제대로 작동하는 직장에는 친절하고 예의 바르며, 서로 지지하고 소통하고 협력하는 사람들이 있다. 어떤 이들은 이런 특성들 덕에 '적절하고' '전문적인' 환경이 조성된다고 말하기도 한다. 그러나 내가 전문적이고 적절하다고 여기는 직장 문화와, 나의 팀이나 상사가 전문적이고 적절하다고 여기는 직장 문화가 일치하지 않는다면 어떨까?

여성인 우리 두 필자는 성별에 따라 확실하게 위계가 나뉘는 직장에서 일해 왔다. 미국에서 여성은 전체 의대생의 절반 이상을 차지하지만, 전체 학과장 중 여성은 23퍼센트에 불과하다.[98] 다시 말해 여성들은 인력 시장 안에 들어와 있을지 몰라도 정상으로 가는 사다리에는 오르지 못하고 있다. 물론 모든 업계가 그렇지 않다는 점을 우리도 알고 있다. 하지만 대부분의 산업에서 남성이 리더직을 차지한다는 사실을 보여 주는 자료도 있다. 2022년 발표된 한 보고서를 살펴보면 고위 간부 구성의 다양성이 증가했다는 사실을 엿볼 수 있다. 그러나 여전히 최고 경영자, 최고 재무 책임자, 최고 운영 책임자 중 89퍼센트는 백인이고, 88퍼센트는 남성이다.[99] 매사추세츠주 유치원·초·중·고교 교사에 관한 2021년 보고서에 따르면 교장 가운데 유색인종의 비율은 불과 5퍼센트, 여성의 비율은 겨우 39퍼센트다.[100] 문화를 논하는 장에서 왜 성별과 인종을 언급하냐고? 직장 내 다수 집단에 속해 있지 않으면 직장 문화가 옳거나 좋다고 느끼지 못할 수도 있다는 점을 확인하고 싶어서다. 직장 문화를 논할 때 성별과 인종에 따라 옳고 그름이나 좋고 나쁨에 대한 판단도 달라진다. 말하건대 보편적인 직장 문화란 존재하지 않는다. 그렇기에 우리는 각각의 사례에 정확히 어떻게 대응하라고 가르쳐 줄 순 없다. 직장마다 고유한 특성이 있어 관찰과 체득을 통해서만 직장 문화를 익힐 수 있기 때문이다.

이번 장에서는 이를 염두에 두고 직장 문화를 이해하는 데 도움이 되는 9가지 마이크로스킬을 소개한다.

슬기로운 직장 생활을 위한 마이크로스킬

❶ 자신을 잘 소개하고 사람들의 이름 기억해 부르기

❷ 의사소통 방식 파악하기

❸ 보고 체계 파악하기

❹ 계약서, 안내서, 편람, 인사 방침 읽기

❺ 자기 점검의 중요성 이해하기

❻ 자신의 특권 인식하기

❼ 나서야 할 때 파악하기

❽ 직장 동료들과 신중하게 어울리기

❾ 나쁜 행동을 어떻게 조치하는지 살펴보기

마이크로스킬 1

자신을 잘 소개하고
사람들의 이름 기억해 부르기

아다이라   응급실에서는 이름을 잊어버리는 일이 흔합니다. 응급실에는 관리자, 간호사, 기술자, 의대생, 의사 등 너무나 많은 사람이 있고, 이들 대다수가 교대해 가며 일합니다. 이런 연유로 저는 애쓰는 만큼, 모든 사람의 이름을 기억하기란 어려운 일이라는 걸 인정하기 시작했어요. 실수하면 꼭 사과를 하고 남은 교대 근무시간 동안 그 이름을 기억하려고 애씁니다.

> ### 실제 필요한 스킬은 무엇일까?
>
> 사람들의 이름을 묻고, 반복해 부르고, 기억하기.
> 그리고 내 이름 알려 주기.

이 스킬이 왜 필요할까?

직장에서 첫인상은 사람들과 신뢰를 쌓는 데 매우 중요하다. 자기소개는 자존감을 높이고 자신의 정체성을 공고히 하며 팀에 녹아드는 데 도움이 된다.[101] 마찬가지로 사람들을 이름으로 부르면 환영받고 존중받는다는 기분을 느끼게 해 준다. 따라서 사람들도 내 이름을 알아야 하고 나도 사람들의 이름을 알기 위해 노력하는 것이 중요하다.

이 스킬은 왜 익히기 어려울까?

- 팀의 일원이라는 생각이 들지 않기 때문이다.
- 이름을 묻기가 겸연쩍기 때문이다.

이 스킬을 익히기 위한 핵심 요령은 무엇일까?

시간을 들여 이름을 알려 줘라 누군가를 처음 만나면 자신의 이름을 반복해서 잘 알려 줘라.

다시 한번 소개해 달라고 솔직하게 요청해라 간단하다. 누군가의 이름을 잊어버렸다면 솔직하게 말하고 다시 한번 알려 달라고 부탁해. "죄송하지만, 이름을 다시 한번만 알려 주시겠어요?."

직함을 붙여라 직함을 떼고 부르면 누군가의 자격이나 지위를 없애는 격이 될 수 있다. 이렇게 하면 자기도 모르게 타인의 직위와 전문성을 무시하게 된다.[102]

마이크로스킬 2

의사소통 방식 파악하기

리사   제가 편집 중이던 책의 한 꼭지를 맡아 집필하던 저자가 원고 마감 기한을 넘겨 문자 메시지를 보냈습니다. 이 저자는 몇 주째 마감을 어긴 상황이었어요. "잘 지내시죠? 저희는 매주 미제출 원고 목록을 작성하고 있어요. 혹시 최종 원고를 언제쯤 보내 주실 수 있을까요?" 심통을 부리거나 화를 내거나 독하게 굴려던 게 아니었어요. 저자 쪽에서 밝히 급한 사정도 없었죠. 그런데 그는 공동 편집자에게 연락해 제가 자신을 괴롭힌다고 말했습니다. 깜짝 놀랐어요. 몇몇 친구들의 조언 덕에 어떤 사람은 문자 메시지를 전화 통화나 이메일보다 개인적인 수단으로 여겨 사생활이 침해된다고 생각한다는 사실을 알게 되었습니다. 이제는 일과 관련된 문자 메시지일수록 더 신경 쓰고 주의를 기울이곤 합니다.

> ### 실제 필요한 스킬은 무엇일까?
>
> 상황과 환경에 따라 달라지는 의사소통 방식 이해하기.

이 스킬이 왜 필요할까?

탁월한 의사소통 능력은 유능한 리더가 되는 데 유리하게 작용할 수 있다.[103] 문제는 각 사람의 직장이 저마다의 고유한 의사소통 방식과 분위기가 있다는 점이다. 이 때문에 의사소통의 규칙과 전략을 예상하기가 쉽지 않다. 게다가 대기업의 문화는 작은 팀 문화와 딴판일 수 있다. 마찬가지로 최근 가상 업무 공간은 팬데믹 이전의 사무실 문화와 다르다. 의사소통이 대부분 비언어적으로 이루어지는 메신저나 화상회의를 통한 소통은 쉽지 않다. 목소리를 듣지 못하거나, 얼굴 표정을 보지 못하거나, 보디랭귀지를 읽지 못하면 의사소통 수준이 더 나빠질 수 있다.[104]

이 스킬은 왜 익히기 어려울까?

- 자신의 의사소통 방식이 팀과 업무에 잘 통하지 않기 때문이다.
- 타인이 선호하는 의사소통 수단이 불편하기 때문이다.

- 효과적으로 의사소통을 하려면 시간과 에너지, 주의력이 필요하기 때문이다.

이 스킬을 익히기 위한 핵심 요령은 무엇일까?

타인의 행동을 관찰해라 사람들이 직장에서 서로 어떻게 소통하는지 파악해라. 정보를 얻기 위해 직접 대화에 참여하거나 상호 작용과 갈등에 개입할 필요는 없다. 사람들이 쓰는 수단, 의사소통하는 시간대, 예의를 차리는 정도 등 구체적인 실례를 수집해라.

사회적 신호를 잘 살펴라 세부 사항에 신경 쓸 필요가 있다. 뚜렷한 위계질서와 체계가 있는가? 사람들이 존칭을 사용하는가? 회의 중에 누군가 타인의 말을 가로막고 회의실에 들어오는가? 모든 사람이 업무 이메일에 24시간 또는 48시간 안에 답변하는가? 슬랙과 같은 앱을 우선시하는가 아니면 문자 메시지를 우선시하는가?

예의 바르게 행동하고 욕설은 삼가라 어떤 이들은 복장 규정을 모를 때 간소하게 입기보다 잘 차려입는 것을 선호하기도 한다. 의사소통에 있어서는 예의를 차려 행동하는 것이 좋다. 욕설을 사용하지 마라. 설령 남들이 욕하는 모습을 보더라도 사용하지 마라. 욕설을 쓰면 나쁜 평판을 얻을 수 있고 쓸데없이 타인의 기분을 상하게 할 수 있다. 신뢰를 쌓아야 한다는 점을 꼭 기억해라.

세심하게 소통해라 사람들은 저마다 말하기, 듣기, 쓰기에 대한 숙련도가 다르다. 사람들의 입장을 곤란하게 만들지 마라. 예를 들어 "당신의 억양을 잘 못 알아듣겠어요"와 같은 말은 삼가라. 세심하고 참을성 있게 행동해라. 회의 전에 이메일을 보내서 "의사소통에 도움이 필요하시다면 저에게 직접 이메일을 보내 주세요"라고 말해 봐도 좋다.

공감 능력을 길러라 역지사지해라. 갈등이나 어려움을 목격했을 때 그 공간의 정서를 읽어라. 자기 앞에서 벌어지는 바람직하지 못한 행동에 관심을 기울이고, 그 상황을 어떻게 개선할 수 있을지 생각해라. 만약 내가 그 갈등에 휘말렸다면 무엇을 할 수 있을지 고민해 봐라. 과거에 비슷한 상황에 처했던 때와 그때 느꼈던 감정을 떠올려 봐라. 관찰과 성찰의 조합은 적극적으로 공감 능력을 기르는 전략이다.

의사소통 수단을 신중하게 선택해라 상황과 수단에 따라 의사소통 방식을 신중하게 결정해라.

상황	예시	수단
민감한 정보	• 마감 기한을 넘긴 팀원을 체크해야 할 때 • 기대하는 성과를 내지 못하는 사람에게 피드백을 주려고 할 때 • 팀원의 인종 차별적 농담에 대해 논의해야 할 때	매우 민감한 정보를 다룰 때는 서로 얼굴 표정과 몸짓을 볼 수 있는 수단을 선택해라. 모든 사람이 해당 수단을 편하고 안전하다고 느끼는지 확인해라. 가능하다면 직접 만나라. 이상적인 수단은 아니지만, 모두가 비디오를 켜 놓을 수 있다면 줌을 사용하는 것도 좋다. 되도록 이메일과 문자는 피해라.
긴급한 상황	• 급하게 교대 근무나 프로젝트를 대신 맡아 줄 사람이 필요할 때 • 마감일이 훨씬 앞당겨졌을 때	분초를 다투는 정보를 다룰 때는 즉시 연락해 업무 인계를 확인할 수 있는 수단을 선택해라. 이런 상황에서는 전화 통화나 문자 메시지가 적합하다.

오래 걸리고 복잡한 상황	• 예상대로 진행되지 않은 업무에 대해 상황 설명을 요청받을 때 • 직장 내 갈등 상황에 대해 의견을 부탁받을 때 • 직위에서 물러나려고 할 때	길고 복잡하게 작성된 이메일과 문자 메시지는 대강 훑어보고 넘기기 마련이다. 장황하게 이메일을 쓰고 있다면 잠시 중단하고 더 간결하게 수정해라. 아니면 전화 통화를 하거나 직접 만나서 대화하는 것이 좋다.
친교를 위한 연락이 필요한 상황	• 잘 모르는 사람에게 만나 달라고 부탁하려 할 때 • 한 번 만난 사람에게 다시 연락하려 할 때	대화할 상대방, 그 사람과 함께 있을 때 편안한 정도, 그리고 서로의 관계를 고려해라. 또한 본인과 상대방의 지휘 계통도 고려해라. 이러한 대화를 시작할 때는 보통 이메일이 효과적이다.

마이크로스킬 3

보고 체계 파악하기

리사 병원에서 막 응급의학과 초음파 검사 책임자로 일하기 시작했을 때였습니다. 다른 부서 의사 한 명이 연락을 해 왔어요. 자신이 속한 다른 병원의 부서를 위해 초음파 검사 프로그램 개발을 도와 달라고 했습니다. 그러고는 상세한 진행 상황이 적힌 이메일을 보내기 시작했어요. 저는 그 사람이 누구인지 전혀 몰랐기 때문에 직접 만나자고 요청했습니다. 만난 자리에서 그는 명령 투로 말했어요. 저에게 업무 목록을 작성하고 업무 진행 상황을 보고하라고 지시했습니다. 그러고는 병원 내 자신의 직함을 다시 한번 알려 주면서 회의를 끝냈어요. 뭔가 석연치 않았습니다. 그래서 저의 진짜 상사에게 확실히 물어봤지요. 상사는 보고 체계와 저의 역할, 저의 책임을 명확하게 알려 줬어요. 알고 보니 저는 그 의사나 그 의사의 소속 부서에 아무런 의무가 없었습니다. 상사는 그와 연락을 중단하라며, 뒷일은 자신이 맡아 처리하는 편이 좋겠다고 했습니다. 보고 체계에 뭔가 문제가 있다고 느꼈던 제 직감을 믿기를 잘 했다고 생각했습니다.

> **실제 필요한 스킬은 무엇일까?**
>
> 직장 내 위계질서와 보고 체계 파악하기.

이 스킬이 왜 필요할까?

대부분의 조직에는 조직도가 있다. 조직도를 보면 기관 내 위계질서, 관계, 협력, 관리 책임 등을 알 수 있다.[105] 보고 체계와 위계질서는 수직적일 수도 있고, 보다 평등하고 수평적일 수도 있다. 중요한 것은 조직도 내 관계의 수나 유형에 상관없이 누군가는 위험과 책임을 떠안아야 한다는 것이다. 즉 직장에는 알아 둬야 할 지휘 계통이 존재한다. 누가 책임자인지 누가 중간 관리자인지 누가 동료인지를 파악해야 한다.

이 스킬은 왜 익히기 어려울까?

- 이용할 수 있는 조직도가 없기 때문이다.

- 조직도가 최신판이 아니기 때문이다.
- 조직도를 보여 달라고 요청하기가 두렵기 때문이다.

이 스킬을 익히기 위한 핵심 요령은 무엇일까?

조직도를 요청해라 웹사이트나 안내서에서 쉽게 찾아볼 수 없다면 상사에게 조직도 사본을 요청해라. 만약 오래되었거나 초안 상태라면 다른 어떤 사본이라도 받아 볼 수 있는지 물어봐라. 공식적인 자료가 없다고 하면 구두로 설명을 요청하고 메모해라. 호기심을 가지고 이렇게 물어봐라. "회사를 더 잘 이해하고 회사에서의 제 역할을 제대로 파악하고 싶은데, 회사 조직도를 제공해 주실 수 있나요?"

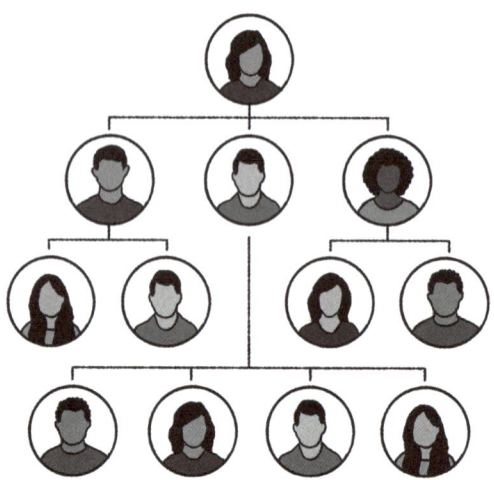

가장 이상적인 방법은 입사하거나 새 직책을 맡았을 때 회사 조직도를 요청하는 것이다

회사 구조를 잘 알고 있는 사람을 찾아라 회사에 오랫동안 몸담아 온 사람 중에서 도움을 제안한 적이 있으며 전문적이고 지식이 풍부해 보이는 사람을 찾아라. 그에게 회사 조직의 지형에 대해 설명해 달라고 요청해라. 대화를 시작할 때 이렇게 물어봐라. "이곳의 조직 구조에 대해 말씀해 주실 수 있나요?"

결정을 내리는 사람을 주목해라 회의 중에 주위를 살펴 누가 회의를 주도하는지 확인해라. 누가 의견을 많이 내고 누구의 의견이 최종 결정으로 간주되는지 눈여겨봐라. 바로 그 사람이 책임자다.

마이크로스킬 4

계약서, 안내서, 편람, 인사 방침 읽기

아다이라 레지던트 순환 근무 기간에 외과에서 한 달을 보냈습니다. 그 한 달 중 첫날이 가장 기억에 남아요. 모두가 테이블에 둘러앉아 환자 명부와 할 일 목록에 대한 논의를 막 마친 참이었어요. 회진을 돌며 환자들과 이야기를 나누기 위해 모두가 자리에서 일어나 엘리베이터로 걸어갔습니다. 제가 맨 먼저 방을 나와서 일행보다 앞서 엘리베이터 문 앞에 도착했어요. 엘리베이터 문이 열리자 제일 먼저 엘리베이터 안으로 들어갔습니다. 그 순간 대화가 멎었어요. 모든 사람이 정말로 말을 멈췄고 돌아보니 모두 저를 빤히 쳐다보고 있었습니다. 저도 저를 빤히 보는 일행들을 쳐다봤죠. 선배 레지던트가 말했어요. "지금 잘못된 위치에 서 있어요. 거기 서 있으면 안 됩니다." 제 표정에서 지금 농담하냐는 뜻이 고스란히 드러났을 거예요. 알고 보니 신입 직원 교육 자료에 세세한 항목이 적혀 있었어요. 엘리베이터에서 어떻게, 그리고 어디에 서 있어야 하는지에 대한 구체적인 지침도 있었죠. 팀의 최상급자가 맨 먼저 엘리베이터에 타서 버튼 앞에 서야 했습니다. 어느 층으로 갈지 결정하는 사람이 편하게 버튼을 눌러야 했던 거죠. 교수진이 먼저 타고 고연차 레지던트가 탔습니다. 그다음으로 인턴이, 마지막으로 의대생이 탔지요. 이러한 행위와 관례에 동의를 하든 안 하든 이는 명백한 팀 문화였고 저는 그 세부 사항을 놓쳤던 겁니다.

실제 필요한 스킬은 무엇일까?

회사 정책 문서의 세부 내용을 잘 확인하기.

이 스킬이 왜 필요할까?

평소에 회사 편람의 세부 내용을 모두 알아 둘 필요는 없다. 요즘은 대부분 파일에 쉽게 접근할 수 있기 때문이다. 그러나 문제가 발생하면 (병가, 육아 휴직, 괴롭힘, 차별 등) 세부 사항을 확인할 수 있어야 한다. 회사 복리 후생에서 보장되는 항목과 보장되지 않는 항목을 아는 것도 중요하다. 회사 편람은 여러 자료, 정책, 규정이 담긴 의사소통 도구로 생각하면 된다.[106]

이 스킬은 왜 익히기 어려울까?

- 규정 편람이 상세하고 복잡하며 때로는 이해하기 어려울 수 있기 때문이다.
- 정리가 체계적이지 않거나 업데이트되지 않아 정보를 찾기 어렵기 때문이다.
- 동료들도 해당 정책을 어디서 볼 수 있는지 모르기 때문이다.
- 상관이나 인사과에 필요한 자료를 요청하는 것이 부담스럽기 때문이다.

이 스킬을 익히기 위한 핵심 요령은 무엇일까?

오리엔테이션을 통해 조직 문화에 적응해라 오리엔테이션 기간 동안 주의 깊게 살펴라. 인사과에 연락할 방법을 알아 둬라. 인사과 직원이 있을 것이다. 필요한 양식과 정보를 익혀 둬라. 때로는 중요한 정보를 찾기 어려울 수 있다. 미리 저장하고 정리해 두는 편이 나중을 위해 좋다.

동료들에게 물어봐라 조직에 오래 근무해 온 사람들을 파악해라. 이들이 바로 좋은 출발점이 될 수 있다. 개인 사정을 자세히 밝히고 싶지 않다면 일반적인 질문을 해라. 모호한 질문을 할지 구체적인 질문을 할지는 전적으로 본인에게 달려 있다.

모호한 질문	구체적인 질문
"회사 규정이 담긴 직원 핸드북은 어디에서 확인할 수 있나요?"	"제 배우자가 아파서 가족 돌봄 휴가를 받으려고 하는데요. 회사의 병가 규정을 알려면 어떻게 해야 하나요?"
"이 회사의 퇴직금 제도를 알려 주시겠어요?"	"입사 후 1년 이내에 퇴사하면 제 퇴직금은 어떻게 되나요?"

오랫동안 조직에서 근무해 온 동료들을 찾아 회사 정책에 대해 물어봐라.

워크숍과 세미나에 참석해라 보험, 퇴직, 상해 등의 기본 사항을 다루는 사내 워크숍이나 세미나가 있을 수 있다. 짧은 시간을 투자해 유용한 정보를 얻을 수 있는 기회다. 회의 후에는 참고 자료를 살펴보거나 후속 회의 일정을 잡을 수도 있다. 인사 담당자와 일대일로 만나 자신의 수당을 꼼꼼히 검토해 봐라.

마이크로스킬 5

자기 점검의 중요성 이해하기

아다이라   전공의 시절에 업무 노트나 환자 차트를 작성하지 않은 전공의를 공개적으로 알리기 위한 이메일에 이름이 올라간 적이 있어요. 명단이 나올 때마다 부끄러웠습니다. 떳떳하지 못한 변명이지만 그때 저는 의국장으로 막 임명된 참이었고, 결혼 준비도 하고 있어서 기록 작성에 시간을 할애하기 어려웠습니다. 한 선배 전공의가 해 준 말을 결코 잊지 못할 거예요. "아다이라, 명단에서 네 이름을 봤어. 난 늘 어떤 명단에든 네 이름이 오를 거라고 생각했거든. 하지만 이런 명단은 아니었어." 선배가 이 문제를 강조하며 환자 차트를 더 효율적으로 작성하는 방법을 조언해 줘서 고마웠습니다. 하지만 한편으로는 다른 사람이 제 늦은 일 처리에 대해 알고 있어서 무척 놀랐어요. 이 일을 계기로 직장에서 사람들이 제 행동을 눈여겨본다는 사실을 깨달았습니다.

> ### 실제 필요한 스킬은 무엇일까?
>
> 직장에서 자신의 행동과 생산성에 책임지기.

이 스킬이 왜 필요할까?

자기 점검 self-monitoring 이라는 사회심리학 용어가 있다. 직장 규범에 맞춰 행동을 조절하는 것을 의미한다. 자기 점검 성향이 낮은 사람은 내면의 감정에 따라 행동하는 경향이 있다. 반면 자기 점검 성향이 높은 사람은 상황에 맞춰 행동을 조정한다.[107] 직장에는 본인, 팀, 업무가 있다. 제멋대로 행동하고 타인의 존재를 무시하는 행동이 누구에게나 용납되지는 않는다. 우리는 당신이 원치 않는 관심을 되도록이면 적게 받기를 바란다.

이 스킬은 왜 익히기 어려울까?

- 지나친 감시를 받고 시시콜콜 간섭받는 것에 큰 거부감을 가지고 있기 때문이다.
- 직장에서 아무도 관심을 기울이지 않는다고 생각하기 때문이다.
- 할당된 업무를 완수할 시간이 없고, 직장에서 자신에 주의를 기울

일 여력이 없기 때문이다.
- 겨우겨우 버티는 상황이고, 생산성을 높이기 힘든 상황에서 자기 점검을 하기는 어렵기 때문이다.

이 스킬을 익히기 위한 핵심 요령은 무엇일까?

예상되는 일을 파악해라 회의, 메신저 또는 복도에서 주의를 기울여라. 직장에서 실수나 지연을 어떻게 다루는지 살펴봐라. 모든 일이 지나치게 부풀려지는지, 아니면 보통은 너그럽게 이해해 주는지 확인해라. 긍정적인 관심을 끄는 업무와 성과를 메모하고 우선 처리해라. 부정적인 관심을 끄는 사람들의 말과 행동도 기록해 둬라.

시간을 지켜라 긴급 상황이 아닌 이상 기한을 맞추고 제시간에 도착하는 것이 중요하다. 가겠다고 했으면 가라. 교대 근무가 잡혀 있다면 제시간에 도착해라. 만약 늦게 되면 미리 팀에 알려라. 경력을 쌓는 것은 신뢰할 수 있는 사람이라는 평판을 쌓는 일임을 기억해라. 기한을 맞출 수 없다면 전화, 이메일, 문자 등으로 공유해라.

감정을 다스려라 어떤 감정이 생기는 것은 자연스러운 일이지만, 다른 사람을 비하하거나 괴롭히거나 음해하거나 얕보거나 위협해서는 안 된다. 또한 다른 사람들이 나쁜 행동을 하고도 무사히 넘어갔다고 해서 자신도 그럴 거라고 기대해서는 안 된다. 굳이 드러낼 필요 없는 부정적인 감정을 대놓고 표현하게 만드는 환경에 있지는 않은지 질문해야 한다.

마이크로스킬 6

자신의 특권
인식하기

아다이라   교대 근무가 끝나 갈 무렵 상태가 위급한 환자가 들어왔습니다. 이후 제 동료가 교대 근무를 하기 위해 도착했죠. 동료는 제가 퇴근할 수 있도록 이 중환자를 맡을 예정이었어요. 동료는 저에게 환자의 입원 수속을 마무리할 수 있도록 도와 달라고 했습니다. "중환자실에 연락해서 이 환자에게 병상 하나를 배정해 달라고 해 줄 수 있어요?" 타당한 요청이었습니다. 중환자실에 전화를 걸어 환자를 받아 줄 수 있는지 물었어요. 하지만 중환자실 의사는 마침 다른 환자들 때문에 너무 바빠서 지금은 불가능하다고 말했습니다. 저는 동료에게 그 사실을 알려 주고, 20분 후 조금 한가해질 때쯤 다시 전화를 걸 수 있겠냐고 물었습니다. 동료는 대뜸 말했습니다. "나라면 환자를 받아 줄 수 있느냐고 물어보지 않고, 지금 당장 환자를 입원시키겠다고 말했을 거예요." 일리 있는 말이었습니다. 제가 더 단호하게 요구할 수도 있었으니까요. 하지만 사람들이 저를 공격적이라거나 위협적이라고 평가했던 순간들이 떠올랐습니다. 흑인 여성이 자기 권리를 주장하면 드세다는 평가를 받기 십상입니다. 제가 '강하게' 제 목소리를 내면 사람들에게 어떻게 비칠지 생각할 수 밖에 없었죠. 그런 고민을 해야 하는 것도 참 고달픕니다. 그에 비해 백인 남성인 제 동료는 언제든 적극적이고 단도직입적으로 자기 목소리를 낼 수 있다고 여겼죠. 그 동료는 백인 남성으로서 자신이 누리는 특권을 미처 인식하지 못했을 겁니다.

실제 필요한 스킬은 무엇일까?

정체성과 배경이 직장에서의 경험에
영향을 끼친다는 사실을 명심하기.

이 스킬이 왜 필요할까?

우리가 어떤 식으로 성공하느냐는 상당 부분 우리의 정체성과 관련이 있다. 그리고 우리의 겉모습과 언행과도 관계가 깊다. 그렇기에 우리는 이 책에서 '정체성'에 관한 장을 따로 마련할 수가 없었다. 정체성은 책 전반에 걸쳐 있는 주제이기 때문이다. 간단한 예를 들어 보자. 만약 최고 경영진 회의에 캐주얼한 옷차림으로 들어간다면 맞춤 양복을 입었을 때와는 다른 대우를 받을 것이다. 옳든 그르든 현실은 그렇다. 무엇을 입는지에 따라 달라지는 대우는 나이, 인종, 신체 능력, 성적 지향, 사회적·경제적 지위, 가문 등 다른 부정적인 이유들에 비하면 더 받아들이기 쉬운 특권의 사례다. 본인의 정체성이 본인이 얻는 기회에 직접적으로 영향을 미친다는 점을 생각해 봐라. 또 소속감을 느끼는지 여부에도 영향을 미친다는 점을 고려해라. 이는 공감 능력이 직장 문화에 직접적으로 영향을 끼치기 때문에 중요하다. 자신의 특권을 인식하고 그 특권을 타인을 위해 목소리를 내는 데 사용하면 모두에게 더 나은 직장 환경을 조성할 수 있다.

이 스킬은 왜 익히기 어려울까?

- 자신에게 매몰되어 자신의 어려움에만 집중하기 때문이다.
- 누구든 열심히 하면 자신만큼 가질 수 있다고 믿기 때문이다.
- 특권은 존재하지 않고 인종, 성별, 나이 등에 따라 받는 대우에도 차이가 없다고 생각하기 때문이다.

이 스킬을 익히기 위한 핵심 요령은 무엇일까?

자신이 누리는 특권을 찾아봐라 목록을 작성하고 스스로에게 물어봐라. 무엇이 내 삶을 조금 더 수월하게 만들었는가? 부끄러워하라고 작성해 보라는 것이 아니다. 단지 많은 이들에게 특권은 이름 붙여지지 않은 채 늘 따라다녔다는 사실을 일깨워주기 위해서다.

직장 생활을 힘들어하는 사람들을 주시해라 칭찬받고 승진하는 직원들이 있는 반면, 해고 통보를 받거나 승진과 기회에서 배제되는 사람들이 있다. 유색인종, 장애인, 여성 들이 직장에서 어려움을 겪는 사례가 많다(예를 들어, 멘토링을 적게 받거나, 징계를 지나치게 많이 받거나, 직장을 떠날 가능성이 더 높다).[108]

자원을 공유해라 인맥, 기회, 자금 등에 접근할 수 있는 좋은 네트워크를 가지고 있다면 공유해라. 조직의 최상위에는 노력해서 입성할 수 있는 자리가 꽤 있다. 다른 사람을 진심으로 돕는다면 더 좋은 평판을 얻을 수 있을 것이다.

마이크로스킬 7

나서야 할 때 파악하기

리사   의사들의 대표 저자로 의학 학술지 논문 집필을 진행한 적이 있습니다. 각자에게 과제를 제시하고 동의를 받은 후 일정을 조율했죠. 우리는 구글독스로 문서를 공유한 뒤 작업을 했어요. 한 저자가 저에게 자신의 사무원이 훌륭한 교열 편집자라면서 문서에 접속할 수 있도록 해 달라고 요청했습니다. 그때는 초고 작성 단계라 교열이 필요하지 않았기 때문에 당황스러웠어요. 나중에 알고 보니 이 저자가 사무원을 시켜 자신이 맡은 논문 원고를 집필하도록 하고 있었더군요. 저는 저자에게 사무원도 논문을 작성하고 있으니 논문 저자로 추가하자고 친절하게 제안했습니다. 논문이 출간되었을 때 의사와 사무원이 모두 논문 저자로 이름을 올렸지요. 몇 달 후 의료계 행사에서 그 사무원을 우연히 만났어요. 그녀는 저를 따로 불러 연신 고맙다고 말했습니다.

실제 필요한 스킬은 무엇일까?

자신의 발언권과 영향력을 활용해 행동하기.

이 스킬이 왜 필요할까?

앨라이십allyship은 후천적으로 습득할 수 있는 태도다. 앨라이십은 우리가 내면화한, 타인을 안심시키는 여러 가치들을 가리킨다. 업스탠더upstander는 지금 나서서 말하거나 행동하는 사람을 말한다. 이러한 행동에는 연민이나 공감뿐 아니라 용기도 필요하다. 즉시 다른 사람들 앞에 나서서 행동해야 하기 때문이다. 업스탠더들 덕분에 나쁜 행동이 환영받지 못하고 공정함과 안전성, 연민을 반기는 분위기가 조성된다. 사람들은 앨라이ally, 즉 협력자이자 업스탠더가 되어야 한다.[109] 업스탠더는 나쁜 행동을 목격하고도 바로 나서지 않는 바이스탠더bystander, 말하자면 방관자와는 다르다. 세상에는 바이스탠더보다 업스탠더가 더 필요하다. 우리는 인종 차별, 성차별, 세대 차별, 장애인 차별, 동성애 혐오 등 안전을 위협하는 잘못된 행동에 맞서 목소리를 높이는 행동을 결코 말리지 않을 것이다.

이 스킬은 왜 익히기 어려울까?

- 부정적인 결과나 보복이 두려워 침묵을 지키기 때문이다.
- 공격적인 행동을 접했을 때 놀라고 당황해 대응할 준비가 되어 있지 않기 때문이다.
- 아무도 먼저 나서서 옹호한 적이 없어, 무엇을 말할지 언제 말할지 또 누구에게 말할지 모르기 때문이다.

이 스킬을 익히기 위한 핵심 요령은 무엇일까?

약자들과 연대해라 괴롭힘을 당해 본 경험이 있을지도 모르겠다. 아니면 목격을 했을 수도 있다. 혹은 친구, 가족, 동료 들이 직접 겪은 경험을 들려준 적이 있을지도 모르겠다. 만약 약자에게 힘이 되고 직장 문화를 안전하게 만들고 싶다면, 약자들과 연대하고 나서서 말하거나 행동하는 요령을 익혀라.

바이스탠더	업스탠더
사건이 끝난 후에 따로 불러서: "알다시피 저는 그 사람이 한 말에 동의하지 않아요."	사건이 벌어지는 순간에: "여기서 그렇게 행동하시면 안 됩니다. 그런 말은 쓰지 마세요."

업스탠더는 즉시 말하거나 행동한다
바이스탠더는 잘못된 행동을 목격하더라도 즉시 개입하지 않는다

타인을 위해 발언하는 연습을 해라 이런 일이 발생하면 누구나 당황할 수 있다. 그러니 무언가를 목격할 때를 대비해 연습하고 준비해라. 평정심을 지키며 단호하게 말하고 행동하는 연습을 해라. 과거에 타인을 위해 앞장서지 못했던 순간들을 떠올려 봐라. 지금이라면 어떻게 말하겠는가? TV 프로그램이나 영화를 볼 때 갈등 상황이 나오면 등장인물 중 한 사람을 옹호하기 위해 어떻게 말할지 스스로에게 물어봐라. 너무 공들일 필요는 없다. 그저 "방금 한 말이나 행동은 부적절합니다"라고 말하는 것만으로도 충분하다.

대응 문구를 생각해 놔라 다른 사람을 위해 나서서 행동하는 사람이 되기란 어렵고 부담이 될 수 있다. 몇 가지 문구를 미리 준비해 두면 일이 훨씬 수월해질 것이다.

상황	앞장서 발언하기
한 팀원이 말을 하려고 하는데 무시당하고 있을 때	"모두가 발언 기회를 갖도록 하죠." 그 팀원에게 말한다. "어떻게 생각하나요?"
팀장이 한 팀원의 말투를 놀리고 있을 때	"별로 재미없네요."
상급자가 나의 팀원에게 언어폭력을 행사하며 선을 넘고 있을 때	"그 사람에게서 물러나 주세요. 그런 식으로 말씀하시는 데 동의하지 않습니다."
한 팀원이 매주 다른 팀원의 외모(옷차림, 화장, 헤어스타일 등)를 언급하고, 그 얘기를 듣는 당사자가 눈에 띄게 불편해할 때	"그 발언은 부적절합니다. 먼저 사과한 후에 업무 이야기를 계속 이어 가죠."

자신을 먼저 챙겨라 앞장서 행동하는 것이 안전하지 않거나 옳지 않다고 느껴질 수 있다. 이해한다. 업스탠더가 되면 보복이나 괴롭힘의 대상이 될 수 있다. 앞장서 행동할지 말지에 대한 최종 결정은 자신에게 달려 있다.

즉시 행동해라 나쁜 말이나 행동을 멈추게 하는 데 집중해라. 발언을 할 수도 있고 손을 들어 상대방에게 멈추라고 신호를 보낼 수도 있다. 또한 두 사람 사이에 끼어드는 방법도 있을 수 있다.

안전을 신경 써라 신체와 정신 건강을 돌보고 위험에서 벗어나도록 주의해라. 안타깝게도 우리는 직장에서 수많은 폭력을 목격해 왔다. 실제로 의료 전문가는 모든 산업 분야에서 신체적 폭력의 비율이 가장 높은 직업군 중 하나다.[110] 우리는 신체적 위험에서 항상 멀리 떨어지라고 권고한다.

마이크로스킬 8

직장 동료들과 신중하게 어울리기

리사 　한 의사 친구가 밤샘 근무를 마친 후 밤샘 근무조 두 팀과 함께 아침 식사를 하러 갔습니다. 모두 인근 스트립 클럽으로 스페셜 메뉴를 먹으러 갔죠. 저는 놀라면서도 어떤 생각으로 그런 장소를 선택하게 됐는지 궁금했어요. 친구는 "다들 그렇게 해. 별일 아니야"라고 대답했어요. 놀라움도 궁금증도 계속됐죠. "팀 성별 구성이 어떤데?" 친구는 "아, 여자 인턴이 한 명 있는데, 그 인턴도 좋아하던데"라고 답했습니다. 정말 많은 생각이 머리를 스쳐 지나갔습니다. 저는 친구에게 팀원들이 그 장소가 별로라고 생각할 만한 아주 많은 이유 중 몇 가지를 알려 줬습니다. 팀 내 위계질서를 고려할 때 인턴들은 거리낌 없이 의견을 말하기가 어려웠을 겁니다. 대화는 그렇게 끝났고, 다행히 그 팀의 전통도 결국은 끝났습니다.

> ## 실제 필요한 스킬은 무엇일까?
>
> 직장 동료들과 어울리는 것이 퇴근 후 친구들과
> 어울리는 것과 어떻게 다른지 눈여겨보기.

이 스킬이 왜 필요할까?

직장 내 사교 문화는 회사와 부서마다 다르다. 물론 사교 활동은 팀워크 형성의 중요한 요소이기도 하다. 주의해야 할 점은 경계를 인식하는 것이다. 가령 직장 내 음주 문화는 매우 다양하나, 개인이 원한다면 술을 마시지 않을 수 있어야 한다. 하지만 팀에서 술을 마시고 즐기는 분위기라면 많은 직원들은 음주를 해야 한다는 압박감을 느낄 수 있다.[111] 따라서 지레짐작으로 판단하지 말고 직장 규정의 세부 조항을 읽어 봐야 한다.[112] 한편 의료계에서는 일반적으로 교수진이 레지던트와 데이트하는 것이 허용되지 않는다. 권력의 역학 관계를 흔들고, 평가의 신뢰도를 떨어뜨리며, 팀의 안위에 지장을 줄 위험이 있기 때문이다. 직장 동료들과 어울릴 때는 특히 더 신중해야 한다.

이 스킬은 왜 익히기 어려울까?

- 회사 규정을 잘 모르기 때문이다.
- 함께 참여해 기대에 부응해야 한다는 사회적 압박이 있기 때문이다.
- 자기 의견을 내는 것이 불편하기 때문이다.
- '다들 그렇게 한다'거나 '아직 아무도 문제 삼지 않았다'는 이유로 자신의 행동이 용납될 수 있다고 생각하기 때문이다.

이 스킬을 익히기 위한 핵심 요령은 무엇일까?

직장에서의 음주에 관해 생각해 봐라 이 문제에 관해서는 의견이 엇갈릴 수 있음을 알고 있다. 그렇더라도 업무상 과도한 음주는 권장하지 않는다. 또한 음주를 삼가는 것이 일반적이라는 점을 강조하고 싶다. 사람들은 다양한 이유로 음주를 하지 않는다. 예를 들어 술자리가 끝난 후의 운전자로 지목되었을 때, 임신 중일 때, 종교적 신념에 따라야 할 때, 중독 이력이 있을 때, 신체적으로 알코올 분해 능력이 떨어질 때 등이다. 자신만 음주가 어려운 게 아닐 수도 있으니 먼저 나서서 행동하면 다른 사람들에게 도움을 줄 수 있다.

사내 연애를 다시 생각해 봐라 이 문제는 자신의 직장에서 무엇이 허용되는지 명확히 하기 위해 인사과와 조기에 의논해야 하는 주제다. 이를테면 의사 지도교수는 자신이 가르치는 수련의와 데이트가 금지된다. 권력 차이가 연애를 합의하는 데 위협적인 요소가 될 수 있고, 연애 관계가 상대 수련의를 객관적으로 평가하는 데 영향을 줄 수 있기 때문이다. 연애에 합의했다고 넘겨짚지 마라. 특히 직장 동료와의 관계에서는 더욱더 신중해야 한다.

동료에게 부당하게 망신을 주지마라 민망하거나 우스꽝스러운 자세를 하고 있는 동료의 사진을 함부로 찍지 마라. 또한 사진을 무분별하게 공유하거나 소셜 미디어에 올리지 마라. 이런 행위는 불쾌하고 무례하며 결국에는 자신에게 더 큰 화로 돌아올 수 있다.

직장 내 소문과 사건을 피해라 선동적인 대화를 부추기거나 거드는 일, 거짓말을 퍼뜨리는 일, 소문을 떠벌리는 일 등은 피해야 한다. 소문은 누군가의 평판을 깎아내리는 사회적 무기로 이용될 수 있다. 무슨 말을 전하고 어디에 퍼뜨리는지 유의해야 한다.

마이크로스킬 9

나쁜 행동을 어떻게 조치하는지 살펴보기

리사　한 친구는 만날 때마다 자기 지도교수에 대해 새로운 이야기를 들려줬습니다. 이번에는 교대 근무 일정에 관한 이야기였죠. 교대 근무 배정이 별다른 예고도 없이 공지되었고, 새로 온 의사들은 소속 과에 익숙해질 기회도 없이 철야 근무를 배정받았습니다. 젊은 팀원들에게는 '긴급 대기 on-call' 당직을 많이 배정한 반면 상급자들에게는 거의 배정하지 않았어요. (긴급 대기 당직은 동료가 병가를 내거나 급한 일이 생길 경우를 대비해 24시간 동안 병원과 가까운 곳에 머물며 다른 약속 없이 대기하는 근무 형태를 말합니다.) 친구가 지도교수에게 이 문제를 거론하며 팀의 사기가 저하된다고 말했을 때 지도교수는 벌컥 화를 내며 친구를 질책했습니다. 교수는 고함을 지르며 그 누구도 여태껏 일정 문제로 불평한 적이 없으며, 의사로 일해 오면서 이 문제에 대해 불만을 가진 사람은 그녀가 처음이라고 주장했어요. (실제로는 많은 의사가 일정에 대해 불평을 합니다.) 이런 일이 생겼을 때 친구는 한 번뿐인 일로 생각했지만, 다른 동료의 말을 듣고 나자 직장 분위기가 어떤지 깨달았습니다. 알고 보니 지도교수는 오랫동안 화를 내고 가스라이팅을 해 온 경험이 있었어요. 그는 수십 년 동안 지도교수직을 맡아 왔습니다. 모두가 교수의 행동을 알고 있었지만 그냥 못 본 척했던 거죠. 직업윤리에 어긋나는 행동을 조직에서 어떻게 다루는지 보면 직장 문화를 파악할 수 있습니다. 직원의 안전보다 리더와 리더의 나쁜 행동을 보호하고 우선시하는 조직은 눈여겨볼 필요가 있죠.

실제 필요한 스킬은 무엇일까?

부적절한 행동을 담당 관리자에게 보고하고
어떤 일이 발생하는지 살펴보기.

이 스킬이 왜 필요할까?

전체 근로자의 25퍼센트 미만이 자신의 회사 문화에 대해 공감대를 형성하고 있다는 데 적극 동의한다.[113] 해로운 조직 문화는 조직 문화의 다른 어떤 요인보다 퇴사 가능성을 10배 더 높인다.[114] 누구나 기분 나쁜 날이 있겠지만 그렇다고 해서 화를 내거나 고함을 지르거나 남을 괴롭혀서는 안 된다. 직장에 대해 잘 알기 위해서는 어떤 일로 칭찬받는지뿐만 아니라, 어떤 식으로 나쁜 행동이 해결되는지도 살펴봐야 한다. 눈여겨보고 관찰하고 메시지를 읽어라. 관찰은 언제나 효과적인 활동이다. 실제로 미술계에는 작품을 감상할 때 세 가지 질문을 던지는 시각적 사고 전략Visual Thinking Strategies, VTS이 있다. '이 작품에서 무슨 일이 일어나고 있는가?' '어떤 것을 보고 그렇게 생각하게 되었는가?' '무엇을 더 찾을 수 있는가?'이다. 이 기법은 주의력, 호기심, 비판적 사고, 존중심을 키워줌으로써 관찰하고 비평하는 능력을 향상시킨다.[115] 이처럼 관찰을 통해 자신이 어떤 유형의 직장에 입사했는지 조기에 파악해야 변화를 위해 나서서 행동할지, 무시하고 지낼지, 다른 직장으로 옮길지 등 다음 단계를 빠르게 결정할 수 있다.

이 스킬은 왜 익히기 어려울까?

- 예전에 다닌 직장이나 기관에서 나쁜 행동을 축소하거나, 문제 해결에 미온적으로 대처한 적이 있기 때문이다.
- 인사과가 직원이 아니라 조직을 위해 일한다는 사실을 모르기 때문이다.
- 도움을 요청하는 방법을 모르기 때문이다.
- 나쁜 행동을 신고하더라도 문제 해결을 위해 물밑에서 어떤 조치가 취해지고 있는지 모를 수 있기 때문이다.

이 스킬을 익히기 위한 핵심 요령은 무엇일까?

패턴을 파악해라 비록 사소하고 미묘하더라도 나쁜 행동은 어느 직장에서나 발생할 수 있다. 목표는 나쁜 행동이 어떻게 다뤄지는지 알아차리고 이해하는 것이다. 괴롭힘이 발생했을 때 누군가 자리에서 물러나거나 회사를 떠나거나 전문 교육을 받도록 요구받는지 확인해라. 회사에서 입장을 담은 이메일을 발송하는가? 문제 상황이 발생한 뒤에 공개회의가 열리는가? 아니면 모든 것을 쉬쉬하고 은폐하는가? 패턴을 관찰하고 눈여겨봐라.

선택지를 직접 알아봐라 회사 웹사이트에서 자료를 찾아 읽어라. 전문 부서, 지원단, 인사과, 성차별 금지 전담 부서 등이 있을 수 있다. 문제를 변호사를 포함한 공식적인 기관에 가져갈지 고려해 봐라. 미리 증거 서류를 제출하지 말고, 가능하면 대면 회의를 요청해라.

후속 조치를 해라 만약 사건의 당사자이거나 관련자라면 상사나 인사 담당자에게 해결 방안을 문의해라. 질문은 간단하다. "이 사건을 보고한 이후에 어떤 일이 있었는지 궁금합니다." 그들이 자세한 내용을 말해주지 못할 수도 있다. 그러나 이 질문에 대한 대략적인 답변만으로도 회사 문화에 대해 많은 정보를 얻을 수 있을 것이다.

스스로를 최우선으로 생각해라 만약 직장 문화가 해롭고 폭력적으로 느껴지거나 자신에게 맞지 않는다 싶으면 회사를 떠날 것을 강력하게 권고한다. 먼저 다른 직장을 구해야 급여와 복지 혜택을 받지 못하고 지내는 일을 피할 수 있을 것이다. 말처럼 쉽지 않은 건 알지만, 자신의 건강과 행복, 그리고 정중한 대우가 최우선이어야 한다.

결론

- ✔ 직장 문화를 이해하려면 상황 인식을 잘해야 한다.
- ✔ 자신의 발언권, 가능하다면 특권을 활용해 다른 사람을 위해 나서서 행동해라.
- ✔ 신중하게 행동하고, 직장에서 나쁜 행동을 어떻게 조치하는지 파악해라.

7장

함께 일하고 싶은 동료로 거듭나는
팀플레이 기술

아다이라 얼굴이 몹시 창백한 환자가 응급실로 들어왔습니다. 환자는 왝왝 구토를 했어요. 검사실에서 처음 검사를 진행했을 때만 해도 혈구 수는 정상이었어요. 그런데 간호사가 찾아와 "환자한테 피 냄새가 나요"라고 말했습니다. 간호사의 말을 듣고 다시 혈구 수를 측정했더니 확실히 수치가 감소하고 있었어요. 내출혈의 징후였죠. 긴급 흉부 CT 촬영을 지시했고, 우려가 사실임이 드러났습니다. 위장관에 출혈이 있었습니다. 전공의가 급하게 방사선 중재 시술자(출혈을 멈추는 전문의)이자 위장병 전문의에게 전화를 걸었어요. 그때 갑자기 환자 가족이 외치는 소리가 들렸습니다. "누가 좀 도와줘요! 지금 당장이요!" 환자가 자몽만 한 핏덩이가 섞인 시뻘건 피를 환자복에 토해 내고 있었습니다. 환자는 계속 피를 토했어요. 우리 팀은 무슨 조치를 취해야 할지 알고 곧장 뛰어들었죠. 사람들이 방으로 몰려들었습니다. "제가 뭘 하면 될까요?"라는 질문이 계속 들렸고, 저는 체계적으로 일을 배정했습니다. 환자를 살리기 위해 모두가 함께하는 모습은 경이로웠어요. 환자는 살았고, 두말할 것 없이 팀워크 덕분이었습니다.

능률적인 일터는 협력이 잘 되고, 서로에 대한 존중이 있으며, 체계적이고, 지원이 원활하게 이루어진다. 협력이 그저 여러 사람이 버튼을 기계적으로 딸깍 누르는 일이 아니라는 사실을 기억해야 한다. 협력은 생각을 나누고 서로 지지하고 배려하는 의식적인 대화다. 또한 고개를 끄덕이고 박수를 치고 눈을 맞추는, 배려가 담긴 비언어적 신호이기도 하다. 모든 사람이 목소리를 낼 수 있도록 조직 내 역학 관계를 수평적으로 만드는 것이 협력이다. 이러한 상호 작용이 일터의 분위기를 조성한다.

그렇다면 협력은 언제 무너질까? 팀 플레이어로 행동하기를 멈출 때다. 자기 걱정에 빠져 팀을 뒷전으로 생각할 때다. 단독 업무는 '나의' 일, '나의' 프로젝트, '나의' 승진, 즉 나에게 초점을 맞춘다. 반면 공동 업무는 '우리의' 일, '우리의' 프로젝트, '우리의' 승진, 즉 우리에게 초점을 맞춘다. 이렇게 묻고 싶을지도 모르겠다. 다른 사람을 도우면서 나 자신도 도울 수 있을까? 당연하다. 이건 어느 한쪽이 이기거나 지는 제로섬 게임도 아니고, 서로 충돌하는 목표도 아니다. 오히려 상호 보완적이다. 자신을 돌보는 동시에 팀도 돌볼 수 있다.

미국 여자 축구 챔피언이자 〈뉴욕타임스〉 베스트셀러 작가인 애비 웜백Abby Wambach은 자신의 저서 《우리는 언제나 늑대였다Wolfpack》에서 도움을 준 사람들에게 감사를 표현하는 일이 중요하다고 강조한다. "나는 평생 다른 누군가의 패스 없이 골을 넣어 본 적이 없다. 내가 넣은 골은 전부 우리 팀 전체의 골이었다. 득점을 하면 같은 편 선수들에게 공을 돌려라."[116] 웜백이 말하는 손짓은 아주 작더라도 엄청난 영향을 끼치는 동작이다. 중요한 것은 공로를 인정하고 감사를 표한 뒤 다른 팀원에게 스포트라이트를 넘겨주는 일이다.

그렇다면 팀은 누구일까? 팀은 바로 옆에서 함께 일하는 사람들만 의미하지는 않는다. 상사, 동료, 그리고 우리가 관리하는 사람들도 팀의 일부다. 관리직과 보조직 동료들도 포함된다는 의미다. 우리는 우리의 메시지를 한결같이 고수할 것이다. 당신이 몸담은 업계는 당신이 준 사랑을 돌려주진 않을 것이다.[117] 하지만 사람들과 진정성 있는 관계를 맺으면 더 행복하고 건강하게, 더 오래 살 수 있다.[118]

이번 장에서는 팀 플레이어가 되는 9가지 마이크로스킬을 소개한다.

함께 일하고 싶은 팀플레이어가 되기 위한 마이크로스킬

❶ 팀원들의 근황 확인하기

❷ 팀원의 노력과 영향 인정하기

❸ 심리적 안정감을 조성하고 강화하기

❹ 하던 업무를 관둘 의향이 있는지 파악하기

❺ 개인 정비 시간에 회의 잡지 않기

❻ 눈치 보지 말고 병가 내기

❼ 친절하고 실행 가능한 피드백 주기

❽ 구체적인 피드백 요청하기

❾ 직장에 긍정적인 영향 미치기

마이크로스킬 1

팀원들의 근황 확인하기

리사 서로 돌아가면서 지난주에 있었던 일을 이야기하는 일명 '체크인'이라 이름 붙인 루틴으로 월요일 주간 회의를 시작했습니다. 개인적인 이야기일 수도 있고, 업무와 관련된 이야기일 수도 있었죠. 어떤 사람은 자기 차례가 오면 그냥 넘어가기도 했습니다. 처음에는 저도 업무 관련 이야기만 했지만, 시간이 지나면서 개인적인 일들도 이야기하기 시작했어요. "저는 야채 굽는 기술을 연습하는 중이에요." 근황을 나누면서 팀원들을 더 잘 알게 되었고, 팀원들 역시 저를 알아 갔어요. 회의에 늦게 도착해 "잠깐만요! 체크인 다 끝났나요?"라고 물어보는 사람들을 보면서 저는 이 루틴의 영향력과 중요성을 확신하게 됐습니다. 체크인 루틴은 얼마나 사람들이 팀원들과 유대를 맺고 소통하고 싶어 하는지 여실히 보여 줬습니다.

실제 필요한 스킬은 무엇일까?

팀 회의 때 곧장 업무 이야기부터 하고 싶은 유혹을 물리치기.

이 스킬이 왜 필요할까?

우리는 직장에서도 우리의 고유하고도 다양한 모습을 기꺼이 받아주기를 바란다. 하버드 경영 대학원 에이미 에드먼슨(Amy Edmondson) 교수는 심리적 안정감(psychological safety)이라는 용어를 사용해 위험을 감수하거나 실수를 저지를 때 나타나는 부정적인 결과에 대해 개인이 느끼는 감정을 설명했다.[119] 구글 연구원들은 몇 년에 걸쳐 팀의 효율성에 관한 데이터를 수집했다. 그들이 보고한 자료에 따르면 한 팀이 회의를 시작할 때마다 지난주에 감수한 위험을 서로 공유했다고 한다. 이 루틴은 심리적 안정감을 6퍼센트 높이는 결과로 이어졌다.[120] 체크인 루틴과 위험 공유 루틴은 심리적 안정감이 잘 구축된 팀임을 알리는 데 유사한 효과를 가져올 수 있고, 도움이 필요한 개인을 찾아내는 데도 도움을 줄 수 있다. 사람들은 자신이 중요한 사람이라는 기분을 느끼고 싶어 한다. 모든 사람이 관심을 갖고 참여하는 체크인 루틴을 통해 참여자들은 여유 있는 태도로 서로에게 주의를 기울일 수 있다.

이 스킬은 왜 익히기 어려울까?

- 나 자신이나 내가 아는 누군가가 참여를 원하지 않기 때문이다.
- 심리적 안정감을 만들기가 쉽지 않기 때문이다. 특히 이전에 신뢰가 깨진 경우에는 더 그렇다.
- 시간이 빠듯할 때는 체크인 루틴 때문에 일정을 맞추기가 곤란할 수 있기 때문이다.
- 건강하지 않은 직장에서는 체크인 루틴이 보여주기식으로 느껴질 수 있기 때문이다.

이 스킬을 익히기 위한 핵심 요령은 무엇일까?

공표해라 회의를 시작할 때 체크인 루틴을 시작한다고 말해라. "여러분, 돌아가면서 간단히 근황을 나눠 볼까요?" 회의 진행자가 아니지만 이 루틴을 시작하고 싶다면 먼저 팀장과 상의해라. "회의를 시작하기 전에 잠깐 팀원들의 근황을 확인해 보면 어떨까요?"라고 제안해라.

체크인 루틴이 무엇인지 설명해라 이 루틴에 익숙하지 않은 사람들이 있을 수도 있고, 직장에서 이런 활동을 하는 게 갑작스러울 수도 있다. 다음과 같이 덧붙이면 좋다. "개인적인 일이나 업무 관련 사항을 공유해도 좋고, 둘 모두여도, 둘 다 아니어도 괜찮습니다. 자기 차례를 그냥 넘겨도 됩니다." 업무 얘기가 더 안전하다 싶으면 거기서부터 시작해라. 좀 더 개인적인 이야기를 나누고 싶다면 자신이 가장 좋아하는 책이나 전에 가 봤던 식당, 주말에 한 일 등을 공유해라. 개인적인 이야기를 하기가 불편한 사람을 위해 다음과 같은 질문을 해도 좋다. "최근에 제일 재밌게 본 영화는 뭐예요?"

체크인을 할 타이밍을 찾아라 체크인은 회의를 시작할 때 하는 것이 제일 좋지만, 휴식 시간이나 회의 마지막에 할 수도 있다. 중요한 건 사람들이 체크인을 통해 꼭 필요한 정보를 얻는다는 사실이다. 누군가 회의 시간에 늦어 체크인을 놓쳤다면 반드시 다시 이야기할 시간을 줘라. 참고로 회의 때마다 반드시 체크인을 해야 하는 것은 아니다. 하지만 시간이 있고 다른 업무에 대한 압박이 적을 때는 정기 회의와 임시 회의에 체크인 시간을 넣어라.

걱정되는 사람에게는 따로 연락해 봐라 체크인은 친밀감을 형성하는 데 도움이 되며 때로는 주의를 환기하기도 한다. 걱정되는 사람이 있다면 자신의 직감을 믿고 따로 연락해 봐라. 또 어떤 사람이 계속해서 아무 이야기도 하지 않는다면 회의 후에 그 사람과 따로 대화해 봐라. "체크인에 대해 어떻게 생각하세요? 요즘 어떻게 지내고 있나요?" 혼자서 이 문제를 해결하고 싶지 않다면 그 사람의 상사나 믿을 만한 동료에게 이런 걱정을 전달해라. 이 경우 되도록 최소한의 인원만 참여하도록 하고 비밀을 유지해라.

개별적인 체크인 일정을 정해라 원격 근무 환경에서는 동료들과 직접 대면하지 않는 경우가 많다. 짧은 일대일 온라인 회의나 개별 메시지를 통해 인사를 나누는 루틴은 사무실에서 자리에 찾아가는 것과 비슷한 느낌을 줄 수 있다. 접근 장벽을 낮춰라. 동료가 기운이 넘치고 여유로워 보일 때 잠깐 들러 인사해라. 온라인 환경에서는 이렇게 물어보면 좋다. "다음 회의 전이나 후에 15분 정도 대화할 수 있을까요?"

외모 변화에 주목해라 단정치 못한 외모와 위생은 민감한 주제일 수 있다. 개인위생이나 외모 관리에 관심을 덜 기울이는 흔적은 우울증이나 기타 어려움의 징후일 수도 있다.[121] 연민 어린 대화는 다음처럼 간단하게 할 수 있다. "요즘 어떻게 지내는지 궁금해요. 제가 잘못 봤을 수도 있지만 외모가 달라진 것 같아요. 별일 없으신가요?" 조심스럽게 끼어들어라. 여기서 핵심은 누군가 스스로를 돌보는 정도가 눈에 띄게 줄었는지를 포착하고 확인하는 것이다.

마이크로스킬 2

팀원의 노력과 영향 인정하기

아다이라　응급실에서 일하면서 가장 힘든 일 중 하나는 치료하던 소아 환자가 사망하는 경우입니다. 모든 죽음이 그렇지만, 특히 어린아이의 죽음은 잊히지 않고 깊은 상처로 남습니다. 그중에서도 기억에 남는 충격적인 사례는 한 아이가 총에 맞아 치명상을 입은 사건입니다. 이 사건은 뉴욕시의 어느 편의점 바로 앞에서 일어났어요. 소년의 오리털 재킷이 충격으로 터졌고, 그 속의 깃털이 아이의 온몸을 뒤덮었지요. 간호사와 의사들이 약을 투여하고 심폐소생술을 실시하는 동안 젊은 간호조무사가 아이의 맨몸에 들러붙은 깃털을 모두 집어냈습니다. 부모가 곧 아들의 시신을 보게 되리라는 사실을 그녀가 깨달았다는 것을 알 수 있었어요. 그 장면을 생생히 기억합니다. 그녀는 거기 서서 말 그대로 깃털을 하나하나 떼어 내고 피투성이가 된 아이의 몸을 닦아 주었어요. 담당 선임 의사는 해당 환자의 심정지와 사망에 대한 팀 결과 보고에서 이 간호조무사에게 초점을 맞췄습니다. 간호조무사의 헌신과 환자에게 보여 준 사랑과 인류애, 그리고 환자의 가족에게 보여 준 존중을 강조했죠. 그때까지 많은 팀 결과 보고를 봐 왔지만, 간호조무사가 이처럼 공개적으로 인정받는 것을 본 적은 한 번도 없었습니다.

실제 필요한 스킬은 무엇일까?

팀원들의 이름을 거론하며 아낌없이 칭찬하고 노력을 인정하기.

이 스킬이 왜 필요할까?

팀원을 인정하면 감사와 겸손의 마음이 생겨난다. 이건 표현의 문제이기도 하지만, 과학적 사실이기도 하다. 왜냐하면 감사를 표하는 행위는 더 나은 건강, 행복, 수면과 관련이 있기 때문이다.[122] 타인을 기분 좋게 해 주면 자신에 대한 긍정적인 감정도 커진다. 또한 사람들이 나에 대해 긍정적으로 생각하고 말하게 해 준다. 우리는 여러분이 신뢰할 만하고 야심차며 성실한 사람으로 알려지길 바란다. 그뿐 아니라 칭찬을 아끼지 않는 사람으로 소문나길 바란다.

이 스킬은 왜 익히기 어려울까?

- 오로지 자신의 이익만을 최우선으로 생각하기 때문이다.
- 모두가 팀원에게 힘이 되는 방법을 깨우치지는 않기 때문이다.
- 업무 환경이 경쟁을 조장하고 관용의 분위기를 해치기 때문이다.

이 스킬을 익히기 위한 핵심 요령은 무엇일까?

내가 아니라 우리를 생각해라 단어가 중요하다. 대부분의 상황에서 '우리'라는 말을 사용할 수 있다. 왜냐하면 직장에서 철저히 혼자 하는 업무는 거의 없기 때문이다. 특정 경우에는 업무 대부분을 혼자서 수행한다는 것을 알고 있고, 그런 노고를 깎아내리고 싶지는 않다. 그러나 보통은 고마워해야 할 사람이 있다.

자기중심적	이타적
"이 프로젝트를 진행하면서 정말 많은 시간을 여기에 쏟아부었습니다. 제가 이 프로젝트를 끝내 정말 기쁩니다."	"제가 이 프로젝트를 감독하기는 했지만, 우리는 팀으로서 함께 수많은 회의를 거쳐 이 프로젝트를 잘 마쳤습니다."

감사를 표해라 의사소통 수단에 관계없이 사람이나 집단의 이름을 언급하며 감사의 뜻을 전해라. 소리 내어 말해라. 이메일을 써라. 편지를 보내라. 그들의 상사에게 알려라.

칭찬을 받아들여라 스스로도 편하게 칭찬을 받아들여라. 간단하게 "감사합니다"라고 말해도 충분하다. 또는 고맙게 생각하는 구체적인 사항을 덧붙일 수도 있다. 예를 들어 "제 슬라이드 디자인을 보고 친절하게 피드백해 주셔서 감사합니다"라고 말해 봐라. 다른 사람과 공을 나눈다고 해서 자신이 받아야 할 칭찬을 빼앗기는 것은 아니다.

팀에 진행 상황을 계속 알려라 팀원들의 노력을 인정하는 방법 중 하나는 최근 진행 상황을 지속적으로 공유하는 것이다. 사려 깊게 정보를 공유해라. 팀원들을 빼놓지 말고 참여시켜라. 이렇게 하면 팀원들 사이에 유대감이 형성되고 서로 공감하고 있음을 느낄 수 있다.

마이크로스킬 3

심리적 안정감을 조성하고 강화하기

리사 어느 날 응급실에서 환자 차트를 작성하고 있는데 심전도 기사가 제 책상으로 다가왔습니다. "루이스 선생님, 10호실 환자가 가슴 통증으로 매일 찾아오는데요. 제가 심전도 검사를 하는 중에 환자가 제 피부색을 비하하는 용어를 썼습니다. 그 환자가 그런 식으로 말한다면 심전도 검사를 진행하지 않으려고요." 서인도제도의 트리니다드 토바고 공화국에서 태어나 수십 년째 미국에서 살고 있는 그녀는 몇 년 동안 저와 함께 응급실에서 일했습니다. 알려 줘서 고맙다고 말하고는 자리에서 일어나 환자를 찾아갔습니다. 환자는 가슴 통증이나 불편감 없이 안정을 찾은 상태였고 미소도 짓고 있었죠. "안녕하세요, 선생님!" 우리는 인종 차별 용어에 대해 이야기를 나눴습니다. "환자분, 저는 루이스 박사라고 합니다. 심전도 기사에게 들은 바로는 환자분께서 그분을 인종 차별적인 단어로 불렀다면서요. 정말로 그 기사에게 그런 단어를 사용하셨나요?" 환자는 당황한 듯 보였고 천천히 고개를 끄덕였습니다. "여기서는 그러시면 안 됩니다. 만약에 정중하게 행동할 수 없다면, 다시 말해 이곳에서 쓰지 말아야 할 부적절하고 무례한 말을 자제하기 힘드실 것 같으면 다른 응급실로 가셔야 합니다. 제 말 이해하셨나요?" 환자는 천천히 고개를 끄덕였어요. 저는 다른 기사에게 환자의 심전도를 측정해달라고 요청했고, 환자는 정상 판정을 받은 뒤 병실로 돌아갔습니다. 환자들이 부적절한 언행을 할 때, 즉 최소한의 도덕규범을 위반하며 직원들의 업무를 저해할 때 심리적으로 불편한 상황이 발생합니다. 저라고 해서 늘 즉각 대응할 수 있는 것은 아닙니다. 가끔 무방비 상태로 당하기도 하죠. 하지만 이런 상황은 언제든지 발생하기 때문에 스스로 방심하면 안 된다고 다짐합니다. 그래서 경계 태세를 갖추고 관심을 기울이며 상황이 닥치면 바로 나설 준비를 하죠. 저는 팀을 위해 심리적 안정감을 조성해야 한다는 책임감을 아주 강하게 느낍니다.

실제 필요한 스킬은 무엇일까?

안전한 팀 분위기를 조성하고 강화하는 데 시간을 투자하기.

이 스킬이 왜 필요할까?

우리가 안전하다고 느끼고 일하는 데 에너지를 집중할 수 있을 때 그만큼 일의 결과도 좋다. 이런 집중을 방해하는 요인은 무엇일까? 편견, 차별, 미묘한 공격, 모욕, 괴롭힘, 폭행, 직업윤리에 어긋나는 농담 등이다. 안전하지 않다고 느끼면 신경이 곤두서고 정신이 산만해져 적대적인 업무 환경을 견디는 데 에너지를 허비하게 된다. 즉 당면한 과제에 집중하기 어렵고 최선을 다해 일할 수 없게 된다.

이 스킬은 왜 익히기 어려울까?

- 자신이 가진 특권을 인식하지 못하기 때문이다. 직장에서 매우 편안하고 위협을 느끼지 않으며, 다른 이들이 전혀 다른 경험을 한다는 사실을 깨닫지 못하기 때문이다.
- 상황을 알아차렸지만 당황해서 즉각 어떻게 대응해야 할지 잘 모르기 때문이다.
- 타인을 단속하고 감시하는 일이 자기 일이 아니라고 생각하기 때문이다.
- 사람들 앞에 나서서 행동했다가 직간접적으로 앙갚음을 당한 적이 있기 때문이다.

이 스킬을 익히기 위한 핵심 요령은 무엇일까?

협력자들을 찾아내라 늘 그렇듯 신뢰할 수 있는 사람이 누구인지 아는 것이 중요하다. 팀 구성원이거나 개인 자문단일 수도 있고, 회사 내 다른 부서 사람일 수도 있다. 회사 내부에 적합한 사람이 없다면 도움을 줄 외부인을 찾아봐라. 다른 사람을 위해 나설 때 나를 위해 나서 줄 사람이 누구인지 알아보는 것도 중요하다.

호기심 어린 질문으로 시작해라 "우리 동료에게 그런 말을 한 이유가 뭔지 궁금합니다." 또는 "궁금한데 그 농담을 설명해 줄 수 있나요?" 이런 식으로 대화를 시작할 수 있다. 상대방의 설명을 들은 후에 그 발언 때문에 사람들이 얼마나 불안하거나 불편한지 설명할 수 있다.

관용적으로 쓰는 표현을 다시 확인해 봐라 세상은 발전하고 있고 다양한 정체성과 관점을 포용하는 분위기가 조성되고 있다. 다만 관용 표현이나 캐치프레이즈를 잘못 사용하면 이러한 분위기를 망칠 수 있다. 많은 표현의 유래가 건강하지 못하기 때문이다. 모욕적인 표현이라는 사실을 전혀 모를 수도 있다. 예를 들어 '피넛 갤러리'(가장 싼 좌석을 뜻하는 말로, 흑인들이 앉는 극장 좌석에서 주로 땅콩을 팔아 유래한 말-옮긴이) '맹점 Blind Spots' '로 온 더 토템 폴'(low on the totem pole, 계급 내 말단을 뜻하는 말로 에스키모인들이 각 부족을 상징하는 동물 문양의 토템들을 세력의 크기순으로 층층이 기둥에 새겨 놓은 것에서 유래한 말-옮긴이) 등이 있다. 어떤 관용 표현이 왜 해로운지 그 이유를 알게 됐을 때는 간단히 "미안합니다. 미처 몰랐어요. 알려 주셔서 감사합니다. 앞으로는 그런 표현을 쓰지 않겠습니다"라고 말해라.

불편한 대화를 할 때는 말투에 유의해라 사적인 주제는 금세 민감해질 수 있으므로 말투와 내용에 주의해야 한다. 목소리가 높아지고 적대적인 말을 쓰고 있는가? 신체 언어도 살펴봐라. 팔짱을 끼거나 눈을 이리저리 굴리고 있는가? 상대방 얼굴이 파랗게 질리거나 빨개지거나 식은땀을 흘리고 있는가? 하나라도 우려된다면 잠시 말을 멈추고 심호흡을 한 뒤 대화를 이어가기 좋은 타이밍을 정해라.

안부를 살펴라 어떤 발언 때문에 팀원이 힘들어했다면 이후에 그 팀원과 다시 이야기를 나눠 보는 것이 좋다. 팀원이 괜찮은지 확인해라. "괜찮아요?"라거나 "우리가 도울 방법이 있을까요?"라고 물어봐라. 나중에 또 물어볼 수도 있다. "지난번에 이야기를 나눈 뒤로 어떻게 지내셨나요?"

선택지를 따져 봐라 직장 내 안전 문제를 보고하면 보복, 퇴출, 사회적 고립 등 부정적인 결과에 직면할 수 있다. 저명한 연구자인 제니퍼 프리드Jennifer Freyd는 '조직의 배신institutional betrayal'이란 조직이 문제를 보고한 개인을 보호하지 않을 때, 또 그런 개인을 지지하거나 보호하는 태도로 대응하지 않을 때, 일어난다고 설명한다.[123] 이러한 위험성을 고려해 필요하다면 친구나 동료와 상의해 봐라.

신고 방법을 알아봐라 신뢰할 수 있는 동료에게 물어보고, 전화나 서면으로 신고하기 전에 신고 절차를 알아봐라. 신고하기 전에 잠시 멈춰 단어 선택, 의사소통 수단, 적절한 타이밍 등에 대해 믿을 수 있는 지침을 구해라. 지나친 걱정처럼 들리겠지만, 일단 혐의나 불만을 제기하고 나면 쉽게 철회할 수 없다.

마이크로스킬 4

하던 업무를 관둘
의향이 있는지 파악하기

리사   업무 도중에 그만둘 기회를 제공하는 것은 대단히 효과적이며 사려 깊은 방법입니다. 제가 처음 그 제안을 받았을 때를 결코 잊지 못할 겁니다. 한 동료가 전화를 걸어 의료 교육 워크숍을 기획할 의향이 있는지 물어봤습니다. 워크숍 날짜는 처음 대화한 날로부터 6개월 뒤였습니다. 하겠다고 답했지만, 곧 일정과 업무에 대해 서로 오해가 있었음을 알게 됐어요. 그 업무를 맡기로 한 뒤 상대편은 너무 자주 이메일을 보내왔고, 진행 상황 공유를 요청했어요. 혼란스러웠고 무언가 오해가 있다는 확신이 들었습니다. 제가 기대하던 결과물을 내지 못하자 그쪽에서 업무를 그만두고 싶은지 물어 왔습니다. 심사숙고 끝에 그만두고 싶다고 말했어요. 시작부터 일이 꼬였고 제가 상대편의 기대에 부응하지 못하리라는 사실을 알았으니까요. 저는 상대편의 제안이 굉장히 친절하다고 여겼고, 그 제안을 받아들이는 것이 현명하다고 생각했어요. 결국 저는 중도에 일을 그만두었고, 상대편은 자신의 기대를 충족시킬 다른 사람을 구해 업무를 완료할 기회를 얻었습니다. 그 일 이후로 일이 잘못되고 있다는 생각이 들면 상대방에게 중도에 일을 그만두고 싶은지 물어보며 상대방의 생각을 들어 보려고 노력합니다.

> ### 실제 필요한 스킬은 무엇일까?
>
> 자신의 역할을 다하지 못하는 동료가
> 중도에 업무를 그만둘 수 있도록 제안하기.

이 스킬이 왜 필요할까?

누군가에게 업무 중단을 제안하는 것은 그 사람에게 진행 중이던 프로젝트에서 빠지거나 벗어날 기회를 준다는 의미다. 물론 이에 따른 불이익은 없어야 한다. 업무가 지속적으로 지연되면 확인하고 개입하는 것이 당연해 보일 수 있다. 하지만 팀원이 평소답지 않게 뒤처지는 이유가 있을지도 모르므로[124] 비판보다는 세심하게 살펴보는 자세가 필요하다. 물론 개입은 팀장의 책임일 수도 있다.[125] 제대로 된 노력을 기울이지 않으면 다른 팀원들에게 불공평할 수 있으며, 팀 내 불만이 쌓이고 사기가 떨어질 수 있다는 점도 기억하자.

이 스킬은 왜 익히기 어려울까?

- 뒤처지는 사람을 살피는 데 소홀하기 때문이다.
- 자신이 맡은 일이 아니며, 당사자와 어려운 대화를 나누는 것이 불편하기 때문이다.
- 갈등을 피해 혼자서 일을 처리하는 걸 더 선호하기 때문이다.

이 스킬을 익히기 위한 핵심 요령은 무엇일까?

구체적인 사례와 데이터를 수집해라 누군가 업무에서 빠져야 하는 이유를 확실하게 파악해라. 장황하게 설명하거나 누군가를 난처하게 만들지 않기 위해서는 객관적인 데이터를 수집해야 한다. 예를 들어 마감일을 놓쳤거나, 이메일에 응답하지 않았거나, 프로젝트를 중단했거나 하는 등의 구체적인 사실이 있는지 확인해야 한다. 구체적인 사례를 들어야 대화가 더 원활하게 진행된다.

주관적이며 효과적이지 못한 대화법	객관적이며 효과적인 대화법
"요즘 일하기는 어떤지 궁금해요. 이 프로젝트를 어떻게 생각하시나요?"	"요즘 일하기는 어떤지 궁금해요. 지난 회의에도 불참했고, 화상회의 때도 의견을 잘 말하지 않더라고요."

사전 준비 후 대화를 시작해라 당사자에게 이야기를 나누자고 조용히 요청해라. 직접 만나든 전화를 하든 온라인 회의를 하든 가장 적합한 의사소통 수단을 정해라. 문자와 이메일은 어조와 감정이 전달되지 않아 위험하다. 짜증이나 화가 나 있을 때는 대화를 나누지 마라. 자신의 감정을 추스를 시간을 가져라. 누군가가 뒤처질 수 있을 만한 이유를 진지하게 고민하고, 호기심 어리고 호의적인 태도로 대화를 시작해라. 이런 대화는 민감할 수 있고 상대방을 방어적으로 만들 수 있으므로 혼자 소리 내어 연습하거나 신뢰하는 사람과 함께 연습해라.

조심스럽게 상황을 물은 뒤 업무를 그만두겠냐고 진지하게 제안해라 싸우듯이 따지지 말고 물어봐라. "일은 잘되어 가나요?" 일을 힘들게 만드는 원인이 있는지 확인해라. 일을 지연시키고 있다는 사실을 상대방이 스스로 알고 있는지 파악해라. 어쩌면 그 사실을 인식하지 못하고 있을지도 모른다. "몇몇 일정을 놓친 걸 아시나요? 무슨 일이 있는 건 아닌지 궁금해요." 대부분 사람들은 할 일을 다 하지 못할 때 속상해한다. 질책하거나 비난하는 말, 또는 불친절한 표현이 아니라 진심이 담긴 말을 건네라. 이런 식이다. "누구나 일을 하다 보면 제시간에 마치기 힘들 때가 있죠. 제가 어떻게 도와드릴 수 있을까요?"

업무에서 빠질 것을 제안해라 개인적인 판단을 피하고 진지하게 제안해라. 공개적으로 난처해지지 않도록 처리할 수 있는 방법에 대해 논의해라. 공백을 메우거나 후임자를 찾는 책임을 당사자에게 지우지 마라. "이번 일은 여기서 그만두는 게 어떨까요? 이 프로젝트에서 물러나 당신을 필요로 하는 다른 분야에 집중하는 기회가 될 겁니다."

후속 조치를 해라 어느 쪽을 선택하든 안부를 확인해라. 일을 그만두기로 결정했다면 다시 만날 때 아무렇지 않게 대해라. 프로젝트를 계속하기로 결정했다면 일정 확인 계획을 세우고 후속 조치를 어떻게 하고 싶은지 물어봐라. 이를테면 다음과 같다. "몇 가지 추진 일정을 세우고 2주 후에 다시 진행 상황을 점검해도 괜찮을까요?"

마이크로스킬 5

개인 정비 시간에 회의 잡지 않기

> **아다이라** 평일 저녁에 진행하는 온라인 토론회에 초대받은 적이 있습니다. 역설적이게도 토론 주제는 '건강과 워라밸'이었어요. 토론자로 참여할지 말지 고민이 됐습니다. 다른 사람들에게 도움이 되고 싶긴 했지만, 시간대가 아쉬웠거든요. 토론 준비를 시작하고 로그인을 하는데 닫아 놓은 침실 문 뒤에서 아이들이 칭얼거리는 소리가 들렸어요. 계속해서 이이들이 문을 열려고 하는 바람에 서랍장을 밀어 아이들이 못 들어오게 막았습니다. 잠자리에 들 시간이 다 됐고 아이들한테는 제가 필요했죠. 아이들이 문을 쾅쾅 두드리며 "엄마, 우리 좀 들여보내 줘"라고 말하는 소리가 들렸어요. 저도 모르게 "죄송해요. 뒤에서 애들이 울고 있네요"라는 말이 나왔어요. 몇 초 뒤 사회자가 저에게 물었어요. "랜드리 박사님, 가족과 일의 균형을 맞추는 비결을 알려 주실 수 있나요?" 웃기지

도 않는 타이밍이었어요. 순간 토론회에 참여한 것이 형편없는 선택이었음을 깨달았어요. 이 일 이후 꼭 필요한 경우를 제외하면 저녁 미팅에는 거의 참석하지 않습니다.

> ### 실제 필요한 스킬은 무엇일까?
>
> 사람들의 개인 정비 시간에 신경 쓰기.

이 스킬이 왜 필요할까?

오래된 직장 문화를 바꾸기는 어렵다. 의료계에서는 늘 이른 아침 시간과 늦은 저녁 시간에 회의를 연다. 그러나 업무 시간 외 회의가 당연해져서는 안 된다. 공정한 조직 문화를 조성하고 장려하기 위한 체계인 아테나 스완 헌장에서는 회의 일정을 주중 오전 10시에서 오후 4시 사이에 잡으라고 제안한다.[126] 이른 아침 회의는 신체 건강이나 집안일, 정신 집중, 업무 몰입에 좋지 않다.[127] 늦은 저녁 회의와 주말 회의도 혼자든 가족과 함께든 저녁 식사와 휴식을 방해한다.

이 스킬은 왜 익히기 어려울까?

- "글쎄요, 우린 항상 이런 식으로 해 왔어요"라는 말을 듣기 때문이다.
- 리더들은 이러한 관행이 건강에 해로울 뿐만 아니라 가사 부담을 더 많이 지는 이들에게 종종 더 큰 부담을 안겨 준다는 사실을 깨닫지 못할 수 있기 때문이다.
- 불합리한 근무시간을 지적하기가 어려울 수 있기 때문이다.

이 스킬을 익히기 위한 핵심 요령은 무엇일까?

회의를 1시간 뒤로 옮겨라 1시간 여유가 생기면 삶이 달라진다. 이 시간은 운동, 아침 식사, 모닝커피, 반려견 산책, 육아, 부모 부양 등 아침이나 저녁 루틴을 위한 소중한 개인 시간으로 쓸 수 있다.

회의 참석자 목록을 줄여라 그 사람들이 전부 다 필요한가? 아닐 것이다. 반드시 참석해야 하는 사람들만 불러서 사람들의 시간을 아껴 줘라. 그러면 사람들의 일정에 여유가 생길 것이다.

돌아가면서 회의 시간을 정해라 팀 구성원의 근무시간대가 다양하다면 이른 아침이나 저녁 회의의 부담을 공평하게 나누기 위해 돌아가면서 회의 시간을 정해라.

마이크로스킬 6

눈치 보지 말고 병가 내기

리사 아플 때 병가를 내는 것은 많은 의사에게 낯선 일입니다. 대개는 그러지 않습니다. 문화적으로 '약하다'고 간주되니까요. 백신이 상용화되기 전인 2020년에 저는 코로나19에 감염됐습니다. 독감에 걸린 것 같았어요. 피곤하고 열이 나고 몸살 기운에 더해 후각과 미각을 완전히 잃었죠. 출근은 선택 사항이 아니었습니다. 병원의 방침에 따라 집에 있어야 했어요. 정말 수치심이 들더군요. 왠지 자신과 팀, 의료계 전체에 도움이 못 되는 것 같았거든요. 결과적으로 저는 몇 차례 교대 근무 동안 병가를 내야 했습니다. 당직 의사가 제 교대 근무시간에 일을 해야 했다는 뜻이죠. 물론 그들은 수당을 받았고, 호출을 받는 것이 업무의 일부라는 점도 알고 있어요. 하지만 코로나19 이전에는 이런 일이 드물었습니다. 의사들이 결코 병가를 내지 않는 것은 우스꽝스럽게도 자학적인 자부심의 증표였죠. 그러나 팬데믹 이후에 의사들은 이러한 직장 문화에 반발하고 있어요. 이런 변화가 자기 돌봄과 환자 중심 의료로 나아가는 건강한 움직임이라고 봅니다.

실제 필요한 스킬은 무엇일까?

자신의 건강을 최우선으로 생각하기.

이 스킬이 왜 필요할까?

독감, 외상, 입덧, 만성 질환에 이르기까지 누구나 몸이 좋지 않을 때가 있다. 일을 하려고 해도 몸이 따라주지 않을 때는 쉬어야 한다. 우리가 자기 돌봄에 더 집중할수록 미래에 자기 돌봄이 일상화된 모습을 더 많이 보게 될 것이다. 팬데믹은 병가에 대한 우리의 관점을 완전히 바꿔 놓았다. 미국 질병통제예방센터 같은 국가 기관과 전문가들은 직원들에게 몸이 아프면 집에 있으라고 지시했다. 이러한 지원을 통해 우리가 자기를 돌보는 문화도 바뀌었다.[128] 게다가 우리는 만성 코로나19 증후군을 경험하면서 인체가 질병에서 완전히 회복되지 않을 수도 있다는 사실을 알게 됐다. 2020년에서 2022년 사이 만성 코로나19 증후군 환자 중 18퍼센트가 처음 발병한 후 1년 이상 직장에 복귀하지 못하기도 했다.[129]

이 스킬은 왜 익히기 어려울까?

- 문화를 바꾸기가 어렵기 때문이다. 우리가 일하는 업계에서는 아플 때 일하는 사람이 '강하고' 병가를 내는 사람은 '약하다'고 가르치기 때문이다.
- 동료에게 업무 부담을 지우기 싫기 때문이다.
- 병가를 낸 일로 남들 입에 오르내릴까 봐 두렵기 때문이다.

이 스킬을 익히기 위한 핵심 요령은 무엇일까?

병가 규정을 알아 둬라 복리 후생 제도를 확인해라. 회사가 제공하는 병가 일수를 알아봐라. 허용되는 용도도 확인해라. 자녀나 부모 돌봄을 이유로 병가를 사용할 수 있는 경우가 많지만, 구체적인 회사 규정을 확인해 보는 것이 좋다. 믿을 수 있는 동료들에게 질문해라. "허용된 병가 일수를 초과하면 어떻게 되나요?"

병가를 낸 직원들에게 지지를 보내라 팀장이든 팀원이든 팀의 누군가 아파서 일을 할 수 없다고 할 때는 병가를 내라고 회의에서 명확하게 말해야 한다. "당신이 쉬고 회복하는 동안 우리가 대신할 수 있습니다"라고 말하면 동료에게 큰 힘과 위안이 된다. 팀원을 도왔다는 이유로 질책을 받는다면 회사의 기업 문화가 위험하다는 신호다.

아플 때는 쉬어라 우리는 링거를 꽂고 걸어 다니며 응급실에서 근무하는 사람을 많이 봐 왔다. 편두통을 앓고 입덧을 하고 식중독에 걸린 채로 일하는 사람도 있었다. 이런 행동은 바람직하지 않다. 아파서 일을 할 수 없다면 집에서 쉬어야 한다. 상사와 상의하고 병가를 내라. 그럴 때 쓰라고 있는 것이 병가다.

마이크로스킬 7

친절하고 실행 가능한 피드백 주기

> **리사** 피드백을 주는 것도 연습이 필요합니다. 한번은 교수진이 한 레지던트에 대해 이야기하면서 환자 관리가 산만하고 체계적이지 못하다고 지적했어요. 업무를 수행할 때 그 레지던트를 믿을 수 없다는 거였죠. 그 레지던트와 함께하는 다음 교대 근무 때 의사용 책상에 앉아 전후 설명도 없이 대화를 시작했습니다. "오늘 하고 싶은 말은 '집중'입니다"라고 말했어요. 그 레지던트는 저를 멀뚱멀뚱 쳐다보더니 물었어요. "무슨 말씀이세요?" 제가 대답했죠. "한 번에 너무 많은 업무를 하지 않도록 하세요. 보고 있던 환자의 진료를 다 마치지 않았다면 신규 환자 진료는 시작하지 마세요." 레지던트는 혼란스러워하면서 계속 저를 쳐다봤어요. 그때까지 아무도 그녀에게 이런 피드백을 준 적이 없고, 그러다 보니 제 말도 뜬금없었겠죠. 전후 사정이나 마음의 준비를 할 시간, 근거를 제

시하지 않은 것이 제 큰 실수라고 생각했어요. 피드백을 들을 마음의 준비를 하게 하고, 더 나은 시간과 장소를 선택해야 했죠. 피드백을 할 생각이라면 당사자에게 미리 알려 대비할 수 있도록 하고 양쪽 다 기분이 괜찮은지 확인해야 합니다.

실제 필요한 스킬은 무엇일까?

의미 있는 피드백을 전달하기.

이 스킬이 왜 필요할까?

누군가 나에게 피드백을 요청할 수 있다. 또는 자신의 직위나 직장에서 발생한 일 때문에 요청 없이도 피드백을 줘야 할 수도 있다. 꼭 팀장이 아니더라도 피드백을 줄 수 있다. 피드백은 누구나 언제든지 누구에게나 할 수 있기 때문이다. 때로는 일대일 대화 대신 설문 조사를 통해 간접적으로 피드백을 주기도 한다. 피드백은 중요한 정보를 주는 일이므로 팀의 성장을 위해 꼭 필요하다. 또한 피드백을 주는 사람도 관찰한 내용을 분석하고 다른 사람이 수용할 수 있도록 다시 정리하는 법을 익히면서 같이 성장할 수 있다.

이 스킬은 왜 익히기 어려울까?

- 불편한 대화를 어떻게 시작하고, 어떻게 효과적으로 진행하며, 어떻게 이끌어 갈지 확신이 서지 않기 때문이다.
- 일반적인 내용을 언급하기는 쉽지만, 구체적으로 피드백을 주기란 어렵기 때문이다.
- 피드백 전달을 자기 일이나 책임으로 여기지 않기 때문이다.

이 스킬을 익히기 위한 핵심 요령은 무엇일까?

미리 고지해라 모든 피드백이 긍정적인 것은 아니다. 불편한 대화를 나눠야 한다면 실제로든 비유적으로든 당사자가 피드백을 들을 준비가 되어 있는지 확인해라. 놀라지 않도록 대화의 목적을 미리 알려 주고 준비할 수 있도록 해라. 가능한 한 직접 만나거나 아니면 카메라를 켜고 서로 얼굴을 보면서 화상 회의로 대화하는 것이 좋다.

사전에 연습해라 대화가 불편할 수 있으므로 친구, 코치, 믿을 수 있는 동료, 멘토, 또는 불편한 대화를 무사히 해낸 경험이 있는 사람과 함께 연습해라. 역할을 나눠 말하는 연습을 하면 말하고 싶은 바를 명확하게 전달하는 데 도움이 된다.

질문으로 시작해라 질문으로 시작하면 상대방이 마음을 열고 대화 주제에 편하게 임할 수 있다. 예를 들어 "지금 하는 일은 어떤가요?" "어떤 일에 관심이 있나요?" 또는 "하고 싶은 일은 뭔가요?"라고 물어보면 좋다.

작게 시작해라 하나의 구체적인 영역을 선택하고 실행 가능한 피드백을 줘라. 분명하게 말하고 명확한 예시를 들어라. 실행 가능하다는 말은 해당 문제가 개선될 수 있다는 뜻이다. 회의 시간을 단축하거나 일정에 관해 소통하는 능력을 개선할 수 있다. 반면 피부 색깔이나 나이 등은 바꿀 수 없다.

편견이 담긴 피드백은 삼가라 일터가 다변화되면서 새로운 행동, 표준, 기대도 생겨난다. 피드백을 주기 전에 이렇게 자문해 봐라. 내가 전달하려는 메시지가 나의 선호와 편견에 뿌리를 두고 있나? 답을 잘 모르겠다면 잠깐 멈춰 신뢰할 수 있는 동료들과 참고할 만한 모범 사례에 대해 이야기해 봐라.

긍정적인 피드백도 같이 해라 모두에게 긍정적인 피드백을 준 뒤에 세부적인 내용으로 들어갈 필요는 없다. 그렇지만 의도하여 몇 가지 긍정적인 피드백을 주는 것은 유용할 수 있다(물론 진심이 담겨야 한다). 다만 부정적인 피드백을 그 사이에 끼워 넣지 마라. "당신의 의사소통 방식에 대해 몇 가지 구체적인 피드백을 드리려 합니다. 우선 전반적으로 매우 잘하고 있다는 점을 말씀 드리고 싶어요. 이제 개선의 여지가 있는 부분을 구체적으로 이야기하겠습니다."

설문에 신중히 응해라 설문조사는 팀, 상관 또는 회사 경영진에게 피드백을 줄 수 있는 좋은 방법이다. 하지만 그 과정에서 예의를 지키는 것이 중요하며 설문조사 결과가 비밀로 유지되는지도 꼭 확인해야 한다. 설문조사 데이터가 응답자의 개인 정보와 연결되어 있어 다양한 방법으로 역추적 당할 수 있다. 개인 식별 정보와 연결되어 있지 않은 익명 피드백은 더 보호받을 수 있다. 질문에 답하기 전에 "이 설문조사는 익명인가요?"라고 물어봐도 좋다.

필요하면 연기해라 만약 자신과 상대방이 준비되지 않았다면 대화를 뒤로 미뤄라. 시간이 너무 오래 지나지는 않도록 해라. 피드백은 빠르게 이루어져야 한다. 기억이 흐려질 수 있기 때문이다. 만약 오래 기다려야 한다면 세부 사항을 미리 기록해 두는 것이 좋다.

마이크로스킬 8

구체적인 피드백 요청하기

아다이라 의욕 넘치는 응급의학과 레지던트 알리스터 마틴^{Alister Martin}과 일했던 때가 기억에 남습니다. 교대 근무를 시작할 때 마틴은 "랜드리 박사님, 오늘 저는 기록 작성법을 배우고 싶습니다. 제 노트를 읽고 피드백을 해 주실 수 있으신가요?"라고 말했어요. 다음 교대 근무에서는 "제가 환자들과 이야기 나누는 방식을 살펴봐 주실 수 있으신가요?"라고 말했고요. 세 번째 교대 근무에서는 "오늘 저는 의대생들과 일할 때 쓸 교수법을 공부해 보고 싶습니다"라고 말했습니다. 마틴의 명확하고 적극적인 피드백 요청 덕분에 제 역할이 쉬워졌습니다. 미리 제 업무를 알게 된 셈이었어요. 만약 마틴이 교대 근무가 끝날 때까지 기다렸다가 물어봤다면 상황이 달라졌겠죠. 덕분에 저는 제 관찰 방향을 미리 정하고 집중할 수 있었습니다.

> ### 실제 필요한 스킬은 무엇일까?
>
> 특정 스킬을 습득하고 싶다면 구체적으로 피드백을 요청하기.

이 스킬이 왜 필요할까?

업무 참여도는 본인이 결정한다는 점을 기억해라. 업무 참여도가 높은 직원은 일주일에 한 번 이상 피드백을 받는 비율이 43퍼센트인 반면, 업무 참여도가 낮은 직원은 18퍼센트에 불과한 것으로 보고됐다.[130] 늘 호기심을 가지고 직장에서의 성장과 학습에 투자해라. 더글러스 스톤Douglas Stone 과 쉴라 힌Sheila Heen 의 저서 《일의 99%는 피드백이다》의 요지는 피드백을 주려고 애쓰기보다 피드백을 요청하고 받아들이는 데 애쓰라는 것이다.[131] 구체적으로 피드백을 요청해라. "프로젝트 진행 상황을 전달하는 효과적인 방법을 한 가지 알려 주시겠어요?" 이러한 질문은 "저한테 피드백해 주실 게 있나요?"와 같은 일반적인 질문보다 피드백을 하기가 더 쉽다.

이 스킬은 왜 익히기 어려울까?

- 피드백을 요청하면 누군가에게 일을 더 얹어 주는 것 같아 꺼려질

수 있기 때문이다.
- 어떤 얘기를 듣게 될지 마음의 준비가 되지 않았기 때문이다.
- 피드백을 요청할 타이밍을 잘못 맞출 수 있기 때문이다.

이 스킬을 익히기 위한 핵심 요령은 무엇일까?

한 가지를 선택해 구체적으로 요청해라 집중할 구체적인 스킬이나 과제를 찾아라. 주제가 무엇이든 개선하고 싶은 내용을 구체적으로 설명해라.

모호한 요청	명확한 요청
"제가 심정지가 온 환자의 코드 진행을 어떻게 했는지 알려 주실 수 있나요?"	"코드를 실행할 때 제 목소리가 주변 소음을 이길 만큼 충분히 크게 들렸나요?" "제가 주도한 심폐소생술 과정이 명확했나요?" "제가 팀을 체계적으로 이끌었나요?"

일찍 요청해라 회의나 프레젠테이션, 또는 근무시간이 끝날 무렵에 요청하는 대신 미리 요청해라. "회의 진행 방식에 대해 피드백을 받고 싶습니다. 회의에 참석하셔서 좀 관찰해 주실 수 있나요?" 관찰이 어떤 기능을 하는지 우리도 알고 있다. 관찰되고 있다는 사실을 알 때 행동이 달라지는 현상을 호손 효과[Hawthorne effect]라고 한다.

모호한 피드백은 캐물어라 피드백을 주고받는 일을 모든 사람이 편하거나 수월하게 여기지는 않는다. 이 점은 피드백을 한 뒤에야 분명히 드러날 수 있다. 피드백이 모호하거나, 피드백에 구체적인 내용 또는 실행 가능한 항목이 빠져 있을 수도 있다. 조심스럽게 더 자세히 이야기해 달라고 요청해도 좋다. 예를 들어 "제 보고서가 훌륭하다고 하신 이유에 대해 자세히 설명해 주실 수 있을까요? 특히 좋았던 점 한 가지를 알려 주실 수 있나요?"라고 물어봐라.

도움이 안 되는 피드백은 재고해라 피드백에 동의하지 않거나 그 출처를 신뢰하지 않을 수 있다. 모든 사람의 피드백을 반영할 필요는 없다는 점을 기억해라. 피드백이 모호하거나 구체적인 예에 근거하지 않을 수도 있다. 피드백이 주관적이거나 다른 피드백과 상반될 수도 있다. 피드백을 들은 후 감사의 뜻을 전하고 참고할 만한 가치가 있는지 나중에 다시 생각해 봐라. 다만 특정 주제에 대한 피드백을 반복해 듣는다면 스스로를 점검해 보자. 도움이 될 만한 의견에 방어적인 자세로 임하고 있지는 않은지 생각해 봐야 한다.

> 마이크로스킬 9

직장에 긍정적인 영향 미치기

아다이라 응급실이 바쁘지 않을 땐 팀원들과 어울리면서 근황을 나누는 걸 즐기는 편입니다. 기사와 간호사, 레지던트와 소소한 대화를 나누며 안부를 묻고 또 환자들과 친하게 지내며 그들의 오래된 병력을 알아내는 것도 좋아하죠. 우리는 시시덕거리고, 자녀 사진을 보여 주고, 식당 이야기나 정원 관리 이야기를 합니다. 이러다 보면 서로 편한 사이가 되고 의사소통도 원활하게 할 수 있습니다. 이런 식의 사기 진작을 통해 우리는 활기를 얻고 근무를 즐기면서 환자들을 더 잘 돌볼 수 있게 됩니다. 해마다 제가 시간당 얼마나 많은 환자를 받는지, 환자들이 제게 치료를 받으면서 응급실에 머문 기간은 얼마나 되는지 등 성과를 평가받는데 제가 근무하는 날 응급실에 얼마나 활기가 도는지, 직원들이 저와 함께 일하기를 얼마나 기대하는지에 대한 피드백은 항상 받곤 합니다. 이는 상당

부분 긍정적인 태도에서 기인한다고 생각해요.

> ### 실제 필요한 스킬은 무엇일까?
>
> 지속적인 무관심이나 부정적인 태도가
> 어떤 영향을 미치는지 파악하기.

이 스킬이 왜 필요할까?

일이 잘 안 풀리는 날에도 긍정적인 태도는 유지할 수 있다. "그래도 커피머신은 잘 돌아가잖아"라는 소소한 농담을 덧붙이는 것만으로도 어두운 분위기를 밝힐 수 있다. 그렇다고 가식적으로 행동하라는 말이 아니다. 주변 상황을 긍정적인 분위기를 이어가기 위해 노력하자는 것이다. 분위기와 사기 이 두 가지는 자신과 팀, 업무에 모두 영향을 미친다. 모두를 웃게 만드는 것이 내 일이 아니라 할지라도 긍정적인 마음가짐은 우리가 타인에게 줄 수 있는 소중한 선물이다.

이 스킬은 왜 익히기 어려울까?

- 긍정적인 태도를 유머러스하고 사교적인 성격과 동일시하기 때문

이다.
- 부담스럽고 시간을 많이 잡아먹는 일이라고 여기기 때문이다.
- 늘 밝고 긍정적으로 행동하는 것이 가식적이라고 여기기 때문이다.

이 스킬을 익히기 위한 핵심 요령은 무엇일까?

초점을 바꿔라 긍정적인 영향을 미치라는 말은 다른 사람들에게 "잘했어" 또는 "축하해"라고 말하라는 뜻이다. 이는 사기를 높여 사람들이 계속 희망을 품도록 만드는 일이며, 부정적인 감정을 터뜨리는 대신 억제하는 일이기도 하다. 부정적인 생각, 좌절, 냉소주의에 갇히기란 매우 쉽다. 그런 자신을 발견한다면 악순환을 끊어라.

기준을 낮춰라 직장에서 긍정적인 태도를 유지하라고 해서, 무작정 사람들을 웃기거나 동물 모양 풍선을 요란하게 불어 주라는 것이 아니다. 단지 "우리가 해냈어!"와 같은 짧은 말 한마디로도 팀원들이 자신의 업무와 노력을 인정받았다고 느낀다는 점을 명심하기 바란다. 감정적인 여유와 시간이 있을 때 시도해 보길 바란다.

진심에서 우러나오는 행동을 해라 어떤 날은 긍정적인 기분이 안 들 수도 있고, 아무리 노력해도 격려하거나 활기를 불어넣는 말을 하기 어려울 수도 있다. 개인적인 문제나 인간관계의 어려움을 어떻게든 이겨 내라는 말이 아니다. 가식적으로 행동할 필요 없다.

결론

- ✓ 본인과 팀을 위해 나서서 행동하고 심리적 안정감을 만들어라.
- ✓ 동료들에게 안부를 묻고 일대일로 알아 가라.
- ✓ 서로에게 지지를 보내고 연민을 베풀어라. 아프면 병가를 내고, 동료를 위해 맞설 줄 아는 사람이 돼라.

8장
가능성을 만들어 주는
인맥 확장 스킬

> **리사** 의대생 시절에는 업계 인맥의 중요성을 잘 몰랐고, 심지어 제게 인맥이 이미 있다는 사실조차 알지 못했습니다. 응급의학과를 전공 분야로 정하고 일하던 당시 특히 한 수석 레지던트가 인상 깊었어요. 그 레지던트는 굉장히 유능했고 응급실 업무를 체계적으로 처리했으며 환자들도 훌륭히 돌봤습니다. 친절함이나 유머 감각, 집중력을 잃은 적이 없었죠. 몇 년 후 우연히 만났을 때 저는 제 소개를 다시 하고 그분이 저한테 어떤 영향을 미쳤는지 이야기했어요. 필라델피아에서 4주간 의대생 신분으로 그분과 함께 일하며 환자들의 치료를 돕는 사이 쌓였던 유대감을 그 순간 확연히 느낄 수 있었죠. 그분은 제게 곧 전화를 걸어 초음파에 대해 조언을 구했고, 저는 그분에게 전화해 리더십과 팀 운영에 대한 고민을 나눴습니다. 우리는 그 후로도 꾸준히 안부를 확인하고, 일은 잘하고 있는지, 건강 관리는 어떻게 하고 있는지 이야기를 나눴습니다.

인맥은 의미 있는 관계를 맺는 사람들로 이루어진다. 우리의 관계는 초등학교 이전부터 시작되어 계속 확장되어 왔다. 물론 모든 사람과 계속 연락하며 지내지는 않았을 것이며 서로 다른 진로를 택했는지도 모른다. 하지만 중요한 것은 관계가 0에서 시작하지 않는다는 점이다. 우리의 관계는 보통 가족과 친구에게서 시작된다.

우리는 사회 초년생 때 토론회와 강연에 참석해 인맥 확장의 유익함에 대해 들었다. 연사들은 이런저런 관계를 맺으며 삶이 변했다고 말했다. 강의 마지막에는 행동하기를 독려했다. "나가서 인맥을 쌓으세요!" 하지만 아무도 그 방법을 이야기하지는 않았다. 필요했던 건 인맥을 만들고 관리하며 확장할 수 있는 구체적인 단계별 지침이었다.

인맥은 시간이 지난다고 저절로 늘어나지 않는다. 어떤 관계는 자연스럽게 형성되지만, 또 어떤 관계는 적극적인 노력과 의도가 필요하기 때문이다. 그저 이름과 연락처를 형식적으로 수집한다고 되는 일이 아니다. 사람들과 진정 어린 관계를 맺고, 조언을 구하고, 때로는 그냥 이야기를 나눠야 한다. 인맥은 내가 성장하고 배우고 또 부족한 부분을 메우는 데 도움을 준다. 또한 나도 그들에게 도움을 줄 수 있다.

많은 사람이 이런 의문을 품으며 인맥 만들기를 망설인다. '내가 뭘 하고 살고 싶은지도 잘 모르겠는데 다른 사람들한테서 뭘 얻을 수 있겠어?' 이런 의문은 특히 이제 막 사회에 나온 초년생들이 앞으로 나아가는 것을 방해한다. 꼭 직업 면에서 원하는 바를 정확히 알지 못한다고 해도 인맥은 쌓을 수 있다. 실제로 우리는 멘티들이 종종 "일하면서 어떤 부분에 집중할지 어떻게 결정하셨나요?"라고 물으면 인맥이 얼마나 큰 도움이 되었는지 말해 준다.

이번 장에서는 인맥을 구축하고 확장하기 위해 필요한 8가지 마이크로스킬을 소개한다.

가능성을 만드는 인맥 확장을 위한 마이크로스킬

❶ 인맥의 중요성 깨닫기

❷ 대화와 약속을 구분해 받아들이기

❸ 인맥 관리를 자연스럽게 받아들이기

❹ 의미 있는 관계 만들고 지속하기

❺ 기존의 인맥을 활용해 인맥 키우기

❻ 자신의 전문성 드러내기

❼ 인맥을 쌓는 과정에서 실례하지 않기

❽ 인맥을 공유해 다른 사람에게 도움 주기

마이크로스킬 1

인맥의 중요성 깨닫기

아다이라 몇 년 전에 우리 병원 응급의학과 과장님을 찾아갔습니다. 그때만 해도 제 인맥은 보잘것없었습니다. 과장님에게 리더 역할을 훌륭히 해내고 있는 고위직 흑인 여성을 만나고 싶다고 말했습니다. 어떤 분야에 종사하든 상관없었어요. 제 목적은 저와 비슷한 외모를 가지고 리더가 되는 법을 알고 있는 사람을 찾는 것이었어요. 그 사람과 일을 같이 할 필요도 없었습니다. 저를 고용해 달라고 부탁할 일도 없었고요. 리더십에 대해 배우고 싶었을 뿐이었죠. 과장님은 리더로서 눈부신 성장을 이룬 파울라 존슨(Paula Johnson) 박사를 만나 보라고 했어요. 처음 만났을 때는 웰즐리대학교 총장이었던 존슨 박사는 놀라운 통찰력을 지닌 사람이었습니다. 흑인 여성이 직장에서 엄청난 성공을 거두는 것이 특별하지 않은 일임을 몸소 보여 주었죠.

> ### 실제 필요한 스킬은 무엇일까?
>
> 인맥이 나의 직업적 성공에 어떤 도움이 될지 파악하기.

이 스킬이 왜 필요할까?

인간은 사회적 동물이므로 사회적 상호 작용과 참여가 필요하다. 다른 사람에게 도움을 받지 않고도 성공할 수야 있지만 쉽지는 않다. 질문할 상대가 있으면 상당히 도움이 된다. 왜일까? 그들은 어떤 방향으로 갈지 이끌어 주고, 책임지는 법과 겸손을 가르쳐 주기 때문이다. 또 무엇보다 나도 그들에게 도움을 줄 수 있다.

이 스킬은 왜 익히기 어려울까?

- 시간이 많이 드는 반면 돌아오는 이득이 적다는 생각이 들기 때문이다.
- 인맥을 쌓는 일이 거북하거나 인위적으로 느껴지기 때문이다.
- 현재 있는 인맥으로도 충분하다고 생각하기 때문이다.

이 스킬을 익히기 위한 핵심 요령은 무엇일까?

다른 사람들이 인맥을 통해 어떤 이익을 얻는지 알아봐라 가까운 친구, 가족, 동료에게 힌트를 얻어라. 문자 한 통만으로도 이 대화를 시작할 수 있다. "인맥이 어떤 도움이 되는지 알아보는 중입니다. 경험을 나눠 주실 수 있나요?" 시작을 돕기 위해 몇몇 친구들에게 인맥이 경력을 쌓는 데 어떤 도움이 됐는지 물어봤다.

이름	인맥을 통해 얻은 도움
아모리나 로페즈 (의료 소송 전문 변호사)	"최근에 오랜 시간 쌓고 키워 온 관계 덕에 새 직장을 찾아 순조롭게 이직할 수 있었습니다. 저를 고용한 파트너들은 여러 해 동안 다양한 컨퍼런스와 행사에서 친분을 쌓아 온 제 친구들이었습니다."
페이린 주 (아카데미상 후보에 오른 영화제작자)	"먼저 '인맥을 쌓는다'는 개념이 저에게는 썩 달갑지 않았다는 점을 고백해야겠네요. 특히 영화계에 발을 들인 초창기에는 매일같이 아침, 점심, 저녁, 그리고 술자리 약속까지 잡고 최대한 많은 사람을 만나 인맥을 쌓으려는 사람들이 늘 경이로웠습니다. 그 사람들은 거기서 힘을 얻었겠지만, 저는 생각만 해도 지쳤어요. 그게 너무 심한 나머지 거의 친분과 인맥으로 돌아가는 영화계에서 제가 과연 성공할 수 있을지 의문이 들기도 했습니다. 처음 영화계에 입문할 때 저에게 인맥이라고는 아예 없었으니까요. 이 바닥에서 차츰 경력을 쌓으며 맺은 가까운 관계는 느리고 자연스러운 방식으로 만들어 온 것 같습니다. 주로 함께 일했던 사람들 중에서 비슷한 열정이나 가치, 신념을 가진 이들이었죠. 만들고 싶은 이야기에 대한 열정이나 스토리텔링에서 표현이 중요하다는 강한 신념 등을 공유하면서 의미 있고 지속적인 관계를 맺었습니다."

하이디 메서 (콜렉티브 아이 Collective[i] 공동 창업자 겸 회장)	"인맥을 쌓는 데는 시간과 노력이 필요하지만 그만큼 어마어마한 도움을 얻을 수 있습니다. 먼저 기꺼이 커넥터가 되어 보세요. 커넥터는 자신이 아는 지식과 인맥을 공유해 다른 사람의 성공을 돕는 사람입니다. 그리고 자신의 인맥에 속한 사람들에게 큰 기회를 열어 줄 조언, 추천, 정보 등을 제공하고 소개할 준비가 되어 있지요. 제 경험상 사업을 할 때 다른 사람들에게 도움을 주면 돌아오는 이익도 그만큼 많습니다. 사람들은 잊지 않고 보답하려 하니까요. 이게 선순환이 되는 거죠. 제가 알고 있는 크게 성공한 사람들의 비결은 거기까지 가는 동안 다른 사람들에게 도움을 준 것입니다."
세레나 무리요 (로스앤젤레스 상급 법원 판사)	"대학원에서는 일하는 요령은 가르쳐도 직장에서 살아남거나 경력을 키우는 데 필요한 스킬은 가르치지 않을 거예요. 신입 변호사들과 이야기할 때 세 개의 변호사 협회에 가입할 것을 권합니다. 우선 지역의 변호사 협회, 그리고 업무 분야와 관련된 변호사 협회, 마지막으로 인간적으로 힘이 될 만한 변호사 협회입니다. 저는 한참 경력을 쌓은 후에야 가입하기는 했지만, 얼마 되지도 않아 이들 단체에서 만난 사람들이 저를 전문가로 성장할 수 있도록 도와줬고 리더 역할을 맡을 기회를 줬습니다. 또 판사가 되는 과정에서 격려와 지지를 보내 줬습니다. 이 사람들 없이는 그 모든 걸 이루지 못했을 것입니다. 인맥이 얼마나 중요한지 조금 더 일찍 알았더라면 좋았을 텐데 싶습니다."

가까운 친구, 가족, 동료 들에게 인맥을 통해 어떤 도움을 얻었는지 물어봐라

자신에게 인맥이 필요한지 고민해 봐라 현재 자신의 위치를 생각해 봐라. 현재 위치에서 원하는 목표까지 거리가 얼마나 되는가? 가령 최고경영자가 되기를 희망하지만, 실제로는 말단 사원일 수 있다. 수상 작가가 되고 싶지만, 몇 년간 한 문장도 쓰지 않았을 수 있다. 솔직해지고 야심을 품어라. 사람들의 조언을 따르면 큰 도움이 된다는 사실을 깨달아

라. 같은 길을 걷는 사람들(최고참이든 동료든 신참이든)과 관계를 맺고 만나는 것이 매우 좋은 전략이라는 점도 알아 둬라. 경력을 쌓아 나가면서 방향성을 잃었다고 느끼더라도 괜찮다. 제대로 된 길로 이끌어 줄 사람과 관계를 맺으면 될 것이다. 끝으로, 어떤 길도 끝까지 계속 갈 필요가 없다는 점을 기억해라. 일단 선택한 경로라도 시간이 지나면 바뀔 수 있다.

과제를 고민해 봐라 원하는 목표를 생각했으니 그 목표를 달성하기 위해 배워야 할 과제들을 고민해 봐야 한다. 도움과 조언이 필요한 분야의 목록을 작성하고, 개선하고자 하는 분야를 생각해 봐라. 한 단계 끌어올리고 싶은 분야를 정해라.

논의 분야 예시

- ☐ 발표와 슬라이드 디자인
- ☐ 시간 관리
- ☐ 인력 관리와 갈등 해결
- ☐ 회의 진행
- ☐ 예산과 재정
- ☐ 정치와 지지
- ☐ 직장 내 건강 관리와 번아웃 예방
- ☐ 후원과 멘토링
- ☐ 교육, 검토, 역량 평가
- ☐ 제안서 작성
- ☐ 제품 디자인
- ☐ 웹 개발과 디자인
- ☐ 인공 지능 활용
- ☐ 스타트업 창업

도움과 조언이 필요한 분야의 목록을 작성하면
인맥의 필요성을 파악하고 인맥을 확장하는 데 도움이 된다

미팅을 요청해라 사람들에게 이메일을 보내라. 불편할 수 있겠지만 응답이 없거나 거절하는 답을 듣더라도 걱정하지 마라. 예의를 차려 프로답게 이메일을 보냈다면 미팅을 요청했다고 화가 난 건 아닐 것이다. 그저 바빠서 그런 것뿐이다. 잊어버리고 다른 사람에게 요청을 이어 가라. 미팅을 요청하는 이메일은 다음처럼 보내면 된다.

발신:	
수신:	
참조:	
숨은 참조:	
제목:	진로 고민이 있어 면담을 요청합니다
이메일:	안녕하세요, 리사 선생님. 잘 지내시지요? 저는 이 병원에서 7년간 의사로 일했습니다. 지금은 다음 진로를 어떻게 정할지 모색 중입니다. 선생님께서 교육자이자 멘토로서 전문 지식을 갖추고 계신 점, 존경합니다. 20분 정도 면담을 요청드리고 싶은데, 가능한 일정이 있으신지요? 아래 일정 어떠신지 의견 여쭈며, 모두 힘드시다면 추가로 확인해 보겠습니다. 21일(월) 오후 2~4시 25일(금) 오전 10~11시 28일(월) 오후 2~5시 가능한 시간을 알려 주시면 화상 회의 링크가 포함된 캘린더 초대장을 보내드리도록 하겠습니다. 감사합니다. 아다이라 드림

인맥 확장을 위한 미팅을 요청해라.

미리 준비해라 미팅 일정은 상대방이 편한 날짜와 시간으로 잡아라. 미팅이 확정되면 캘린더 초대장을 보내라. 미팅 직전에는 미팅 알림을 보내고 미팅 후에는 감사 메시지를 보내라.

여유를 가져라 관계를 쌓는 데는 시간이 필요하다. 사람들을 알아가고 인맥을 확장하는 과정을 즐겨라. 이 과정을 부담스럽게 느껴서는 안 된다. 1년에 몇 차례만 만나도 되고, 한 번만 만날 수도 있다. 서두를 필요도, 일정을 빡빡하게 잡을 필요도 없다. 한 사람을 알아 가면서 관계 맺기의 리듬과 방법을 배워라. 인맥을 천천히 넓혀 가라.

마이크로스킬 2

대화와 약속을
구분해 받아들이기

아다이라   몇 차례 경험을 하고 나서야 인맥에 새로 추가된 사람들과 매번 같이 일할 필요는 없다는 사실을 깨달았습니다. 처음 의도적으로 직업과 관련된 인맥을 쌓기 시작했을 때는 어떻게든 더 많은 프로젝트를 맡으며 미팅을 마치곤 했어요. 미팅 자리에 가면 멋진 제안이 많이 들어왔습니다. "음, 이 프로젝트를 함께해 보지 않을래요?"라거나 "이 아이디어를 구상 중이데요, 함께해 보실래요?"라는 식이었죠. 저는 승낙해야 할 것 같은 의무감, 심지어 압박감도 느꼈습니다. 그렇게 단순한 대화가 무거운 약속으로 변해 버렸죠. 저는 앉은 자리에서 제안을 수락하곤 했어요. 심지어 제 일정을 확인해 보지도 않았죠. 그저 "네, 저도 관심 있어요. 함께하죠!"라고 말했습니다. 얼마 안 가 저와 잘 맞지 않는 일이라는 사실을 깨달았죠. 결국 할 일만 더 늘어났어요.

> ### 실제 필요한 스킬은 무엇일까?
>
> 새로운 인맥을 만들기 위한 대화가
> 꼭 업무로 이어질 필요는 없다는 사실을 인식하기.

이 스킬이 왜 필요할까?

인맥 확장은 커뮤니케이션, 곧 대화에서 시작한다. 전화, DM, 화상 통화, 이메일, 대면 만남 등 방법은 상관없다. 그러나 업무상 대화의 경계를 이해하고, 단순히 대화만 나눠도 괜찮다는 사실을 당연하게 받아들여라. 꼭 업무 약속을 해야 할 의무는 없다는 뜻이다. 다른 사람들을 기쁘게 해야 한다는 부담감도 있으며, 존경하는 사람이 제안하는 기회를 받아들여야 한다는 압박감도 있다. 하지만 자신의 경계를 알고 있으면 의무감 없이 직업적 관계를 탐색할 수 있다.

이 스킬은 왜 익히기 어려울까?

- 모든 것에 "네"라고 대답해야 한다는 말을 들어 왔기 때문이다.
- 게으르거나, 고마워할 줄 모르거나, 목적이 불분명한 사람으로 보일까 봐 걱정되기 때문이다.

- 다른 기회를 얻지 못할까 봐 걱정되기 때문이다.
- 의무감이 느껴져 거절하기가 불편하기 때문이다.
- 제안을 거절하는 방법을 모르기 때문이다.

이 스킬을 익히기 위한 핵심 요령은 무엇일까?

미팅의 목적을 스스로 명확히 해라 누군가와 만나기 전에 스스로 원하는 바를 명확히 해라. 목적이 상대방을 알기 위한 것이라면 좋다. 자신이 하는 일을 이야기하고 조언을 구하기 위한 것이어도 훌륭하다. 미리 언급할 필요는 없지만, 대화가 목적과 다르게 흘러간다면 입장을 분명히 밝혀라.

상대방에게 호기심을 가져라 상대방에게 집중해라. 만나는 사람은 정보의 원천이다. 그들의 현재 또는 미래의 프로젝트나 목표에 대해 물어봐라. 가령 "왜 그 프로젝트를 선택하셨나요?" 또는 "어떻게 그 스킬을 터득하셨나요?"라고 질문해라. 상대방에게 자신에 대해 이야기할 시간을 줘라. 이때 상대방은 솔직하게 말할 수 있고 나는 배울 수 있으며, 서로 유대감을 형성할 수 있다. 상대방이 나를 도울 수 있는 방법, 또 내가 그 호의에 보답할 수 있는 방법에 대해서도 호기심을 가져라.

모호한 질문	"어떻게 하면 더 나은 리더가 될 수 있나요?"
명확한 질문	"리더십에 관해 배운 최고의 교훈 세 가지는 무엇인가요?" "당신이나 당신이 아는 누군가가 리더로서 실패한 경험이 있나요?" "이 회사의 리더가 되기 위해 했던 노력은 무엇인가요?"

사람들의 역할을 파악해라 내 인맥에 있는 사람이 전부 같은 역할을 하는 것은 아니다. 어떤 사람은 멘토나 코치일 수 있고, 어떤 사람은 후원자, 또 어떤 사람은 공동 작업자일 수 있다. 또한 같은 사람이라도 시간이 지남에 따라 역할이 바뀔 수도 있다. 몇몇은 친구가 되기도 한다.

멘토	성장에 도움이 되는 정보, 지침, 조언을 주거나 전문 기술을 알려 준다 예 "이 만남이 서로에게 도움이 되면 좋겠네요. 어려운 점이 있거나 힘든 상황이 생기면 꼭 알려 주세요."
조언자	구체적인 조언과 지침을 준다. 서로 도움을 주고받기보다 일방적으로 도움을 주는 경우가 많다. 예 "지금 내려야 하는 결정에 대해 구체적이고 명확한 조언을 해 드릴게요."
후원자	어떤 자리의 후보로 추천하고 지지해 목표를 달성할 수 있도록 돕는다. 사적인 교류는 적은 편이며 정기적으로 만나는 일도 없다. 예 "좋은 기회나 자리가 생기면 추천하겠습니다."
코치	특정 기술을 집중적으로 가르쳐 줄 수 있다. 예 "저와 함께 발표 연습을 해 봅시다."
공동 작업자	함께 프로젝트를 진행하는 파트너다. 예 "우리는 이 프로젝트에서 동등한 파트너 관계이며 같은 목표를 달성하기 위해 노력하고 있습니다."

제안받은 기회를 평가해라 마음의 준비를 해라. 어떤 사람과 어울려 지내다 보면 프로젝트 참여나 논문 작성 등의 업무와 관련된 제안을 받을 수 있다. 만남의 목표를 기억하고 그 목표에 충실해라. 또 향후 협업에 대한 대화의 문을 열어 두고 사람들을 진심으로 따뜻하게 대해라. 대화가 끝나기 전에 궁금한 건 그 자리에서 확인해라. 아다이라는 늘 멘티들에게 "바로 승낙하지 말고 '더 자세히 말씀해 주시겠어요?'라고 물어보세요"라고 조언한다. 이렇게 하면 즉각 제안을 거절하지 않으면서도 그 제안에 대해 더 자세히 살펴볼 기회가 생긴다. 깊이 파고들다 보면 보이지 않던 위험 요소가 드러나 깜짝 놀랄 수도 있다.

제안에 대답할 때 예시	• "저를 생각해 주셔서 감사합니다. 안타깝지만 이번 기회는 지금 제 목표와는 맞지 않는 것 같습니다." • "제안해 주셔서 감사합니다. 제 일정을 확인하고 추가업무를 맡을 시간이 될지 검토한 뒤 하루이틀 내로 다시 연락드리겠습니다." • "감사합니다. 앞으로 함께 일할 기회가 생긴다면 기꺼이 참여하겠지만 지금은 일이 너무 많네요." • "더 자세히 설명해 주실 수 있나요? 일정이 어떻게 되나요?" • "프로젝트에는 누가 참여하나요? 초안은 나왔나요? 자세한 일정을 알고 싶습니다."

마이크로스킬 3

인맥 관리를 자연스럽게 받아들이기

리사   사람들은 제가 사회성이 뛰어나며 낯을 가리지 않는것 같다고 말하지만 실제로 저는 지극히 내성적인 편입니다. 하지만 저는 회의를 주도할 수 있고, 수백, 수천 명 앞에서 연설을 하고, 낯선 사람들과의 사교 모임에서도 편하게 어울리죠. 그러면서도 또 혼자 조용한 곳에서 에너지를 충전하고 마음을 가다듬으며 기운을 회복하길 좋아합니다. 저는 책을 읽고, 산책하고, 일대일로 대화하는 것을 편안해하는 사람입니다. 이렇다 보니 컨퍼런스나 대규모 모임은 제가 선호하는 인맥 확장 방식이 아니에요. 하지만 저만의 방식으로 기회를 잘 이용하죠. 컨퍼런스 때는 행사장과 가까운 곳에 숙소를 정하고 그곳에 머뭅니다. 이렇게 하면 필요할 때 조용히 빠져나가 휴식을 취할 수 있습니다. 혼자 식사를 하거나 커피를 마시고, 대규모 만찬 대신 소규모 식사 자리를 마련해 사람들과 대화를 나눕니다. 제가 편하게 여기는 방식으로 사람들을 만나 인맥을 이어나가곤 합니다.

> **실제 필요한 스킬은 무엇일까?**
>
> 자신에게 맞는 인맥 구축 노하우를 익히기.

이 스킬이 왜 필요할까?

오랜 시간, 많은 업계에서 인맥 구축은 사람들이 많이 모이고 사회적 자극이 큰 대규모 행사에서나 이루어진다고 여겨져 왔다. 이런 방식이 외향적인 사람들에게는 잘 통한다. 하지만 MBTI 성격 유형 검사로 잘 알려진 마이어스-브릭스사에 따르면 전 세계 인구의 56.8퍼센트가 내향적이다.[132] 다행히 기업들 사이에서는 이제 외향형과 내향형 직원 모두 관리해야 한다는 인식이 높아졌다.[133] 분명히 해 두자면 낯을 가리는 성격과 내향적인 성격은 다르다. 낯을 가리는 사람은 사람들과 대화를 나누는 상황을 불편해하는 사람이다. 반면 내향적인 사람은 낯을 가리지는 않지만 많은 사람과 만나 이야기하면 에너지가 소진돼 혼자서 재충전할 시간이 필요하며 소규모나 일대일 관계를 선호하는 사람이다.[134]

이 스킬은 왜 익히기 어려울까?

- 많은 업계와 직장에서 외향적인 사람에게 맞는 친목 행사를 진행하기 때문이다.
- 다른 사람들이 나의 내향성을 무례하거나 냉담하거나 비사교적이라고 오해하기 때문이다.
- 자기에게 맞는 사교술을 배우지 않으면 인맥을 쌓을 기회를 놓칠 수 있기 때문이다.
- 내향적인 사람이 참석하기 편한 친목 행사를 마련해 달라고 주장하거나 요청하기가 어렵기 때문이다.

이 스킬을 익히기 위한 핵심 요령은 무엇일까?

천천히 생각해 봐라 가장 편하고 즐거웠던 친목 자리나 대화, 상황을 생각해 봐라. 다른 사람들과 편하게 어울렸던 기억을 떠올려 봐라. 또, 사람들과 의미 있는 관계를 맺지 못한 만남을 기억해 봐라. 선호하는 교류의 형태가 다양할 수 있으니 작은 차이까지 고려하면 도움이 된다. 가령 저녁 식사 자리를 선호하지만 4명 미만의 소규모 모임이 편할 수 있다.

에너지를 아껴라 에너지를 아끼고 재충전을 계획해라. 불편한 제안은 거절해라. 가령, "파티에 초대해 주셔서 감사합니다. 참석은 어렵지만, 언제 한번 따로 시간을 내서 만나면 어떨까요?"라고 대답해라. 의미 있는 인맥과 업무상 관계를 형성할 때 때로는 산책을 겸한 일대일 만남이 가벼운 대화가 끊임없이 오가는 칵테일파티보다 더 도움이 될 수 있다.

고민을 이야기해라 사람들과 어울리는 자리를 꺼리는 것이 자신의 평판과 인맥 형성에 큰 악영향을 미친다고 느껴진다면 팀원들과 대화해봐라. 내향적인 성향이 어떻게 오해받을 수 있는지 설명하고, 자신이 무례하거나 냉담하거나 심지어 낯을 가리지도 않는다고 말해라. 같은 고민을 하는 사람들에게 그런 말이 위안이 될 수도 있다.

마이크로스킬 4

의미 있는 관계 만들고 지속하기

리사   한번은 업무 관련 컨퍼런스에서 의사이며 의대 학장인 동시에 열성 넘치는 의학 교육자이기도 한 분을 만났습니다. 그분이 저의 훌륭한 멘토가 될 거라고 확신했어요. 나중에 연락해 우리 지역에서 다시 만나 뵐 수 있을지 여쭤봤습니다. 6개월간 연락을 주고받은 끝에 마침내 그분을 다시 만날 수 있었습니다. 만나 보니 그분과 멘토-멘티 관계를 계속 이어가고 싶다는 욕심이 더 커졌습니다. 그분이 걸어 온 경력을 따라가는 제 모습도 그려 봤죠. 질문을 준비해 의견을 구하기도 했습니다. 하지만 그날 만남 이후에 다시 연락을 드려도 대답이 오지 않았습니다. 여차저차 약속을 두 번이나 변경한 후에야 이 관계를 지속하기 어렵겠다는 사실을 깨달았습니다. 연락해서 만나고 의미 있는 관계를 맺고 발전시키기 위해서는 양쪽 모두가 노력하고 그 관계를 우선시해야 한다는 점을 비로소 깨달았어요. 덕분에 나중에 이런 일이 또 생겼을 때는 더 빨리 다음 단계로 넘어갈 수 있었습니다.

> **실제 필요한 스킬은 무엇일까?**
>
> 친절하고 능숙하며 진정성 있는 태도로
> 연락을 이어가기.

이 스킬이 왜 필요할까?

어떤 문제를 해결해야 하는 긴급한 상황에서는 자신이 맺고 있는 관계가 얼마나 중요한지 쉽게 깨닫게 된다. 스트레스가 큰 순간에 평소 인맥을 활용해 도움을 얻을 수도 있다. 우리는 그런 관계를 한결같이 돈독하게 유지하고 싶어 한다. 잘 모르는 누군가에게는 연락하기가 불편할 수 있다. 특히 과거에 접촉한 적이 없거나 최근에 연락한 적이 없는 경우라면 더 그렇다. 관계를 맺고 있는 사람과 연락을 지속하다 보면 튼튼한 토대가 구축되고 관계는 자연스럽게 돈독해진다. 또한 양측 모두에게 유익한 공생 관계도 형성된다.[135]

이 스킬은 왜 익히기 어려울까?

- 의사소통을 꾸준히 하려면 시간과 에너지가 들기 때문이다.
- 자연스럽게 관계를 유지하는 방법을 찾지 못해, 누군가에게 언제 어떻게 연락해야 할지 잘 모르기 때문이다.
- 다른 사람들에게 어떤 식으로 소통하고 싶은지, 지속 가능한 관계를 맺고 싶은지 묻기가 두려울 수 있기 때문이다.
- 관계가 마음먹은 대로 유지되지 않을 때 그 사실을 알아차리고 포기하기가 어려울 수 있기 때문이다.

이 스킬을 익히기 위한 핵심 요령은 무엇일까?

시간을 두고 관계를 발전시켜라 모든 관계가 매일 대화를 필요로 하는 건 아니다. 정기적으로 연락해야 하는 사람이 있고, 그렇지 않은 사람도 있다. 우리는 각자 다양한 위치에 우리가 맺고 있는 인맥을 배치한다. 먼저 핵심 관계 영역에는 내부 인맥들이 속해 있으며, 이들과는 매일 또는 일주일에 여러 차례 연락을 주고받는다. 다음으로 주변 관계는 핵심 관계 바로 바깥에 위치한 사람들이 속해 있으며, 서로의 삶에 대해서는 알고 있지만 정기적으로 연락을 주고받지는 않는다. 마지막으로 먼 관계 영역에는 목적이나 필요에 따라 비정기적으로 만나는 사람들이 속해 있다.

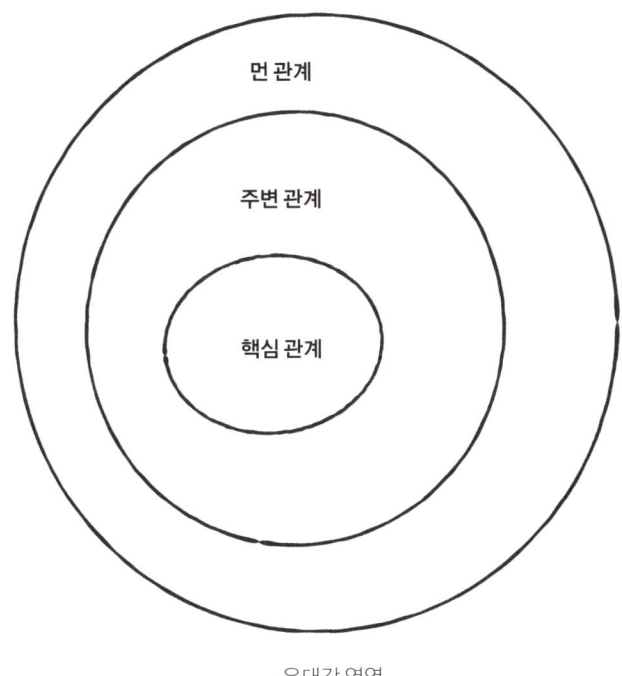

유대감 영역

연락의 빈도를 정해라 누군가에게 얼마나 자주 연락할지 결정하는 것은 어려울 수 있다. 분명 정기적으로 만나고 싶은 사람이 있겠지만, 현실적으로 힘들거나 불필요할 수도 있다. 연락의 빈도를 결정할 때는 다음 세 가지 원칙을 고려해라.

① **필요성**: 당장 필요한가? 만약 다음 며칠, 몇 주, 몇 달 내로 만날 필요가 없다면 분기, 반년, 1년 단위로 만나는 것을 고려해 봐라.

② **시간적 여유**: 서로 만날 시간적 여유가 되는지 고려해 봐라. 최소한으로 만난다면 연례 모임이나 이메일 교환이 적당하다. 어떤 형태의

관계는 매일 또는 매주 만나야 할 수도 있다.

③ **영향력**: 이 사람은 만날 때마다 나의 삶에 영감을 주거나 동기를 부여하거나 변화를 일으키는가? 그렇다면 서로 간의 유대를 돈독히 하고 그 사람을 항상 주시해라. 일을 하다가 고비를 만날 때 영감을 얻기 위해 만나고 싶을 수 있다.

근황을 전하고 질문해라 내 삶과 일에 대한 근황이 가깝게 지내는 사람들에게는 좋은 선물이 된다. 의식해서 구체적으로 전해라. 논문을 발표했다면 그 사실을 전하고 논문을 첨부해 보내라. 또는 아이가 태어났거나, 석·박사 학위 과정에 등록했거나, 새로운 회사에 입사했다면 그 소식을 전하고 사람들의 의견을 얻을 기회로 삼아라.

가치 있는 것으로 보답해라 일방적인 요청이나 관계는 주의해야 한다. 나에게도 줄 수 있는 것이 있음을 보여 줘라. 상대방이 흥미 있어 할 만한 기사 또는 소셜 미디어 게시물을 공유해라. 또는 '귀한 시간 내 주셔서 정말 감사합니다'라고 적은 감사 쪽지를 보낼 수도 있다. 사람들의 생일을 기억하기 쉽게 캘린더 알림을 설정해 둬라. 꼭 돈을 써야 한다는 부담을 느낄 필요는 없다. 그 사람들의 상사에게 감사 편지를 보내는 방법도 좋다.

캘린더를 활용해라 모임이 끝나면 다음 모임 일정을 의논하고 캘린더에 기록해라. 필수는 아니지만 확실히 도움이 된다. 최소한 일정 기간 내에 다시 연락할 수 있도록 혼자서라도 캘린더 알림을 설정해라. 한 가지 강조하자면, 잡다한 세부 사항을 기억력에 의존해 떠올리려고 하지 마라.

마이크로스킬 5

기존의 인맥을 활용해 인맥 키우기

아다이라 일주일에 서너 명씩 제가 만나는 학생 중에는 의과대 학생들도 있고 다른 학과생들도 있습니다. 그러다 보니 가끔가다 학생들에게 필요한 것이 제 능력과 전문 지식의 범위를 벗어난다고 느낄 때도 있습니다. 그래서 학생들에게 만나 보면 좋을 만한 사람의 이름을 알려 준 후, 그와 어떻게 인맥을 만들 수 있을지 함께 논의하죠. 이 방법으로 학생들은 제 기존 인맥을 활용해 자신들의 인맥을 쌓을 수 있습니다. 제가 이 전략을 좋아하는 이유는 미리 선별해 둔 제 연락처 목록을 활용하면, 낯선 사람에게 바로 이메일을 보내는 것보다 학생들이 느낄 부담이 적다고 생각해서입니다. 제가 학생들의 핵심 인맥을 찾는 데 도움을 줄 수 있고 저 또한 학생들의 주변 인맥에 계속 남아 있을 수 있다는 점을 상기하게 됩니다.

> ### 실제 필요한 스킬은 무엇일까?
>
> 기존 인맥에게 소개해 줄 만한 사람이 있는지 확인하기.

이 스킬이 왜 필요할까?

누구나 폭넓은 인맥을 갖길 바라겠지만 그렇더라도 그저 재미로 연락처 목록을 채울 필요는 없다. 목표는 의미 있는 관계를 구축하는 것이다. 어떤 이들은 인맥의 수가 여섯 명을 넘지 말아야 한다고 말하기도 한다.[136] 특히 핵심 관계에서는 소규모 인맥을 유지하는 방법이 어느 정도 타당해 보인다. 신뢰하는 인맥을 활용해 자신의 인맥을 확장하면 현실적으로, 또 전략적으로 다른 사람들을 만날 수 있다.

이 스킬은 왜 익히기 어려울까?

- 소개를 부탁하는 방법이 관계를 남용 또는 이용하는 것으로 여겨질까 봐 걱정되기 때문이다.
- 현재 자신의 인맥에 속한 사람이 누구와 어떤 관계를 맺고 있는지 잘 모르기 때문이다.
- 자신에게는 상대방에게 소개할 만한 인맥이 없다고 믿기 때문이다.

이 스킬을 익히기 위한 핵심 요령은 무엇일까?

자신의 일정을 따져봐라 약속을 잡기가 이미 벅찬 상황이라면 더 많은 사람을 소개해 달라는 부탁은 적절치 않다. 여유가 생길 때까지 기다려라. 약속을 잡았다가 취소하는 것은 바람직하지 않다. 가끔은 괜찮지만, 자주 취소하면 평판에 악영향을 끼칠 수 있다.

인맥을 파악해 봐라 자신의 인맥에 대해 생각해 봐라. 핸드폰과 이메일 연락처를 살펴봐라. 연락처 안에는 가족, 그리고 학교, 취미, 아르바이트를 통해 만난 친구들이 있을 것이다. 모든 사람이 다 중요하다. '이 사람이 잘하는 일은 뭐지?' 하고 떠올려 봐라. 연락하기 불편하지 않다면, 목적을 명확히 하고 15~20분 정도 대화할 수 있을지 정중하게 부탁해 봐라.

조심스럽게 소개를 부탁해라 사람들에게 새로운 인맥을 소개해 달라고 부탁해라. 이렇게 말하면 된다. "만나서 반가웠습니다. 앞으로도 계속 연락하며 지내고 싶습니다. 그리고 혹시 저에게 소개해 줄 만한 분이 있는지 궁금합니다."

다시 연락해라 기존 인맥에 속한 사람들이 연락을 취할 시간을 줘라. 만약 그들이 누군가를 소개해 주겠다고 하면 그 소개가 이루어질 수 있도록 1~2주 정도 시간을 줘라. 소개 약속이 잡히면 성숙하고 정중하게 행동하고 반드시 약속을 지켜라. 만약 연락이 닿지 않는다면 소개해 준 사람에게 다시 연락해 봐도 좋다. "안녕하세요. 지난주에 만나 이야기 나눌 수 있어 정말 즐거웠습니다. 그때 소개해 주신다는 분에 대한 새로운 소식이 있는지 궁금합니다. 괜찮으시다면 제가 그분에게 직접 연락을 드린 후에 선생님에게 메일 내용을 공유하면 어떨까요?" 자주 놓치는 점이 있다. 어떤 사람을 또 다른 사람에게 소개하고 싶을 때는 대개 존중하는 차원에서 소개받을 당사자에게 동의를 구해야 한다. 그 사람에게 새로운 관계를 맺을 만한 여유와 시간이 있는지 확인하기 위해서다.

마이크로스킬 6

자신의 전문성 드러내기

리사 어느 팟캐스트 에피소드에서 나눴던 대화가 기억납니다. 그때 저는 제 전문성을 더 의식해서 알릴 필요가 있다는 사실을 깨달았죠. 게스트는 둘 다 의사였고, 우리 셋 다 리더 역할을 해 본 경험이 있었죠. 게스트 한 명은 저를 알고 있었지만, 다른 게스트는 처음 만나는 사이였습니다. 그때까지 저는 게스트들이 저에 대해 검색을 해 보거나 저에 관한 글을 읽어 보는 등 어떻게든 저에 대한 정보를 찾아보는 줄 알았습니다. 그때는 아니었어요. 처음 20분 동안 그 게스트는 제게 거리를 두면서 저 역시 교수이자 의사라는 사실을 모른다는 듯이 말했습니다. 대화를 나누면서 제가 우리 둘 다 아는 사람과 장소를 언급하자 드디어 그 사람의 태도가 바뀌었습니다. 긴장했던 게스트는 경계심을 풀었고 말투도 바뀌었습니다. 그 대화 이후로 저는 이메일로 제 이력을 알리는 것 외에도 팟캐스트 녹음을 시작할 때마다 의도적으로 제 소개를 한 번 더 하려고 합니다. 덕분에 이제는 모든 사람과의 대화가 더 친밀하고 원활하고 편안한 분위기에서 진행됩니다.

> **실제 필요한 스킬은 무엇일까?**
>
> 만나는 사람들에게 나와 관계를 맺어야 하는 이유를 알려 주기.

이 스킬이 왜 필요할까?

본인의 이력이나 관심사, 가치관, 전문 지식에 관해 공유하기 전까지는 아무도 나를 제대로 알지 못한다. 자신의 관심사와 성과를 다른 사람들과 공유하는 것을 일상화하면 좋겠다. 이렇게 하면 다른 사람들도 덩달아 자신의 관심사와 성과를 공유하게 된다. 우리는 '소셜 미디어에서 자랑하지 않고 자신을 홍보하는 7가지 방법'이라는 제목의 기사에서 말했다. "누군가는 자랑이라고 여길 수 있는 내용이 또 어떤 사람, 특히 역사적으로 기회에서 배제되어 온 사람에게는 정보와 지침으로 여겨질 수 있다는 점을 명심해라. 정보를 나누고 도움을 주면 세상은 좀 더 나은 곳이 될 것이다."[137]

이 스킬은 왜 익히기 어려울까?

- 겸손한 태도로 전문성을 보여 주는 방법을 모르기 때문이다.
- 다른 사람들과 만날 때 자신의 이력의 어떤 부분을 강조해야 할지 모르기 때문이다.
- 사람들이 자신의 성과를 알고 있을 거라고 생각하기 때문이다.

이 스킬을 익히기 위한 핵심 요령은 무엇일까?

자기소개 연습을 해라 1~2분 안에 자기소개하는 연습을 해라. 개인 자문단 중 누군가와 역할극을 해 봐라. 다만 피드백을 잘하는 사람을 선택해라. 다음과 같이 말해 볼 수 있다. "잠깐 제 소개를 해도 괜찮을까요?" 또는 "제 경력에 대해 더 말씀드리고 싶은데 괜찮으신가요?"

눈에 띄는 활동을 해라 의견은 공유되지 않으면 아무 의미가 없다. 말하기와 글쓰기, 특정 주제와 관련된 리더 역할을 맡아 전문성을 공고히 해라. 꼭 상을 받은 작가라야 책을 낼 수 있는 건 아니다. 또 테드 강연 무대에 선 사람만 강연을 하라는 법도 없다. 아이디어와 그 아이디어를 명확하게 전달할 수 있는 능력만 있으면 된다. 기회를 찾아라. 또는 기회를 만들어 봐라.

소셜 미디어를 통해 영역을 넓혀라 소셜 미디어는 사라지지 않는다. 다른 사람들이 소셜 미디어에서 자신을 홍보하고 의견을 공유하는 방식을 관찰해라. 이를 통해 자신의 전문성을 편하게 알릴 방법을 배워라. 소셜 미디어를 하지 않으면 인맥 확장이 불가능하지는 않더라도 어려울 수 있다.[138] 수상 소식이든 강연 기회든 뭐든 공유해라. 무슨 일을 하고 있는지 알려라. 예를 들어 "제가 [해당 기회]를 얻게 됐다는 소식을 기쁜 마음으로 알립니다. [이름 또는 직함]님께 감사를 전하고 싶습니다"라고 해 봐라. 홍보를 하고, 의견을 내고, 댓글을 달기 시작했을 때 점점 더 많은 사람이 인맥에 들어온다.

다양한 길이의 약력을 작성해라 짧은 버전과 긴 버전의 약력을 미리 준비해 둬라. 짧은 약력에는 내가 어떤 사람이고, 왜 나와 관계를 맺어야 하는지 구체적으로 강조해라. 경력 초기에는 간단한 약력으로도 충분할 수 있다. 경험과 기회가 더 쌓이면 짧은 약력은 3~6문장으로, 긴 약력은 2~4단락으로 작성해 봐라. 약력을 작성할 때 친구들에게 약력을 보내 달라고 부탁해 참고해라. 이렇게 작성한 약력을 사람들에게 미리 보내 만나기 전에 나를 먼저 알려라.

컨퍼런스에 참석해라 컨퍼런스는 관심사와 전문성이 비슷한 사람들을 한꺼번에 만날 수 있는 소통의 장이다. 컨퍼런스가 시작되기 전에 온라인에서라도 자기소개를 하고 관계를 맺어 둬라. 예를 들어 "[컨퍼런스 명칭]에서 발표하신다고 들었습니다. 바쁘실 줄은 알지만, 거기서 만나 뵐 수 있으면 좋겠습니다. 어떻게 인사를 드리면 좋을까요?" 만약 상대방이 힘들다고 답한다면, 강연 후에 인사하겠다고 말하고 나중에 만나기를 희망한다고 전해라.

짧은 약력 개요 예시	긴 약력 개요 예시
• **1번 문장:** 이름 • **2번 문장:** 현 직위 • **3번 문장:** 관련 교육 및 과거의 주요 직무/역할 • **4번 문장:** 현재 책무 • **5번 문장:** 미래 포부	• **1번 단락:** 이름, 현 직위, 교육 및 책무 • **2~4번 단락:** 과거 경력, 현재 경력, 주요 수상 경력, 출판물, 강연 경험, 향후 목표

마이크로스킬 7
인맥을 쌓는 과정에서 실례하지 않기

리사 　방문 교수로서 막 강의를 마친 참이었습니다. 강연에서는 기회가 저절로 생기기를 기다리는 대신, 어떤 과정을 통해 제가 기회를 찾아내는 용기를 갖게 됐는지 이야기했습니다. 그러면서 자신의 직무 능력을 키우기 위해 원하는 부분이나 필요한 부분을 당당히 요구하라고 말했습니다. 강의가 끝나고 교탁 옆에 서 있는데 몇몇 학생이 질문을 하려고 다가왔습니다. 수줍어 보이는 한 남학생이 말문을 열었어요.

남학생 "안녕하세요. 혹시 저를 위해 추천서를 써 주실 수 있나요?"
미소를 지으며 잠시 말을 멈췄습니다. 뭐라고 답해야 할지 몰라서요.
남학생 "방금 요청하라고 말씀하셨잖아요. 그래서 지금부터 시작하려고요. 혹시 추천서를 써 주실 수 있나요?"

우리는 처음 보는 사이였어요.

나 "제 이메일 주소를 알려 드릴 테니 그쪽으로 연락을 주세요. 거기서 대화를 이어가 보죠. 그리고 이 문제에 대해 멘토들과 연락하고 있는지도 궁금하네요."

분명히 해 두자면, 그 학생의 행동에 크게 잘못된 점은 없었습니다. 조언을 너무 곧이곧대로 받아들여서 상황이 어색해졌던 것뿐이죠. 요청을 할 때는 적절한 타이밍과 약간의 고민이 필요합니다. 누구에게 요청할지, 어떻게 요청할지에 대한 고민 말이죠. 이 경우에 우리는 친분이 전혀 없었어요. 제가 그 학생의 추천서를 써 주기에 적합한 사람이 아니었죠. 대신 그 학생이 적임자를 찾도록 도와주었습니다.

실제 필요한 스킬은 무엇일까?

인맥을 쌓을 때 무엇을 해야 하는지보다
무엇을 하지 말아야 하는지 유념하기.

이 스킬이 왜 필요할까?

누구나 인맥을 쌓는 과정에서 실례되는 행동을 하게 되는 경우가 있다. 전화를 다시 걸거나 이메일을 보내는 걸 깜빡할 수도 있고, 실수로 누군가의 이름을 잘못 부를 수도 있다. 따로따로 보자면 다 용서하고 넘어갈 수 있을 법한 실수다. 하지만 작은 실수와 반복되는 결례는 다르다. 무례하게 굴거나 이기적으로 보이는 행동, 오로지 자기 생각만 하는 행동, 솔직하지 못한 행동, 또는 영업 사원 같은 행동이 여기에 들어간다. 정말이다. 사람들은 이런 결례를 다 알아본다.

이 스킬은 왜 익히기 어려울까?

- 사회적 신호를 놓치거나 상황 인식을 제대로 못 하기 때문이다.
- 인맥을 쌓을 때 긴장해서 실수를 저지르기 쉽기 때문이다.
- 경계를 알고 지키기가 어렵기 때문이다.
- 실수를 했을 때 사람들이 용서하지 않을까 봐 두렵기 때문이다.

이 스킬을 익히기 위한 핵심 요령은 무엇일까?

경계를 지켜라 마음에 여유를 갖고 만나라. 서두르지 말고, 하룻밤 사이에 절친한 사이가 되기를 기대하지 마라. 인맥을 쌓는 일은 경력 계발에 도움이 될 사람들을 만나는 과정이다. 대화로 관계를 트고, 서서히 유대를 쌓아 가라.

경계를 넘는 실례	예시
근무시간이 지나서 하는 연락	밤 10시에 급하지 않은 일로 상사나 동료에게 전화하는 경우
너무 친밀한 수단을 통한 연락	나의 연락처를 저장해 놓지 않은 사람에게 양해도 받지 않고 정기적으로 문자 메시지를 보내는 경우
격식을 차리지 않는 연락	어떻게 부르면 좋을지 물어보지도 않고서 상대방의 이름이나 별명을 부르는 경우
너무 잦은 연락	짧은 기간 안에 급하지 않은 문제로 여러 번 이메일을 보내는 경우
과도한 요구를 하는 연락	매주 또는 매월 다른 사람들, 특히 임원이나 고위급 인사들을 소개해 달라고 부탁하는 경우

인맥 구축은 시간이 필요한 과정이다
경계를 존중하고 마음에 여유을 가지고 사람들을 만나라

겸손하고 침착해라 사람들과 어울릴 때 자기 자랑을 하거나 사생활을 지나치게 공유하지 마라. 긴장되는 자리고 자신의 성과를 이야기하는 데 마음이 쏠려 있는 건 이해한다. 하지만 두 번 천천히 심호흡을 하고 경청하고 관찰해라. 특권 의식을 내비치거나 저명인사를 아는 사람인 양 들먹이거나 다른 사람을 이기려 드는 자세는 피해라.

예의를 지켜라 "부탁드립니다"와 "감사합니다"라는 말만 잊지 않아도 충분하다. 질문할 때는 인내심을 가져라. 대화가 자연스럽게 끝났다면 오래 끌지 말고 마무리해라. 상처가 될 말은 하지 마라.

상대방에게 맞춘 질문을 준비해라 상대방을 알아 가는 데 시간과 노력을 투자해라. 누군가와 만날 때, 특히 그 사람이 본인보다 지위가 높다면 미리 그 사람에 대해 검색해 보고 관련 글이나 팟캐스트, 작업물을 찾아봐라. 그 내용을 대화에서 언급해라. 예를 들어 "최근에 블로그에 올리신 기후 변화 관련된 글을 읽었습니다. 인구가 증가하는 상황에서 우리는 어떻게 대응해야 할까요?"라고 물어봐라.

연락을 이어 가라 반드시 다시 연락할 방법을 알아 둬라. 대화나 회의, 컨퍼런스에서 이메일 주소, 전화번호, 또는 연락할 다른 수단을 묻지 않고 헤어지면 기회를 놓치게 된다. 일단 연락처를 물어보고 구두나 이메일, 또는 손 편지로 감사를 전해라.

인맥을 폭넓게 쌓아라 적극적이고 열린 자세로 누구와든 소통할 준비를 해라. 자신과 비슷해 보이는 집단이나 자신보다 지위가 높은 사람들과만 인맥을 쌓으려고 하지 마라. 동료와 유대 관계를 형성하는 데 관심을 가지고, 회사나 업계 밖에 있는 사람들과도 친분을 쌓아라. 폭넓게 인맥을 쌓으면 돌아오는 보상도 그만큼 크다.

마이크로스킬 8

인맥을 공유해
다른 사람에게 도움 주기

아다이라 몇 년 전, 한 레지던시 프로그램에서 교육받고 싶어 하는 학생에게 조언을 해 준 적이 있습니다. 우연하게도 그 프로그램의 지도부와 약간 친분이 있었거든요. 저는 이 학생에 대해 잘 알고 있었고 학업 성적도 보증할 수 있었어요. 제가 함께 일해 본 뛰어난 의대생들과 견주어도 대등했거든요. 학생의 자질이 탁월하다고 확신했기 때문에 지인에게 짧은 이메일을 보냈습니다. "아직 면접 기회를 얻지 못한 지원자가 있는데 검토해 주실 수 있나요?" 프로그램 지도부는 학생의 지원서를 살펴보고는 잠재력을 알아봤습니다. 몇 년 뒤 그 프로그램에서 학생이 잘하고 있다는 소식을 들었습니다. 학생의 성공이 저에게 힘을 주고, 또 세상을 행복하게 합니다. 인맥을 혼자서 끌어안고 있지 않고 누군가와 나눌 때 비로소 가능한 일이죠..

> ## 실제 필요한 스킬은 무엇일까?
>
> 자신의 인맥 안에 있는 사람들을 서로 소개해 주기.

이 스킬이 왜 필요할까?

인맥을 혼자만 품고 있어서는 득 될 일이 별로 없다. 다른 사람들의 성장에 도움을 주려고 노력해야 한다. 인맥을 자산, 나눌 수 있는 자산이라고 생각해라. 2차 인맥은 1차 인맥과 연결고리가 있는 사람들이다.[139] 우리가 맺고 있는 인간관계의 절반 이상이 친구의 친구, 즉 2차 인맥일 것이다.[140] 아는 사람을 다른 사람에게 소개하면 그들에게는 공동 작업자, 동료, 심지어 전문가를 만날 수 있는 기회가 생긴다. 다른 사람들을 진심으로 도와야 더 멀리 나아갈 수 있다. 사람들은 그 덕분에 취업 면접 기회나 다른 사람과 만날 기회를 얻었다는 사실을 기억할 것이다. 그 사람들도 상황이 바뀌면 우리를 도울 가능성이 크다.

이 스킬은 왜 익히기 어려울까?

- 관계를 맺는 데는 시간과 에너지가 필요하기 때문이다.
- 어떤 관계가 자신이나 다른 사람에게 도움이 될지 알기가 어렵기

때문이다.
- 인맥을 공유하는 일이 사생활을 침해하거나 힘들게 얻은 결과물을 거저 주는 것처럼 느껴질 수 있기 때문이다.

이 스킬을 익히기 위한 핵심 요령은 무엇일까?

무엇이 필요한지 구체적으로 물어봐라 대화할 때 어떤 종류의 인맥이 필요한지 물어봐라. 한 사람을 다른 사람에게 소개할 계획이라면 그런 관계를 맺을 만한 여유가 있는지, 멘토링 경험과 공동 작업 경험은 얼마나 되는지 확인해 봐라. 같은 사람을 반복해서 소개하는 건 주의해라.

인맥을 다양화해라 의도적으로 다양한 인맥을 쌓아라. 다양한 배경과 업계에 있는 사람들을 사귀라는 의미로, 다양한 필요를 지닌 사람들에게 큰 도움을 줄 수 있다. 다양성은 개인의 특성, 지역, 관심 분야, 전문성 수준 등으로 나타날 수 있다.

연락처를 공유해도 괜찮은지 확인해라 묻지도 않고 다른 사람의 이메일 주소나 전화번호를 먼저 알려 주지 마라. 소개하기 전에 항상 상대방에게 물어봐라. "안녕하세요. 만나 보면 좋을 만한 사람이 있는데 소개해 드려도 될까요? 거절하셔도 괜찮습니다"라고 말해 볼 수 있다. 상대방이 이메일, 문자, 전화 등 어떤 의사소통 수단을 선호하는지도 확인해라.

소개까지만 해라 두 사람 이상을 소개할 때는 간단하게만 소개해라. 각자에 대한 소개는 한두 문장이면 충분하다. 더 자세한 소개는 당사자들끼리 직접 하게 해라. 이렇게 해야 소개하는 일이 덜 부담스럽다. 자기 돌봄과 지속 가능한 행동을 위해서도 좋다.

다른 사람을 도울 때의 유익함을 알아둬라 인맥이 자신만의 전유물처럼 느껴질 수도 있다. 인맥에 자물쇠를 채워 아주 가끔만 공유하고 싶을 수도 있다. 당연히 인맥에 속한 사람들 역시 사생활을 보호받을 자격이 있으며 존중받아야 할 경계도 지니고 있다. 하지만 누군가 찾아와 도움을 요청했을 때 도와줄 만한 사람을 알고 있다면 친절과 관용을 베푸는 것이 좋다. 다른 사람에게 도움을 베풀면 그 사람과의 관계가 돈독해지고 보람찬 동시에 긍정적인 평가를 받을 기회가 생긴다.

결론

- ✔ 이미 인맥을 가지고 있다는 사실을 모르고 있을 수도 있다.
- ✔ 직장 밖에서도 소홀히 여기지 말고 자연스럽게 인맥을 확장해라.
- ✔ 친절하고 관대하게 자신의 인맥을 공유해라.

9장

갈등 앞에서 물러서지 않는
현명한 소통 방식

리사 응급실에는 갈등을 해결해야 하는 상황이 많습니다. 환자들과 갈등이 생기기도 하지만 실제로 이런 긴장 상황은 대개 동료들 사이에서 일어납니다. 다음은 제 멘티가 직장에서 겪은 일 중 하나입니다. 처음 팀에 합류하자 사람들이 갈등을 부추기기로 유명한 동료 이야기를 해 줬다고 합니다. 모두가 하나같이 그 동료 이야기를 맨 처음 꺼냈습니다. "제가 그 사람한테 당한 경험을 말해 줄게요" 또는 "그 사람하고 일하기 어때요?"라는 식이었어요. 그 동료는 쉽게 욱하는 성격에 응급실에서 레지던트들을 쫓아내기로 유명했습니다. 제 멘티와 다른 팀원들, 심지어 상사에게까지 화를 냈어요. 제 멘티가 보기에는 아무도 갈등을 해결하려 하지 않았고, 이 문제는 수년간 지속됐습니다. 사람들은 그 사람을 피해 다녔고 대신 뒤에서만 수군거렸습니다. 아무도 제지하려 들지 않았기 때문에 사람들은 괴롭힘을 당하고 사기가 꺾였으며 응급실 지도부에 대한 신뢰도 잃었습니다. 그사이 문제의 당사자는 계속해서 승진했습니다. 멘티와 저는 이 문제를 놓고 불편한 대화를 피하고 갈등이 알아서 사라져 주길 바라는 일이 얼마나 쉬운지 이야기했습니다.

보고에 따르면 전체 직원의 85퍼센트가 갈등을 경험하며, 미국에서는 갈등 해결에 매주 3시간가량을 쓰고 연간 35억 달러의 비용이 발생한다고 한다.[141] 갈등의 빈도와 그 갈등이 회사에 미치는 영향을 고려할 때 갈등을 해결할 줄 아는 것은 아주 큰 도움이 된다. 이때 갈등을 해결하는 방식은 갈등의 핵심 원인만큼이나 중요하다.

갈등을 기회로 생각해라. 갈등은 오해를 풀고 속마음을 털어놓으며 의사소통 스킬을 키울 수 있는 기회다. 원인이 무엇이든 갈등은 성장의 기회가 된다. 하지만 현실에서 갈등을 긍정적인 결과로 바꾸기는 쉽지 않다. 직장에서는 어린 시절에 싸우고 화해하듯이 문제가 해결되지 않는다. 우리가 주변 사람의 행동을 주목하듯, 주변 사람도 우리의 갈등 해결 방식을 눈여겨본다. 직장에서는 갈등이 해결된 후에도 함께 일할 방법을 찾아야 하는 경우가 많다.

갈등 해결을 어렵게 하는 요인은 다양하다. 갈등 원인 파악하기, 불편한 대화 나누기, 의사소통의 오해 해소하기, 서로의 생각 이야기하기, 위계에 맞서기, 괴롭힘 신고하기, 법적 대리인 고용하기, 보복에 대한 두려움 감수하기 등이다. 때로는 징계 위원회, 법률가, 변호사의 개입이 필요할 수도 있다. 이러한 방해 요인은 두려움을 키우고 우리가 앞으로 나가는 것을 가로막을 수도 있다.

2022년 메리엄웹스터 사전은 '가스라이팅'을 올해의 단어로 선정했다.[142] 가스라이팅은 일정 기간 동안 한 사람 또는 여러 사람을 심리적으로 조종해 자신의 경험을 의심하게 만드는 행위다. 누군가 불만을 제기한 경우 심사숙고를 거치지 않고 그 불만을 축소 또는 무시하거나 없던 일로 치부하는 것이다. 가령 누군가의 발언을 듣고 기분이 상했을 때

"제 생각엔 당신이 너무 과장하고 있는 것 같아요. 저는 전혀 그런 뜻으로 한 말이 아닙니다"라는 말을 들었다고 생각해 봐라.

가스라이팅의 한 구체적인 징후는 다르보[DARVO]라는 현상이다.[143] 다르보는 부인하기[Deny], 공격하기[Attack], 피해자-가해자 바꿔치기[Reverse Victim and Offender]의 약자로, 가해자가 일련의 상황을 통제하고 피해자에 대한 권력과 통제력을 유지하는 데 사용하는 전략이다.[144] 다르보 전략을 사용하는 사람은 방어적이고 회피적이며, 실제로는 자신이 문제의 근본 원인임에도 불구하고 피해자 역할을 한다.

본인이 느끼는 감정이나 자신을 향한 말과 행동을 무시해서는 안 된다. 우리는 동료들이 "그 사람이 악을 쓰고 소리를 질렀어요"라고 알리고 나서 "그렇지만 알다시피 그 사람은 좋은 사람이고 고의로 그런 건 아니었어요"라고 자신의 불만을 별일 아닌 양 보기 좋게 포장하는 모습을 자주 본다. 자신의 감정을 표현하고 그 감정에 이름을 붙이는 것은 건강한 행동이다. 스스로에게 "이런 일이 실제로 일어났고 내가 지어낸 것이 아니다"라고 말해라. 우리의 반응을 축소하면 나쁜 행동을 용인하는 꼴이 된다.

직업윤리에 어긋나는 행동을 하고도 별일 없이 빠져나가는 지독한 사람을 가리키는 말이 있다. 바로 '그래도 좋은놈[Good Guy]'이다.[145] 하지만 분명 좋은 사람이 아니며, 남성만 그런 것도 아니다. 여성도 나쁜 행동을 할 수 있다. 자신에게 일어난 일에 대해 침묵하지 않았으면 한다. 혼자서라도 외쳐라. "저 사람이 싫다. 저 사람은 언어폭력을 저지른다. 나에게 해를 끼친 사람을 보호할 의무는 없다."

이번 장에서는 좀 더 어려운 측면들을 다루고자 한다. 우리가 모든 답을 알고 있다고 말하지는 않겠다. 하지만 숨김없이 이야기해 주고 싶은 값진 경험들이 있다. 이번 장에 담긴 10가지 마이크로스킬이 직장에서 일어나는 갈등을 더 원만하게 해결하는 데 도움이 되기를 바란다.

갈등 앞에서 현명하게 소통하는 마이크로스킬

① 갈등을 알아차리는 방법 터득하기
② 갈등에 일조했다는 사실 인정하기
③ 심리적으로 안전한 분위기 조성하기
④ 피드백 수용하고 반영하기
⑤ 까다로운 사람과 소통하는 방법 배우기
⑥ 불편한 대화를 피하지 않기
⑦ 능력과 자신감의 균형 맞추기
⑧ 문서로 기록 남기기
⑨ 인사과가 누구를 위해 일하는지 파악하기
⑩ 부적절한 행위 신고하기

마이크로스킬 1

갈등을 알아차리는 방법 터득하기

아다이라 　대학 졸업 후 SAT를 가르치는 대입 입시 학원에서 일했습니다. 개별 수업은 1시간 동안 진행됐습니다. 수업료가 높기도 해서 저는 수업 시작 몇 분 전에 미리 도착해 학생이 1시간을 꽉 채워 수업을 받을 수 있도록 했습니다. 그런데 한 학생이 항상 늦게 도착했죠. 한번은 학생의 어머니가 15분 늦게 도착했다며 추가로 15분을 더 수업해 달라고 했습니다. 저는 그럴 수 없다고 말했고요. 그 추가 시간만큼 다른 학생의 시간을 잡아먹을 테니까요. 그 후 학생의 어머니는 저를 피했고 다시는 어떤 요청도 하지 않았습니다. 생각해 보면 추가 수업을 해 주지 않은 제 결정에 정말로 화가 났던 것 같습니다. 만약 그때로 다시 돌아간다면 그 어머니와 만나서 이 문제에 대해 이야기해 보자고 할 겁니다.

> ### 실제 필요한 스킬은 무엇일까?
>
> 다른 사람과 소통할 때 감정과 행동에 집중하기.

이 스킬이 왜 필요할까?

갈등은 소리를 지르거나 고함을 치는 것처럼 눈에 띄게 드러나기도 하지만, 무시하거나 멀어지는 것처럼 알아차리기 힘든 조용한 방식으로 드러나기도 한다. 갈등을 알아차려 해결하면 곪아 터지거나 분열의 불씨가 되어 사람들의 사기와 생산성, 정신 건강을 좀먹을 가능성이 줄어든다. 갈등이 해결되지 않으면 모두가 누려야 할 안정감이 사라진다. 한 연구에 따르면 직장인의 25퍼센트가 갈등을 회피하다가 질병이나 결근으로 이어졌다고 답했다.[146]

이 스킬은 왜 익히기 어려울까?

- 갈등을 피하고 싶어서 단지 누군가 스트레스를 받고 있거나, 개인적인 문제를 겪고 있다고 생각하며 그 상황을 용인하기 때문이다.
- 갈등은 직장 생활의 일부일 수 있기 때문이다.
- 갈등이 미묘해서 갈등이 존재하는지 의문이 들기 때문이다.

- 갈등이 생기면 당황스럽고 불안해서 어떻게 대처해야 할지 모르기 때문이다.

이 스킬을 익히기 위한 핵심 요령은 무엇일까?

말투와 행동에 주의해라 사람들 사이의 말투나 감정에서 긴장감, 불편함, 괴롭힘, 분노, 또는 수동적 공격 성향이 나타나는지 주의 깊게 살펴라. 사람들 간의 상호 작용 그리고 당신과의 상호 작용을 잘 듣고 관찰해라. 직장에서 오가는 농담과 유머도 주의 깊게 살펴라. 스스로 느끼는 불편함이나 감정을 무시하지 마라.

믿을 만한 사람과 이야기해라 불편하거나 감정이 격해진 상황이 있었다면 신뢰할 수 있는 친구나 동료에게 털어놓고 어떻게 생각하는지 들어보고 나서 어떻게 대처해야 할지 결정해라. 어쩌면 그 상황을 오해했을 수도 있고, 또 어쩌면 본인이 갈등의 원인일 수도 있다.

다른 사람을 화나게 하는 언행에 유의해라 누구나 기분 나쁜 날이 있을 수 있다. 또는 실수로 잘못 말하거나 너무 직설적으로 말할 수도 있다. 아니면 싫어하는 의사가 표정에 너무 드러났을지도 모른다. 어떤 언행을 할 때마다 누군가 화를 내는 상황이 되풀이된다면 그 행동을 바꾸고, 반복하지 않으려 노력해라.

팀원들이 서로를 어떻게 도발하는지 눈여겨봐라 주변을 둘러봐라. 팀원들 간의 갈등을 알아차리면 도움이 된다. 그 갈등을 해결할 책임이 없더라도 말이다. 적어도 갈등이 어떤 식으로 밝혀지고 이름 붙여지고 또 해결되는지 눈여겨볼 수 있다.

갈등이 물리적 충돌로 번질 상황을 대비하고 나서라 누군가가 물리적으로 얼마나 가까이 접근해 있는지 주의 깊게 살펴라. 응급의학과 의사인 우리는 불안정하거나 흥분한 환자가 우리와 안전한 출입문 사이에 들어오지 않도록 바짝 경계한다.

안전 계획을 세워라 윗사람에게 팀 내 갈등 상황을 알려라. 회사의 안전 보안 정책을 다운로드해 읽어 둬라. 사무실에서 근무하는 경우 경비 호출 버튼의 위치를 물어보고 경비원이 어디에 있는지 알아내라. 원격으로 근무하는 경우 괴롭힘, 따돌림, 협박 등을 당하면 문자와 이메일을 저장해 둬라. 문서 자료는 상급자나 믿을 만한 동료, 변호사와 함께 다음 단계를 논의할 때까지 보관해 둬라.

마이크로스킬 2

갈등에 일조했다는 사실 인정하기

아다이라 응급의학과 레지던트였을 때 일입니다. 매우 위중하고 불안정한 상태의 환자가 병원으로 들어왔습니다. 창문을 닦다가 비계에서 떨어진 환자였죠. 제가 지시를 내리고 있는데 한 외상외과 레지던트가 들어와 저를 방해하며 저보다 더 큰 목소리로 말했습니다. 제가 말을 하려고 할 때마다 손을 들어 제 얼굴 앞에 손바닥을 들이밀었어요. 이 행동은 공격적이고 모욕적으로 느껴졌습니다. 저는 그의 눈을 똑바로 보며 일부러 목소리를 높여 아주 직접적으로 말했습니다. "제 말을 가로막지 말아 줄래요? 그리고 제 얼굴 앞에 손을 들이밀지 말고요." 나중에 사례 보고 때 그 레지던트가 저에게 사과했고 저 역시 상황을 악화시켜서 미안하다고 인정했습니다. 그 사람의 태도에 여전히 화가 나긴 했지만, 저 또한 더 현명하게 행동할 수 있었겠다 생각했습니다.

> ### 실제 필요한 스킬은 무엇일까?
>
> 항상 타인에게 책임을 전가하는 것을 삼가기.

이 스킬이 왜 필요할까?

직장에서 성공하려면 자신이 하는 말과 행동에 책임을 져야 한다. 갈등을 돌아볼 때는 다음과 같이 질문해야 한다. '무슨 일이 일어났지? 내가 이 갈등에 어떻게 일조했지? 내가 어떻게 다르게, 더 바람직하게 행동할 수 있었지?' 자기 반성과 책임감이 중요하다. 자기 내면을 들여다보면 성장에 도움이 되며, 바람직하게 행동하고 말하는 방법도 깨달을 수 있다. 본인에게도 갈등의 책임이 있다는 점을 인정하면 솔직하고 성숙한 방식으로 자신의 성장을 입증할 수 있다.

이 스킬은 왜 익히기 어려울까?

- 남들에게 갈등의 책임을 돌리고 자신에게는 책임이 없다고 발뺌하고 싶은 유혹을 느끼기 때문이다.
- 당혹감, 자존심, 수치심 같은 감정 때문에 사과하기 어려울 수 있기 때문이다.

- 잘못을 인정하려면 성숙함과 자기반성이 필요하기 때문이다.
- 직장에서 사과가 일상화되어 있지 않기 때문이다.

이 스킬을 익히기 위한 핵심 요령은 무엇일까?

잠시 멈춰 자기반성을 해라 자존심을 잠시 내려놓고 당시의 대화와 행동을 돌아보면서 자신에게 어떤 책임이 있는지 알아봐라. 본인의 행동, 즉 자신에게 주도권이 있는 순간을 생각해 봐라. 갈등을 돌이켜볼 때는 다음과 같이 질문해야 한다. '무슨 일이 일어났지? 내가 어떻게 다르게, 더 바람직하게 행동할 수 있었지?' 본인이 갈등을 일으키지 않았을지라도 배울 수 있는 스킬이 많을 것이다. 가령 긴장을 해소하는 스킬, 경청하는 스킬, 말하는 스킬, 그리고 자신의 보디랭귀지를 점검하는 스킬 등이 있다.

신뢰하는 사람에게 의견을 구해라 가장 친한 친구나 파트너, 심리 상담사에게 피드백을 요청해라. 그리고 그들의 의견에 귀를 기울여라. 말을 가로막거나 방어적으로 대응하지 마라. "제가 함께 지내기 어려운가요, 까다롭거나 이기적인가요? 아니면 손이 많이 가나요?" 또는 "제가 갈등을 일으키는 사람 같나요?" 솔직한 의견을 말할 수 있게 해라. 충격에 대비해 마음을 단단히 먹어라. 여러분이 문제일 수도 있다. 대화를 중단하면 배울 기회를 놓치게 된다.

조언이나 코칭을 구해라 갈등 상황을 혼자 해결할 수 있다고 생각한다면, 좋다. 변화할 수 있는 전략을 적어 봐라. 자신의 생각과 감정을 메모해라. 책을 읽거나 명상을 해라. 또 다른 선택지는 갈등 해결 코치를 찾는 것이다. 회사에서 교육비를 지원할 수도 있으니 상담해 봐라.

필요하다면 사과해라 진심 어린 사과는 갈등 해결의 가장 효과적인 방법이다.[147] 사과가 부정적인 관심이나 징계를 피할 목적의 보여주기식이어서는 안 된다. 자신이 받은 부당한 대우에 초점을 맞춰서도 안 된다. 진심이 담기지 않은 사과는 안 하느니만 못하다. 바람직한 사과는 후회, 죄책감, 성숙함, 책임감에서 나온다.[148] 비언어적 의사소통에도 신경 써라. 진심은 얼굴 표정, 손짓, 자세에서도 엿볼 수 있다.[149]

잘못된 사과	바람직한 사과
"늦어서 미안합니다. 그래도 가끔 있는 일이잖아요. 앞으로는 더 일찍 오도록 하겠습니다."	"회의에 늦어 팀 업무에 차질을 빚어 죄송합니다. 이런 일이 다시 생기지 않도록 앞으로는 조금 더 일찍 출발하겠습니다."

잘못된 사과에는 뚜렷한 반성의 조짐이 없으며 성장의 흔적도 보이지 않는다
바람직한 사과에는 자신의 행동이 미친 영향이 분명히 담겨 있으며
앞으로 같은 실수를 반복하지 않기 위한 계획도 언급된다

약속하고 후속 조치를 해라 행동을 개선하고 같은 실수를 반복하지 않기로 다짐했다면 사람들에게 알려라. 그들이 여러분의 변화를 알아챘는지 물어봐라.

마이크로스킬 3

심리적으로 안전한 분위기 조성하기

리사   응급실 간호사들은 병원 내 폭력에 특히 취약합니다. 환자들에게 받는 언어와 신체 폭력이 안전한 업무 환경을 해치죠. 오랫동안 이어져 온 '업무의 일환일 뿐이잖아'라는 사고방식이 감정적으로 더 힘든 상황을 만듭니다. 한번은 술에 만취한 환자가 비틀거리며 응급실로 들어와 쩌렁쩌렁한 목소리로 가슴 통증을 호소했어요. 우리는 환자를 즉시 검사실로 보냈죠. 심전도 기사와 간호사가 들어갔지만, 곧 간호사가 찾아와 환자가 치료를 거부하고 있으니 빨리 와 달라고 했습니다. 검사실로 들어갔을 때 환자는 침대에서 일어나 나가려고 하고 있었어요.

나 "환자분, 침대에 도로 누워 주세요. 심전도 검사를 진행해 환자분 상태를 살펴봐야 합니다."

남자 "의사 양반, 날 보내 줘요."

나 "지금도 가슴 통증이 있으십니까?"

남자 "네."

나 "아직 나가실 수 없어요. 환자분은 술에 취해 계시고 심전도와 다른 검사를 진행해 가슴 통증의 원인을 알아봐야 합니다.

대화 중에 간호사가 환자 팔에 혈압계 밴드를 채우고 손가락에 맥박 산소 측정기를 끼웠습니다. 그런데 그가 다른 손으로 간호사를 붙잡으며 마치 껴안으려는 듯 자기 쪽으로 끌어당겼어요.

남자 "(간호사에게) 자기, 자기는 이름이 뭐야?"

나 "간호사한테서 손 떼세요. 그리고 자기라고 부르지 마세요. 이 간호사의 이름은 자기가 아닙니다. 간호사가 요청하는 이름으로 불러 주세요."

그제서야 환자는 협조했고 우리는 검사를 계속할 수 있었어요. 검사실 밖에서 기사와 간호사, 그리고 저는 이 상황을 점검했습니다. 우리는 서로 안부를 물었죠. 팀원들끼리 서로를 잘 챙겨야 합니다.

실제 필요한 스킬은 무엇일까?

안전하다고 느낄 수 있는
업무 환경과 문화를 조성하기.

이 스킬이 왜 필요할까?

심리적 안정감은 개인과 팀의 성공을 좌우한다. 심리적 안정감은 '아이디어나 질문, 우려, 실수를 거리낌 없이 말해도 처벌받거나 창피당하지 않을 것이라는 믿음, 그리고 팀이 대인 관계에서의 위험 부담을 감당할 수 있는 안전한 공간이라는 믿음'으로 정의된다.[150] 심리적으로 안전한 직장에서 일하는 사람은 생산성과 혁신 가능성이 5배 더 높다.[151] 직원 이직률을 예측할 때, 건강하지 못한 직장 문화는 급여보다 10배 더 유효한 기준이다.[152] 심리적 안정감이 없는 공간에는 긴장감이 감돈다. 사람들이 그만두고 의사소통이 엉키고 사기가 떨어지며 업무가 잘 굴러가지 않을 수 있다.

이 스킬은 왜 익히기 어려울까?

- 심리적 안정감을 조성할 만한 구체적인 변화를 알아보기 어렵기 때문이다.
- 안정감을 조성하는 것은 조직이 할 일이지 개인이 책임져야 할 일인지 의문이 들기 때문이다.
- 심리적 안정감을 보장해 달라고 요청하기가 두렵고 자신이 없기 때문이다.

이 스킬을 익히기 위한 핵심 요령은 무엇일까?

자신에게 안정감을 주는 환경을 생각해 봐라 안정감을 주는 사람이나 장소를 떠올려 봐라. 아마도 그런 환경에서는 우려를 제기하고, 아직 불완전한 아이디어를 발표하고, 기초적인 질문을 해도 괜찮다고 느꼈을 것이다. 진정으로 보호받고 있다고 느꼈던 순간들을 떠올려 봐라. 그런 다음 그 환경을 과거 또는 현재의 안전하지 않은 환경과 비교해 봐라. 그 차이에 대해 곰곰이 생각해 봐라.

자신과 타인에게 안전한 환경을 조성해라 팀장이 아니더라도 팀원들의 안정감을 높여 줄 수 있다. 실제로 자신이 바라는 안정감을 팀원들에게도 만들어 줘라. 안전은 사람들이 회의에 편하게 참석하고 원활하게 소통하는 것을 의미한다. 그러려면 불편해하거나 무시당하거나 창피를 느끼거나 위협을 받는 팀원을 위해 나서서 목소리를 내야한다.

팀 내 안정감을 조성하는 5가지 간단한 방법

❶ 실수했다면 사과해라.
❷ 질문한 사람에게 "좋은 질문이네요"라는 말로 힘을 실어줘라.
❸ 창의성을 독려해 새로운 아이디어를 폐기하기 전에 충분히 탐구해 봐라.
❹ 누군가가 말을 하지 못하거나 소외되어 있지 않은지 살펴봐라.
❺ 자신의 실수, 실패담, 불안감에 대해 이야기해라.

다른 사람들에게 스포트라이트를 비춰라 사람들이 잘하는 일을 자주 그리고 공개적으로 칭찬해라. 시간만 좀 쏟으면 될 뿐 비용은 전혀 들지

않으며, 모든 사람에게 인정받는 기분을 느끼게 해 줄 수 있다. 긍정적인 피드백을 많은 사람에게 두루 줘라. 같은 사람에게만 몰아 주지 않도록 해라.

이메일을 보내고
상사를 참조로 넣어라

회의 중에 칭찬해라

동료를 수상 후보로
추천해라

회사 화이트보드나
온라인 커뮤니티에 감사 글을 남겨라

마이크로스킬 4

피드백 수용하고 반영하기

아다이라 레지던트 시절에 프로그램 디렉터 지도부와 함께 매년 팀 평가 회의를 했습니다. 그중 한 회의가 오래 기억에 남아요. 개선을 요하는 피드백을 받고서 다음 단계로 나아가는 방법을 배워야 했거든요. 그 회의에서 우리는 동료들이 제출한 의견과 피드백을 검토했습니다. 대부분은 긍정적이고 격려하는 의견이었어요. 재밌게도 그런 피드백은 잘 기억이 나지 않아요. 생생하게 기억에 남은 건 기사들에게 좀 더 친절히 대하라고 했던 한 동료의 의견입니다. (기사들은 들것을 옮기고, 혈액을 채취하고, 심전도 검사를 위해 환자 몸에 전극을 붙여 주는 직원들입니다.) 그 피드백을 듣고 깜짝 놀랐습니다. 제가 모든 기사를 친절하게 대한다고 생각했었거든요. 의견을 받아들이기가 쉽지 않았습니다. 지도부는 하나뿐인 의견이니 그냥 넘기고 회의를 마치고 싶어 했지만, 저는 마음이 뒤숭숭하고 실망스러워 개선을 요구하는 그 의견을 그냥 넘길 수가 없었어요. 분명한 건 몇 년이 지난 지금까지도 그 피드백을 기억하며 기사들을 대할 때 특별히 주의하려고 노력한다는 점입니다.

실제 필요한 스킬은 무엇일까?

요청했든 하지 않았든 받은 피드백을 모두 수용하되 좌절하지 말고 계속 나아가기.

이 스킬이 왜 필요할까?

피드백의 형태는 다양하다. 직접적인 피드백과 간접적인 피드백, 공식적인 피드백과 비공식적인 피드백, 간략한 피드백과 종합적인 피드백, 긍정적인 피드백과 비판적인 피드백 등이다. 대부분 긍정적인 피드백에는 크게 신경 쓰지 않을 것이다. 하지만 개선을 요구하는 비판을 받으면 어떤 반응을 보일지 예측하기 어렵다. 전문가들은 오래도록 개선을 요구하는 건설적인 비판이 업무 성과를 높이고 직장 내 이직률을 낮출 수 있다고 주장해 왔다.[153] 이런 이유로 이 같은 피드백을 듣고 싶어 하는 사람도 있다.[154] 하지만 모든 사람이 그렇지는 않다. 한 연구에 따르면 평소 불안 수준이 높은 사람들은 개선을 요구하는 비판을 부정적으로 보고 위협적으로 느낄 가능성이 더 높았다.[155]

이 스킬은 왜 익히기 어려울까?

- 개선을 요구하는 비판은 약하거나 방어적이거나 불안하지 않은 날에 들어도 거북하기 때문이다.
- 자존감, 내면의 힘, 자신감을 키우려면 노력이 필요하며, 이런 노력은 작심삼일이 되기 쉽기 때문이다.
- 피드백을 주는 사람에 대한 신뢰가 없는 경우 그 사람의 의도를 의심하게 되기 때문이다.
- 어떤 피드백은 정체성을 훼손하거나 손상시킬 수 있으며, 문화를 고려하지 않는다고 느껴질 수 있기 때문이다.
- 도움이 필요하고 성장할 여지가 있다는 점을 인정하려 들지 않기 때문이다.

이 스킬을 익히기 위한 핵심 요령은 무엇일까?

피드백을 천천히 곱씹어 봐라 피드백을 받을 때 방어적으로 대응하려는 충동을 자제해라. 처음 듣고 즉각 "아니, 제가 하려던 것은…"이나 "하지만 그건 딱 한 번 있던 일이었어요"라고 답변하고 싶을 수 있다. 그런 말을 참아 봐라. 또한 첫 반응으로 "저는 정말 쓸모없는 사람이에요. 잘하는 게 아무것도 없어요"라고 말할 수도 있다. 그런 말도 잠시 삼켜라. 피드백 하는 사람이 끝까지 말할 수 있도록 기다려라. 이후 피드백의 의미와 취지를 곱씹어 볼 시간은 충분하다.

피드백을 평가해라 직접 받은 피드백을 받아들일 수도, 보류할 수도 있다는 점을 기억해라. 피드백을 쓸모없다고 평가하기 전에 신뢰할 수 있는 사람들과 공유해라. 그들이 피드백에 동의한다면 그 피드백을 진지하게 받아들여라. 만약 피드백을 제공한 사람을 신뢰할 수 없고 다른 사람들도 나의 그런 해석에 동의한다면, 그 피드백은 보류하고 다른 사람들에게서도 같은 피드백이 나오는지 살펴봐라.

편견에 대한 우려를 제기해라 피드백에 나이 차별, 성차별 등에서 비롯한 편견이 담겨 있을 가능성이 크다. 이러한 우려는 제기할 수 있다. 준비가 되면 (꼭 해당 회의에서 말하지 않아도 된다) "피드백이 특정 계층을 겨냥한 인신공격적인 의견처럼 느껴집니다. 저는 이 부서에서 유일한 유색인종 여성이고, 제가 아무리 예의 바르게 행동해도 공격적인 사람으로 비치는 것 같습니다. 이 점이 더 심각한 문제 아닐까요?"[156]라고 말할 수 있다.

구체적인 내용을 요청해라 피드백이 구체적일수록 개선할 부분을 찾기가 더 쉽다. 예를 들어 팀 플레이어가 아니라는 피드백을 받았다면 다음처럼 구체적으로 물어봐라. "제가 팀 플레이어처럼 보이지 않았던 구체적인 사례를 알려 주실 수 있나요?"

피드백을 주는 사람의 의도를 존중해라 다른 사람에게 피드백을 주기란 어렵다. 시간을 들여야 하고, 불편해지거나 오해를 살 여지가 있으며, 오히려 상황을 악화시킬 수도 있기 때문이다. 내 성공에 진정으로 관심을 쏟는 사람이라면 대개 보이지 않는 곳에서 시간을 투자해 필요한 말을 전달하려고 노력했을 것이다.

> 마이크로스킬 5

까다로운 사람과 소통하는 방법 배우기

리사 팟캐스트에 초대한 게스트와 녹음을 하며 대화를 나누다 보면 가끔 '아하' 하고 깨닫는 순간이 찾아옵니다. 《까다로운 동료와 잘 지내는 법》의 저자 에이미 갈로Amy Gallo 와 대화할 때 그랬죠. 저는 한 팀원과 일했던 경험을 이야기했습니다. 서류상으로는 학력도 훌륭하고 실제로 만나면 유쾌한 사람이었는데, 저는 도무지 이 사람을 이해할 수 없었습니다. 자진해서 업무를 맡고 팀에서 짠 일정에 동의했지만 그 뒤로는… 아무 일도 하지 않았습니다. 이메일에 거의 답을 하지 않아서 다른 팀원들이 그 사람의 업무를 분담해야 했어요. 또 몹시 혼란스러웠던 건 직접 만나면 "오늘 프로젝트 진행 상황을 공유하겠습니다"라고 약속해 놓고 또다시 이메일을 보내지 않았습니다. 이게 무슨 일인지 도통 알 수가 없었어요. 그 사람의 안부를 확인해 봐도 건강이나 집안에는 아무 문제가 없었습니다. 우리가 팟캐스트에서 나눈 대화에서 에이미는 그 동료를 수동 공격형이라고 평가했습니다. "그 사람은 이유야 어떻든 간에 자신의 견해나 생각, 의견을 솔직하게 표현하는 것을 불편해하거나 또는 그럴 수 없는 사람입니다."[157] 회사 생활의 수수께끼가 풀렸습니다. 그 팀원은 다른 팀원들에게 업무를 하고 싶지 않다거나, 시간이 없다거나, 일하는 방법을 모른다고 말하기가 불편했던 거죠. 비록 그 팀원은 끝내 팀원들과 솔직하게 소통하지 못했지만 저는 그 동료를 더 잘 이해하게 됐고 팀의 목표치도 관리할 수 있었습니다.

> **실제 필요한 스킬은 무엇일까?**
>
> 까다로운 성격을 가진 사람들과 일할 때
> 스스로 대처법을 찾아보기.

이 스킬이 왜 필요할까?

MBTI 검사 같은 성격 유형 검사나 강점 찾기 검사를 해 본 적이 있는가?[158] 이런 도구로 성격 유형을 파악할 수야 있겠지만, 개인 간의 갈등을 해결하는 방법을 찾기는 힘들다. 사람들은 저마다 다르다. 실제로 최소 16가지의 성격 유형이 존재하며[159], 각 성격 유형도 정도에 따라 제각각 다른 성격을 보인다. 때로 이러한 다양성은 예측도 통제도 불가능한 갈등 상황을 초래할 수 있다. 우리는 대개 성격이 까다로운 사람들을 직접 상대하기보다 단지 그들 주변에서 일을 할 뿐이다. 그러나 시간이 지나다 보면 얼마든지 자신과 성격이 다른 사람들과 갈등을 빚을 수 있다. 다양한 유형의 사람들과 잘 지내는 방법을 배우려는 자세가 필요하다. 우리 두 사람은 종종 어떤 사람을 파악할 때 믿을 만한 사람에게 "제가 받은 인상이 맞을까요, 아니면 제가 뭔가 오해하고 있는 걸까요?"라고 질문함으로써 우리의 직감을 점검하고는 한다.

이 스킬은 왜 익히기 어려울까?

- 성격과 감정을 파악하기가 어렵기 때문이다. 특히 온라인 환경에서는 더욱 그렇다.
- 까다로운 사람들이 회사에서 아무나 깨기 힘든 장기간의 실적을 보유하고 있기 때문이다.
- 성격이 까다로운 사람들을 직접 상대하지는 않기 때문이다.
- 생산적인 대화를 나누는 대신 그 사람과 말싸움을 벌일 수 있기 때문이다.

이 스킬을 익히기 위한 핵심 요령은 무엇일까?

문제의 더 큰 원인을 찾아라 자신의 직감과 해석을 근거로 다른 사람을 판단하는 것도 좋지만, 자신이 잘못되거나 편파적인 인상을 가지고 있는지 따져 보는 것도 좋다. 까다롭거나 거북한 행동이라고 해석하는 것이 단지 스트레스, 정보 부족, 피로, 또는 번아웃 때문일 수 있다. 다른 사람의 행동에 대해 잘못된 가정이나 기대를 갖고 있다면 그 사람을 '까다롭다'거나 '함께 일하기 힘들다'고 평가할 수 있다.

간단한 해결책을 고민해 봐라 만약 그 사람이 누가 봐도 껄끄러운 사람이라면 이제 이렇게 질문해야 한다. '이 문제를 해결할 간단한 대책이 있을까?' 물론 해결책을 찾는 것이 내 책임이 아닐 수도 있지만, 업무를 완수하는 것은 내 몫이 맞다. 작은 팁 하나를 알려 주자면, 해결책을 제시하기 전에 먼저 도움이 필요한지 물어봐라. 도움이 필요하다고 하면 해당 문제를 왜 문제라고 생각하는지, 문제를 해결하기 위해 어떤 노력을 했는지 등을 물어본 다음 해결책이 떠오른다면 제안해라.

문제	해결책
누군가 회의에서 항상 부정적인 발언을 해서 팀 사기에 영향을 미치는 경우	그 사람의 건강 상태를 확인해 봐라. 긍정적인 분위기를 조성할 방법을 의논하고 간단한 해결책을 모색해라.
누군가 일정에 동의하고도 기한을 지키지 않는 경우	그 사람이 평소 시간 관리를 어떻게 하는지 물어봐라. 점검 빈도를 늘리는 것이 도움이 될지 확인하고, 팀에 어떻게 기여하고 싶은지 논의해라.
누군가 공격의 대상이 된다고 느끼며, 직무 능력 개발 기회에서 배제되고 있다고 억울해하는 경우	캘린더를 공유하고, 회의 일정과 직무 능력 계발 기회를 투명하게 공개해라.

말을 줄이고 기록해라 감정 소모가 심하니 옥신각신하는 논쟁은 되도록 피해라. 논쟁을 하다가 곤란해질 수도 있다. 대화가 격렬해지고 위협적으로 변하면 대화를 중단해라. 직접 말한 대화 내용과 전체 대화 요약 등 세부 사항을 기록하고, 필요할 때를 대비해 저장해 둬라. 흥분을 가라앉혀라. 차분해지면 신뢰할 수 있는 사람이나 상사와 함께 그 사람과의 관계를 개선하기 위한 실천 방안을 세워라.

마이크로스킬 6

불편한 대화를 피하지 않기

리사 불편한 대화를 완벽하게 해내는 비결을 알아내지는 못했지만, 그런 대화가 중요하고 또 누구나 연습하면 더 수월하게 할 수 있다는 점은 알고 있습니다. 한 동료가 일대일 연례 평가 회의 때 지도교수에게 급여 인상과 교대 근무일 단축을 동시에 요청한 기억이 납니다. 동료는 같은 연차의 팀원들 중 단연 탁월한 실력을 발휘했고, 실력이 부족한 팀원들의 공백까지 메우고 있었습니다. 하지만 지도교수는 그 요청을 수락하고 싶어 하지 않았어요. 교수는 직접 말하지 않고 저에게 그 말을 전하라고 했습니다. 저는 평가를 맡은 사람도 아니었고 급여와 교대 근무에 대한 관리 권한도 없었어요. 처음에는 좋은 연습 기회라고 생각했지만, 곧 지도교수가 불편한 대화를 떠넘겼다는 사실을 깨달았습니다. 불편한 대화를 마냥 피하는 것은 옳지 않습니다.

> **실제 필요한 스킬은 무엇일까?**
>
> 직장 내 갈등을 다룰 때 필요한 대화는 불편할지라도 피하지 않기.

이 스킬이 왜 필요할까?

사람들은 하루에 약 1만 6000개의 단어를 사용하고 하루 중 3분의 1을 회사에서 보낸다.[160] 이렇게 많은 상호 작용이 일어나는 환경인 만큼 불편한 대화를 잘 해내는 방법을 배우는 것은 값진 투자다. 불편한 대화를 잘못했다가는 처음부터 문제가 생겨 상황을 더 악화시킬 수 있기 때문이다. 불편한 대화를 피하면 부적절한 행동이나 성격이 해소되지 않아 다른 사람의 문제로 옮아갈 수 있다. 또한 그런 대화를 피하다 보면 직장에 대한 불만이 커지고 심리적 불안감을 느낄 수 있다. 솔직히 이 스킬은 습득하기도 어렵고 재미있지도 않다. 우리 두 필자도 갈등 해결을 피하고 싶을 때가 있다. 하지만 침착하게 갈등을 해결해 나가는 것이 유일한 방법이라고 믿는다.

이 스킬은 왜 익히기 어려울까?

- 불편한 대화에는 감정이 섞이기 때문이다.

- 조직 내 관계를 존중하고 신중하게 접근해야 하기 때문이다.
- 잘못된 단어나 표현을 사용해 오해받을까 봐 두렵기 때문이다.
- 상황을 피하고 싶고 나중에 다른 누군가가 해결할 것이라고 생각하고 싶기 때문이다.

이 스킬을 익히기 위한 핵심 요령은 무엇일까?

본인도, 상대방도 미리 준비해라 회의에서 논의하고자 하는 내용을 적어라. 회의가 계획대로 진행되리라고 기대하지 마라. 그래도 회의에서 다루고 싶은 안건을 정리해 두면 도움이 된다. 상대방에게도 미리 알려 줘라. 회의 시간에 갑자기 안건을 내놓거나, 일정을 잡을 때 애매하게 말하지 마라.

모호한 커뮤니케이션	정확한 커뮤니케이션
"서로 의견이 다른 것 같은데, 언제 한번 이야기할 수 있을까요?"	"잠시 확인해 보죠. 제안서에 대해 논의할 시간으로 이번 주 중 언제가 편하신가요? 만나서 업무를 어떻게 나눌지, 우리 둘 모두에게 맞는 일정을 어떻게 짤지 논의해 봅시다."

불편한 대화를 연습해라 불편한 대화를 혼자서 또는 신뢰할 수 있는 사람과 함께 미리 연습해라.[161] 목표는 차분하고 명확하게 대화를 나

누고 예시를 들어 설명하는 것이다. 이를테면 "제가 마감 기한을 제안할 때마다 고개를 저으며 눈을 돌리시더군요. 이번이 세 번째입니다. 그러시니 이 공동 작업에 대해 불안감이 생기네요. 제가 잘못 생각하고 있는 건가요?"라고 말해 볼 수 있다.

심리적 안정감을 조성해라 상대방의 반응을 정확하게 예측할 수는 없다. 격렬한 감정적 반응에 대비해라. 합의된 사항을 정리하고 상황의 긍정적인 측면을 강조해라. "소통을 더 자주 하자는 의견에 합의한 것 같군요. 이번 대화는 어떠셨나요? 더 개선할 방법이 있을까요?"

귀담아듣는 연습을 해라 하고 싶은 말이 많을 테지만 상대방이 말할 때는 중간에 끼어들지 말고 끝까지 들어라. 상대방도 대화에 동등하게 참여할 수 있게 해라. 상대방이 말한 내용을 되풀이해서 말해 주면서 제대로 이해했는지 물어봐라. 상대방에게도 내가 한 말을 어떻게 이해했는지 알려 달라고 요청해라.

비난하지 마라 구체적인 사례를 제시하고 오해가 있을 수 있다는 점을 인정해라. 모든 사람이 각자 자기만의 관점으로 어떤 상황을 바라보는 게 당연하니, 옳고 그름을 따지거나 비난하거나 창피를 줄 게 아니라 예의를 지켜 갈등의 원인을 찾고 해결책을 모색해야 한다.

합의점을 찾아라 의견이 다르더라도 합의점을 찾아 강조하는 것이 좋다. "실수의 원인이 누구인지에 대해서는 우리 둘의 관점이 다른 것 같네요. 하지만 이런 실수가 재발하지 않는 것이 중요하다는 의견은 같군요. 앞으로 나아갈 방법에 집중해 볼까요?"

출구를 만들어라 대화를 언제까지고 계속할 수는 없다. 특히 대화가 생산적이지 않고 문제만 키우는 경우에는 더 그렇다. 대화를 끝낼 전략을 세워라. 휴대전화에 알람이나 타이머를 설정해 회의를 마무리할 신호로 삼아라. 상대방에게 "죄송하지만, 이쯤에서 마무리해도 괜찮을까요? 다른 일을 처리해야 해서요"라고 말해라. 다른 일이란 어쩌면 비효율적인 회의에서 탈출하는 일일 수도 있다.[162]

상대방에게 다시 연락해라 대화가 끝난 뒤 상대방에게 필요하면 다시 연락해도 괜찮은지 물어봐라. 추가로 논의할 사항이 있는지 확인해라. 관계를 진전시키고 긍정적으로 유지하기 위해 최선을 다해 함께 노력해라.

마이크로스킬 7

능력과 자신감의 균형 맞추기

아다이라 레지던트 의사였을 때 한 달 동안 중환자실에서 근무했습니다. 한 환자가 복수 천자라는 시술을 받아야 했어요. 환자의 복부 내 장기들 주위로 엄청나게 많은 양의 복수가 고여 있었습니다. 복수 때문에 환자는 불편감을 느꼈고, 심지어 감염의 위험도 있었어요. 바늘과 주사기를 사용하여 복수 천자 시술로 환자의 복강 내 복수를 제거해야 했습니다. 저와 선배 레지던트가 복수 천자 시술을 위해 들어갔어요. 선배 레지던트가 시술을 시작하기 직전 소논문을 열심히 읽고 동영상을 찾아보는 모습을 봤습니다. 시술 전에 자료를 검토하는 건 당연한 일이라 의문을 갖지는 않았어요. 하지만 평소보다 지나치게 긴장한 듯 보였습니다. 지원을 요청할지 물어보자 선배는 "아냐, 괜찮아. 내가 할 수 있어"라고 대답했어요. 장비를 세팅할 때는 약간 헷갈려 하는 것 같았는데, 시간이 지나자 어떻게 할지 감을 잡더군요. 마침내 환자 복부에 천자침을 삽입하기 시작했습니다. 하지만 주사기 속으로 복수가 배출되는 대신 갈색 액체가 흘러 들어오는 게 보였습니다. 선배가 실수로 장을 찔러 대변이 수액 튜브로 흘러들어왔던 거죠. 이 사고는 천자술에서 발생할 수 있는 잘 알려진 위험이고, 의료계에 있는 모든 사람이 종종 실수를 합니다. 저도 마찬가지고요. 환자는 다행히 무사했지만 이 사고는 자신감과 능력을 혼동하면 안 된다는 큰 교훈을 줬습니다. 의료계는 자신이 없을 때도 자신 있게 행동해야 한다고 가르치고, 많은 직장 문화에서도 이런 행동이 좋은 보상을 받습니다. 하지만 선배가 시술에 자신이 없었던 점을 생각하면 상급자를 호출해 도움을 받는 것이 더 안전했을 겁니다.

실제 필요한 스킬은 무엇일까?

자신감을 갖되 능력 부족을 과도한 자신감으로 덮으려 하지 않기.

이 스킬이 왜 필요할까?

뛰어난 리더는 자신감과 능력, 이 두 가지를 고루 갖추고 있다. 존경하는 리더들을 떠올려 보면 유능하고 겸손하며, 고압적이지도 않고 폭력적이거나 불친절하지도 않을 것이다. 하지만 직장에서는 자신감이 지나친 사람을 자연스레 유능하다고 가정하는 경우가 많다. 연구에 따르면 자신감과 유능함 사이에는 직접적인 상관관계가 없다. 실제로 과도한 자신감은 리더의 자질과도 반비례한다.[163] 또한 자신감이 지나칠 경우에는 자신감이 부족할 때보다 실패할 가능성이 더 크다.[164] 누군가의 무능함이 간과되거나 감춰지면 사람들은 좌절감을 느낀다.

이 스킬은 왜 익히기 어려울까?

- 자존감이 낮고 무능하다고 느낄 때 오히려 자신감 넘치게 행동해야 한다고 생각하기 때문이다.
- 조직과 리더들은 여성과 소외 집단에게 남성이 정한 강력한 리더십 스타일을 받아들이라고 신호를 보내지만, 정작 일터에서는 여성과 소외 집단의 자신감을 긍정적으로 해석하지 않는 경우가 많기 때문이다.
- 자신감의 적절한 수준을 찾기가 어렵기 때문이다.

이 스킬을 익히기 위한 핵심 요령은 무엇일까?

자신감을 키워라 긍정적인 피드백을 받으면 이를 받아들이고 스스로에게 "이 피드백을 믿는다"라고 말해라.

질문해라 수시로 질문하고 모르는 게 있으면 분명히 이야기해라. 이렇게 행동하려면 자신감이 필요하다. 또 모르는 건 잘못이 아님을 보여 줄 수도 있다. 절대로 다 안다고 생각하지 마라. 우리도 같은 방법을 쓰고 있으며 유능한 의료계 동료들도 똑같이 하고 있다.

단호하면서도 열린 태도로 말해라 말을 할 때, 가령 의견을 제시하거나 회의를 이끌 때, 불쾌하거나 거만하게 들리지 않으면서도 자신감 있게 말할 수 있는 방법이 있다. 명확하고 자신감 있게 말하되 친절함을 잃지 않는 것이다. 열린 마음으로 다른 사람들의 제안이나 반대 의사를 들어라. 긍정적인 제스처를 취하면서 적절한 말투로 이야기하면 생각은 견고하지만 다른 의견을 수용할 준비가 되어 있다는 메시지를 줄 수 있다.

부적절한 커뮤니케이션	이상적인 커뮤니케이션
"그 사람이 이 일에 적격입니다. 다른 후보자들은 볼 필요도 없어요."	"개인사와 이력서, 인터뷰 결과를 고려했을 때 그 사람이 이 일에 적격이라는 생각이 들었습니다. 여러분 생각은 어떠세요?"

완곡한 표현에 주의해라 비판에 열려 있으면서도 자신감은 잃지 않도록 해라. 말을 하거나 글을 쓸 때 '~인 것 같다'나 '아마도' 등의 표현을 지나치게 많이 쓰지 마라. 특히 사실에 근거한 내용이라면 자신의 지적 능력을 평가절하하지 않기를 바란다.

부적절한 커뮤니케이션	이상적인 커뮤니케이션
"아마도 프로젝트 추진을 고려해 봐야 할 것 같습니다."	"추진합시다. 문제가 된다면 알려 주세요."

피드백을 요청해라 자신이 어떻게 비치는지 확신이 서지 않는다면 다시 개인 자문단을 찾아라. 신뢰하는 동료나 친구들에게 물어봐라. 이들의 피드백은 더 주관적일 수 있으니 신뢰하는 직장 사람에게도 물어봐라. "제가 자신감 있어 보이나요? 제 능력은 어떤 것 같나요?"라고 질문해 봐라.

잘못을 지적해 준 사람에게 고마워해라 누군가가 시간을 내 잘못을 지적하거나 반론을 제기했다면 감사를 표해라. 잠시 말을 중단하고 "그렇게 말씀해 주셔서 감사합니다" 또는 "그런 피드백을 해 주셔서 감사합니다"라고 말해라. 이렇게 하면 남들도 편하게 말할 수 있고, 내가 보여 준 능력도 고스란히 인정받을 수 있다. 왜냐하면 아무도 내가 모든 것을 다 안다고 생각하지 않기 때문이다.

능력을 갖춰라 결국 본인의 전문 분야와 업계에 대해 잘 아는 것이 제일 중요하다. 공부하고, 자격증을 취득하고, 선택한 분야를 깊이 파고들어라.

마이크로스킬 8

문서로
기록 남기기

아다이라   응급의학과 의사들은 교대 근무를 하기 때문에 쉽게 근무일이 바뀝니다. 어느 날 한 동료가 찾아와 12시간 근무를 대신해 달라고 부탁했습니다. 당연히 그럴 수 있었죠. 동료가 근무 변경 요청 양식을 이메일로 보냈고 저는 '수락' 버튼을 눌렀습니다. 몇 주 후 동료는 "저번에 대신 서 준 교대 근무 갚을게요"라고 말했습니다. 하지만 지난번 근무를 갚는다면서 동료가 제안한 교대 근무시간은 12시간이 아니라 8시간이었습니다. 동료의 말을 선의로 이해했지만 4시간 차이를 확인해 보고 싶었습니다. 다행히 이 근무 거래에 대한 문서 기록이 남아 있었습니다. 근무 거래를 할 때마다 해당 이메일을 '거래'라는 폴더로 옮겨 두었거든요. 동료에게 지난번 이메일을 다시 전송하면서 간단히 "이것 좀 확인해 줄래요? 저번에 바꿔 준 근무 거래와 비슷한 시간이면 좋겠어요. 12시간짜리로 교대 근무를 대신해 줄 수 있어요?"라고 썼습니다. 문서 기록을 남기는 이유는 논란을 만들기 위해서가 아니라 의견 충돌을 피하기 위해서입니다.

> ### 실제 필요한 스킬은 무엇일까?
>
> 갈등을 해결하기 위해 문서로 기록을 남기기.

이 스킬이 왜 필요할까?

문서 기록을 남기는 행위는 대개 직원 해고 후 소송 제기에 대비해 직원의 잘못을 찾아야 하는 상황에서 논의된다.[165] 하지만 그런 경우가 아니어도 직장에서 벌어지는 복잡한 문제들을 다루려면 문서 기록을 남겨야 한다. 문서 기록은 사건을 시간순으로 문서화하는 것이다. 여기에는 이메일, 문자 대화, 회의록, 개인 간의 대화가 포함될 수 있다. 중요한 사실은 문서 기록이 갈등 상황에서만 필요한 건 아니라는 점이다. 갈등을 예방하기 위해서도 활용하면 좋다. 이를테면 상사와의 회의 후 핵심 사항을 요약해 이메일을 보내거나 프로젝트의 업무와 역할을 기술하는 데 사용할 수 있다. 문서 기록을 다시 공유하거나 사용하지 않을 수도 있지만 필요할 때 매우 유용할 것이다. 기록을 전혀 남기지 않을 때 오히려 큰 문제가 발생할 수 있다.

이 스킬은 왜 익히기 어려울까?

- 대화한 내용을 수집하고 기록하는 데 시간이 들기 때문이다.
- 기록을 너무 미루면 세부 사항을 잊어버리고 기억하는 데도 한계가 있기 때문이다.
- 불편했던 대화를 떠올리고 다시 검토하다 보면 스트레스와 마음의 상처가 생길 수 있기 때문이다.
- 이런 유형의 정보를 문서화하는 것이 거북하고 수치스러울 수 있기 때문이다.

이 스킬을 익히기 위한 핵심 요령은 무엇일까?

기록을 남겨라 "서면으로 받아 둬"라는 말을 들어봤을 텐데 이 말은 증거 없이는 아무것도 보장되지 않는다는 뜻이다. 현명한 충고다. 그렇다고 해서 문서화한 기록이 모두 논란의 여지가 있는 내용은 아니다. 어떤 내용은 단지 참고용으로 기록되기도 한다. 기록한 내용을 잘 정리해 둬라. 이메일이나 문서, 폴더를 사용할 수 있다. 기록한 내용을 안전히게 보호해야 하며, 나중에 찾기 쉬워야 한다. 분실하거나 나중에 발견될 수 있는 종이에는 민감한 정보를 적지 마라. 회사 컴퓨터나 업무용 이메일에 기록을 남기는 것도 신중해야 한다. 직장 내 갈등 상황이 벌어지면 개인 노트북이나 모바일 기기에 문서 또는 폴더를 생성하거나, 나에게 이메일을 보내 둬라. 모든 내용을 안전한 곳에 기록해라.

실시간으로 업데이트해라 사건이 발생할 때마다 문서 기록을 업데이트해라. 날짜, 시간, 대화 내용 모두 유용하다. 불편한 대화, 또는 임금 인상과 같은 중대한 사안이 포함된 긍정적인 대화를 나눌 때도 서면으로 회의 내용을 요약해 작성해라. 신중하게 검토한 다음 신뢰하는 관계자들에게 보내 이를 인지하고 있는지 확인해라.

발신:	
수신:	
참조:	
숨은 참조:	
제목:	연봉 협상 내용에 대해 확인 부탁드립니다.
내용:	오늘 미팅 시간 내주셔서 감사합니다. 논의한 내용을 제가 정확히 이해했는지 확인해 주셨으면 합니다. 지금 제 연봉이 7만 5000달러이고, 합의한 인상액은 5000달러이므로 향후 연봉은 8만달러이고 인상된 연봉은 올해 7월 1일부터 적용될 예정입니다. 제가 이해한 내용이 맞는지 확인 부탁드립니다. 감사합니다. 아다이라

스스로를 챙기고 돌봐라 갈등이 있을 시에는 스트레스를 줄여라. 감정을 기록하고 스트레스를 털어놓으면 마음의 평온을 유지하는 데 도움이 된다. 부정적인 문서 기록은 정기적인 일이 되어서는 안 된다. 만약 그렇다면 더 큰 문제가 있을 수 있다는 뜻이므로 업무 환경에서 느끼는 심리적 안정감을 따져 봐야 한다. 이 직장이 나에게 맞는지 자문해 봐라.

마이크로스킬 9

인사과가 누구를 위해 일하는지 파악하기

리사 어느 날 부서 교수회의에서 직장 내 성희롱 문제로 격렬한 논쟁이 벌어졌습니다. 한 동료가 누군가 성희롱을 당한다면 인사과로 가야 한다고 말했습니다. "인사과의 역할이 바로 그런 거잖아요." 인사과에서 보호하고 문제를 해결해 줄 거라고 단호히 말했죠. 하지만 제 경험상으로는 주변 여성 동료들이 직장 내 괴롭힘과 성희롱 문제로 인사과에 가면 막상 적절한 대우를 받는 걸 본 적이 없어서 당황스러웠습니다. 인사과에서 일하는 주변 친구들과 이야기해 봐도 인사과는 주로 개별 직원이 아니라 조직 자체를 보호하고 지원한다고 말했죠.

실제 필요한 스킬은 무엇일까?

인사과의 수혜자와 인사과가 하는 일을 파악하기.

이 스킬이 왜 필요할까?

인사과가 직원을 돕고 보호하기 위해 존재하는 부서라고 생각할 수 있지만, 인사과는 사실 회사를 지원하고 보호하기 위해 존재하는 부서이다.[166] 인사과의 목표는 이직률을 줄이고 회사에 대한 부정적인 관심을 최소화하는 것이다. 물론 고충 처리를 담당하는 부서이기도 하다. 인사과와 소통할 때 이런 점을 염두에 두고 신중하게 대응할 필요가 있다.

이 스킬은 왜 익히기 어려울까?

- 인사과에 대해 잘못된 정보를 들었거나 정보가 없기 때문이다.
- 인사과가 직원을 지원하는 부서라고 알고 있던 경우, 실제로는 조직을 보호하는 부서라는 사실을 받아들이기 위해 관점을 완전히 바꿔야 하기 때문이다.
- 지원과 답변을 얻기 위해 다른 대안을 찾아야 하기 때문이다.

이 스킬을 익히기 위한 핵심 요령은 무엇일까?

인사과 담당자를 알아 둬라 인사과 담당자는 회사 정책과 혜택에 관한 구체적인 정보를 제공할 수 있다. 담당자의 이름과 연락처를 주소록에 추가해라. 인사과에서는 대화 내용을 추적하고 문서화할 수 있다. 이 점을 분명히 해 두고 싶다면 담당자에게 문의해라. 회사 규모가 크다면 익명으로 전화하거나 질문하는 것이 편할 수도 있다.

직원에게 제공되는 자원을 알아봐라 궁금한 점이 있을 때는 직원 안내서, 회사 웹사이트, 또는 오래 근무한 동료가 유용한 자원이 될 수 있다. 몇 가지 구체적인 사례는 다음과 같다. 계약에 관한 갈등이 있다면 개인적으로 변호사를 고용하는 방법을 고려해 봐라. 성차별을 당했다면 회사에 성차별 금지 전담 부서가 있을 수 있으니 알아봐라. 문제를 신고할 때는 충동적으로 행동하거나 두려워하지 말고 전략적으로 접근해라.

신중하게 의사소통해라 소셜 미디어와 이메일에 업무 관련 글을 작성할 때는 주의해라. 대체로 사람, 기관, 직무, 고객들의 이름과 같이 구체적인 정보는 피하는 것이 좋다. 명예 훼손 고발, 해고, 법적 조치, 전문 치료 프로그램 이수, 직원 파일 문서화 등과 같은 잠재적인 결과를 염두에 둬라.

마이크로스킬 10
부적절한 행위 신고하기

아다이라   몇 해 전 같이 일했던 남자 간호사가 레지던트, 특히 여성 레지던트들과 끊임없이 갈등을 빚었습니다. 그 간호사는 레지던트들의 의료 지식에 강하게 의문을 제기하고, 자신이 인정하지 않는 임상 지시를 미루고, 환자들에 대해 무례한 발언을 했습니다. 누가 봐도 부적절한 행동이었죠. 피해를 입은 레지던트를 돕고자 간호사를 신고할 계획이라고 말했습니다. 실제로 상사에게 그 간호사 사례를 보고한 후 다시 레지던트에게 제가 한 조치와 상사의 답변을 알려 줬습니다. 레지던트에게 진행 상황을 공유하는 것이 가장 중요했어요. 부적절한 행위가 용인되거나 반복되어서는 안 된다는 점을 알려 주고 싶었거든요. 그 간호사는 전문 교육 프로그램과 성별 및 문화 감수성 교육을 받았습니다.

실제 필요한 스킬은 무엇일까?

부적절한 행위에 대한 신고 시기와 방법을 숙지하기.

이 스킬이 왜 필요할까?

누군가를 신고한다고 해서 반드시 추가 조치가 취해진다는 보장은 없다. 하지만 아무도 목소리를 내지 않으면 문제 있는 사람들이 직장에 계속 남아 있을 가능성이 크다. 아무런 결과가 없더라도 지지와 책임은 중요하다. 그러니 필요하다고 판단된다면 신고를 통해 문제제기를 하는 것도 고려해 보는 것이 좋다. 문제를 제기하지 않거나 신고하지 않으면, 그 사람은 자신의 나쁜 행동을 당연한 일로 여길 수 있다. "보세요, 이런 식으로 행동해도 아무 문제 없고 결과도 좋잖아요." 나쁜 행동은 개인뿐 아니라 팀과 업무에도 영향을 미칠 수 있기 때문이다. 언제든지 누구라도 신고할 수 있다는 사실이 두렵고 불안할 수 있다는 점도 인정한다. 그러니 직장에서 부적절한 행위를 목격했을 때는 어떤 조치를 할지 신중하게 고려해야 한다.

이 스킬은 왜 익히기 어려울까?

- 목소리를 낼 경우 보복을 당하거나 다른 부정적인 대가를 치르게 될까 봐 걱정되기 때문이다.
- 과거에 부적절한 행동을 지적했지만 아무런 변화가 없었기 때문이다.
- 신고 방법을 가르쳐 줄 사람이 없기 때문이다.
- 신고가 자신의 소임이라고 생각하지 않기 때문이다.
- 신고하는 데 드는 시간과 정신적 부담을 감당할 여유가 없기 때문이다.

이 스킬을 익히기 위한 핵심 요령은 무엇일까?

처음에는 혼자서 감정을 다스려 봐라 직장에서 받은 상처와 고된 경험을 다독이는 방법에는 여러 가지가 있을 수 있다. 일기를 쓰거나, 하룻밤 자고 생각을 정리해 보거나, 달리기나 다른 운동을 시도해 봐라. 중요한 것은 다음 단계로 나아가기 전에 먼저 자신의 감정을 돌보는 것이다.

신뢰할 수 있는 사람들에게 털어놔라 개인 자문단에게 이야기해 보거나 직장에서 신뢰할 수 있는 사람들을 찾아봐라. 친구나 가족은 내 편을 들 테니 객관적이지 않을 수도 있다는 점을 명심해라. 진심으로 나를 걱정하는 사람에게 객관적이고 편견 없는 조언을 받아야 한다. 대화를 시작하기 전에 먼저 지지를 얻고 싶은 것인지, 해결책을 찾고 싶은 것인지를 결정해라. 이렇게 대화를 시작해 봐라. "이 문제에 대해 지지 또는 해결책을 얻고 싶어요. 어제 회사에서 무슨 일이 있었냐 하면…."

지지 요청	해결책 요청
"이 일을 저만 겪는 게 아니라는 사실을 알고 싶어요."	"불만을 제기하려면 어떻게 해야 하는지 알고 싶어요."
"이 문제를 마음에서 떨쳐 내고 싶어요."	"직장을 옮길 때 얼마 전에 통보해야 하는지 알고 싶어요."
"당장 출근해서 상사를 어떻게 봐야 할지 너무 막막해요."	"회사 내 다른 팀으로 옮기고 싶어요."
"예전에 그 사람을 신고할 용기를 어떻게 내셨나요?"	"이 사건을 신고한다면 다음에는 어떤 조치를 취해야 할까요?"

어려운 상황을 의논하기 위해 만남을 요청할 때는
어떤 도움이 필요한지 분명히 이야기해라

사실을 분석해라 감정을 다스린 후에는 사건의 구체적인 내용을 공유해라. 어려운 일인 건 알지만 신고를 준비할 때는 편견이나 개인적 호불호를 배제하는 편이 좋다. 먼저 신뢰할 만한 사람에게 구체적인 데이터와 함께 사실을 명확히 언급하며 사건을 보고해라.

주관적인 의견	객관적인 의견
"그 사람이 정말 못되게 굴었어요."	"그 사람이 제 바로 앞에 서서 목소리 높여 말했어요. 제 말을 막으려고 네 번이나 손을 들어 올렸고, 손이 제 얼굴에서 5~6센티미터밖에 떨어져 있지 않았어요."
"팀 회의가 불편해요."	"지난 한 달 내내 회의 때마다 그 사람이 옆에 앉으라고 요구했고, 퇴근 후에 함께 술을 마시자고 문자를 보냈어요."

계속 진행할지 결정해라 본인이 결정해야 한다. 감정을 다스리고 신뢰할 수 있는 동료와 이야기한 후 계속 진행하고 싶은지 결정해라. 두렵고 망설여지는 마음은 충분히 이해한다. 만약 계속 진행하는 것이 내키지 않으면 잠시 멈춰라. 계속해서 고민하고 추후에 다시 자신을 돌아봐라. 직장에서 자신이 심리적으로 안정된 상태인지 계속 점검하는 것은 당연한 일이다. 동시에 자신을 보호해야 한다. 자신의 권리 찾기를 포기한 뒤에 크게 후회하는 일이 없었으면 좋겠다.

이메일이나 문자는 피해라 신고를 준비할 때는 될 수 있으면 서면보다는 누구와 대화하는지 알 수 있도록 직접 만나서 회의해라. 신고할 내용과 신고하지 않을 내용을 명확히 파악해 둬라. 신고 내용을 개인적인 이메일과 문자로 남기는 것은 바람직하지 않다.

결론

- ✔ 힘들어하는 동료가 있을 수 있다. 단순한 착각이 아니라, 생각 이상으로 오래된 문제일 수 있다.
- ✔ 문서화하고 신중하게 말해라. 경청과 배려의 힘을 깨달아라.
- ✔ 갈등 상황에 자신이 일조한 사실을 인정하고 유념해라.

10장

새로운 기회를 알아보고
놓치지 않는 법

리사   그날 환자 사례는 극적이었습니다. 한 환자가 호흡 곤란을 겪으며 호흡 정지 직전 상태로 응급실에 들어왔어요. 우리는 기관 내 삽관(호흡을 돕기 위해 기관 내로 튜브를 삽입하는 시술)을 시도했지만 실패했고, 다른 모든 시도 역시 실패했습니다. 긴급 '크릭'을 해야 했어요. 목 앞쪽을 절개해 기관에 구멍을 내고 그 구멍으로 튜브를 삽입해서 호흡 통로를 만드는 수술이었죠. 제 친구가 환자의 담당 의사였습니다. 친구는 응급실 4년 차 레지던트로 수련 과정의 마지막 해를 보내고 있었어요. 저는 3년 차였죠. 수술 팀이 수술 진행을 위해 병상 옆에 도착해 있었습니다. 친구가 침대 머리맡에 서서 자신 있게 외쳤어요. "제 환자니까 제가 수술을 맡겠습니다. 제가 절개술을 할게요." 친구는 잘 해냈습니다. 성공적으로 기도를 확보했고 환자의 상태는 안정되었습니다. 그 순간 저는 스스로 이렇게 목소리를 내본 적이 없다는 사실을 깨달았습니다. 이런 수술을 맡는 일에 무척 수동적으로 움직였던 거죠. 비슷한 수술을 맡을 기회가 있었지만 제가 하겠다고 나선 적이 없었으니까요. 친구를 지켜보면서 스스로 어떻게 목소리를 내고, 또 이런 기회를 어떻게 잡을 수 있는지 배웠습니다.

어느 순간 주변을 둘러보며 '왜 나만 빼고 다들 근사한 일을 하고 있지?'라는 생각을 해 본 적이 있을 것이다. 아니면 '언제쯤 누군가 나를 도와줄까?'라고 궁금해했을 수도 있다. 많은 사람이 오지도 않을 도움을 기다린다. 아무도 나에게 신경 쓰지 않는다는 말이 아니다. 단지 주변 사람들도 그저 자기 살기 바쁘다는 뜻이다. 물론 어떤 사람들은 크게 노력하지 않고 일할 기회를 얻기도 하지만, 대개 기회는 저절로 굴러오지 않는다. 우리 스스로 적극적으로 찾아 나서야 한다.

포모FOMO 증후군, 즉 대세에서 소외되거나 남들보다 뒤처지는 것에 대한 불안감이 꼭 나쁜 것만은 아니다.[167] 그런 불안감이 생기면 타인과 그들의 경력에 관심을 기울이고 또 공부를 하게 된다. 관찰을 통해 어떤 부분에서 성공하고, 또 어느 정도 성공할 수 있을지 확인할 수도 있다.[168] 다른 사람들의 성공담과 사연을 읽고, 보고, 듣는 것은 직장 생활 지침서를 무료로 받아 보는 것과 같다.

안타깝게도 포모 증후군에는 부정적인 면도 있다. 정신적 스트레스, 동기 부여 스트레스, 자신감 하락, 지나친 몰두, 불안, 질투 등을 초래할 수 있다. 소셜 미디어와 스마트폰 사용은 이런 문제를 더욱 악화시킨다.[169] 분명 뒤처지는 기분을 외면하기는 어렵다. 우리 두 사람도 때로는 다른 사람들이 얻은 기회를 왜 우리는 얻지 못했는지 궁금해한다. 하지만 동시에 우리는 기회가 무궁무진하다는 사실을 잘 알고 있다.

내가 원하는 대로 경력을 쌓아 가는 것은 나에게 주는 선물과도 같다. 나의 길과 여정은 오직 나 자신에게 달려 있다. 경력에 변화를 줄 여지를 의도해서 만들길 바란다. 적극적으로 기회를 찾아 나서라. 새로운 기회는 호기심, 대화, 공유, 경청을 통해 생겨난다. 야심이 큰 건 아무 문제가 되지 않는다. 성장에 대한 이 열망이 바로 자신과 팀, 업무를 밀고 나가는 원동력이 되기 때문이다.

이번 장에서는 새로운 기회를 찾는 데 도움이 되는 7가지 마이크로스킬을 소개한다.

새로운 기회를 잡기 위한 마이크로스킬

❶ 스킬을 다양하게 활용하기

❷ 전문성을 키워 줄 기회 목록 작성하기

❸ 자신에 대해 편하게 이야기하기

❹ 얻기 힘든 기회에 지원하기

❺ 추천서 초안 직접 작성하기

❻ 기회를 수락하기 전에 찬찬히 고민하기

❼ 새로운 기회를 잡을 때 기존 팀 배려하기

마이크로스킬 1
스킬을 다양하게 활용하기

아다이라   응급의학과 수련의 시절 앞으로의 직장 생활은 그저 출근하고 환자들을 돌본 후 퇴근하는 게 전부일 거라고 감히 짐작했습니다. 하지만 특별한 멘토인 우체 블랙스톡Uche Blackstock 박사 덕분에 의학 학위로 할 수 있는 일에 대한 생각이 완전히 달라졌습니다. 제가 인턴일 때 뉴욕시의 어느 카페에 앉아 함께 대화를 나누던 블랙스톡 박사가 앞으로의 진로 계획에 대해 물었습니다. 저는 어리둥절해서 "환자들을 돌볼 것 같은데요?"라고 대답했어요. 그게 제가 아는 주된 선택지였으니까요. 그러자 박사가 저를 쳐다보며 말했습니다. "의학 학위로 할 수 있는 일은 훨씬 더 많아요." 이 말 덕분에 저는 의사, 창업가, 작가, 강사 등 다양한 분야의 일을 할 수 있다는 생각을 자연스럽게 받아들이게 되었습니다. 예를 들어 의학과 초음파 분야에서 수련한 덕분에 의료 스타트업을 위한 컨설팅 기회를 얻을 수 있었습니다. 멘토로 활동하면서는 여러 시사 관련 글을 썼고, 결국 이 책까지 집필하게 되었죠. 또한 작가로서의 경험은 유색인종에게 글쓰기를 가르치는 비영리 단체를 시작하는 계기가 됐습니다. 직업과 관련해 습득한 기술들이 서로 연결되면서 새로운 기회를 만들어 냈습니다.

> ### 실제 필요한 스킬은 무엇일까?
>
> 현재 가지고 있는 스킬을 새로운 기회에 적용하기.

이 스킬이 왜 필요할까?

내가 가진 스킬이 다양하며 다른 분야에도 적용할 수 있다는 사실을 알게 되면 더 많은 선택지가 보일 것이다. 또한 자신의 전문 능력이 여러 회사에 얼마나 매력적으로 보이는지도 이해하게 된다. 사실 많은 기업은 채용 공고에 명시된 특정 역할과 정확히 일치하지 않더라도 '비슷한' 역량을 가진 지원자들을 적극적으로 찾고 있다.[170] 기업들은 새로운 직무에 맞게 직원들을 교육함으로써 직원들의 기술을 향상시킨다.[171]

이 스킬은 왜 익히기 어려울까?

- 자신의 스킬이 무엇인지 잘 알지 못할 수도 있기 때문이다.
- 어떤 스킬이 새로운 기회로 연결되는지 모를 수 있기 때문이다.

이 스킬을 익히기 위한 핵심 요령은 무엇일까?

집에서 규칙적으로 하는 활동을 생각해 봐라 집에서 매일 하는 일상적인 활동들을 떠올려 봐라. 직장 업무와 직접 관련이 없어 보이는 활동도 포함될 수 있다. 자신의 이력서를 살펴보고, 친구들에게 자신이 무엇을 자주 하는지 물어봐라. 개인 자문단과 함께 자신의 활동 목록을 만들어 봐라.

자신의 스킬을 정리해라 매일 하는 활동 목록에서 각 활동을 수행하기 위해 사용하는 스킬들을 생각해 봐라. 이러한 스킬을 직장에서는 어떻게 활용할 수 있을지 고민해 봐라.

지금 하는 활동	스킬	직장에서 적용하기
규칙적으로 하는 요가, 명상	호흡, 이완 요법, 스트레칭, 정서적 고양	위기관리 전략을 짤 때, 불편한 대화를 주도할 때 적용 가능
팟캐스트 진행자 겸 프로듀서	낯선 사람과 의사소통, 관계 맺기, 인터뷰, 스토리텔링, 큐레이션	고객의 이야기나 프로젝트의 핵심 파악하기, 회의와 대화 주도하기

건강한 식사	영양, 자기 돌봄, 자기 연민, 심신 건강에 대한 이해	팀원들이 배고픈 상태로 일하거나, 영양가 없는 식사를 하면서 일하지 않도록 돌보면서 팀의 사기를 높임
즉흥 코미디	커뮤니케이션, 엔터테인먼트, 신뢰 구축	수많은 청중 앞에서 편하게 말하기, 능숙하게 딱딱한 분위기 풀기
정원 가꾸기	인내심, 보살핌, 희망적인 태도	일터에 위로와 온기를 더해 사기 증진

팀원들에게 스킬을 가르쳐라 스킬을 공유해라. 예를 들어 "스프레드시트 작업에 도움이 필요하신 것 같네요. 예전 직장에서 엑셀을 많이 다뤄 봤어요. 도와드릴게요" 또는 "스트레스를 많이 받으셨을 것 같아요. 제가 명상을 하고 있으니 괜찮으시면 가르쳐 드릴게요"라고 말해 봐라. 이러한 사기 진작과 스킬 공유는 모든 사람에게 도움이 되며, 팀 플레이어로서의 나의 평판에도 긍정적인 영향을 미친다.

스킬을 설명할 때 행위 동사를 사용해라 수동적인 표현을 써서 '이 일을 하게 되었습니다'라고 말하는 대신 '이 일을 실행했습니다, 조직했습니다, 총괄했습니다, 알아냈습니다'라고 말해라. 기회에 도전할 때는 천천히 자신의 능력을 전부 살펴본 뒤 그러한 능력을 구체적이고 긍정적인 단어, 그리고 행위 동사를 사용해 설명해라.[172]

마이크로스킬 2

전문성을 키워 줄 기회 목록 작성하기

아다이라 제 웹 브라우저에는 '기회'라는 북마크 폴더가 있습니다. 이 폴더는 제가 가장 자주 사용하는 탭으로, 소셜 미디어를 보거나 기사를 읽거나 인터넷을 검색할 때 사용합니다. 흥미가 생기거나 나중에 유용할 것 같은 글쓰기 과정, 육성 프로그램, 장학금 관련 정보를 발견하면 '기회' 폴더로 끌어다 놓지요. 때로는 그런 링크들이 1년 이상 그대로 남아 있기도 합니다. 링크는 사용할 때까지 또는 더 이상 탐색하고 싶지 않다는 확신이 들 때까지 보관합니다. 이런 접근 방식을 사용하면 우연히 발견한 기회를 빠르게 목록화할 수 있어 잊어버릴까 봐 걱정하거나 즉시 더 검색해 볼 필요가 없어 매우 효율적입니다.

실제 필요한 스킬은 무엇일까?

앞으로 추구할 기회와 아이디어 목록을 지속적으로 기록하기.

이 스킬이 왜 필요할까?

지금 어떻게 생각하든 몇 년 후에는 같은 자리에 없을 수도 있다. 또는 같은 자리에 있더라도 더 많은 기회를 얻고 싶을 수도 있다. 관심과 포부는 변하기 마련이니 대비하면 좋겠다. 이런 목록은 과거에 눈여겨봤던 기회를 상기시켜 주는 훌륭한 자료가 될 수 있다. 목록의 유형은 만날 사람, 지원할 기회, 배워야 할 스킬 등 다양할 수 있다. 이 목록을 활용해 행동에 나설 준비를 하고 필요한 정보를 미리 확보해라.

이 스킬은 왜 익히기 어려울까?

- 체계적인 문서 관리 시스템을 구축해야 하기 때문이다.
- 제자리걸음만 하면서 남들을 쫓아가는 데 급급하기 때문이다.
- 어떤 기회는 자신의 인맥만으로는 얻기 어려울 수 있기 때문이다.

이 스킬을 익히기 위한 핵심 요령은 무엇일까?

기록 시스템을 만들어라 쉽고 간단하게 만들어라. 일기, 노트북, 클라우드에 자신의 포부, 관심사, 기회 목록을 기록하기 시작해라. 간략하게 만들어도 좋고 구체적으로 만들어도 좋다. 만약 구체적으로 만들고 싶다면 기회와 정보를 '직무 및 직위' '수상' '강좌' '만나야 할 사람' 등의 주제어를 사용해 분류해라. 각 항목에 웹사이트, 담당자, 이메일 주소, 관련 일정 등을 기입할 수 있는 열을 추가해라. 자신에게 맞는 시스템을 만들어 지속적으로 활용해라.

더 많은 사람과 관계를 맺어라 더 많은 기회를 찾아낼 방법을 고민해봐라. 소셜 미디어는 좋은 접근 방식이다. 자신의 분야에서 좋은 성과를 내는 사람들을 알아보고 팔로우해라. 어디서 강연하는지, 누가 자금을 지원하는지, 어떤 홍보 활동을 하는지 등 그들의 기회를 살펴봐라. 기대주나 성공한 사람들을 주목해라. 그들이 무슨 일을 하고 있는지 알아보고, 만약 모르겠다면 참고를 위한 미팅을 요청해라.

관련 콘텐츠를 구독해라 자신의 분야와 관련된 뉴스레터와 블로그를 구독해라. 여기에는 교육 프로그램, 강의, 행사, 세미나, 채용에 관한 공지가 올라온다. 이메일 수신함이 넘쳐날 수 있으니 신중하게 선택해라. 전혀 도움이 되지 않는 구독은 취소해라.

목록을 재검토하고 수정해라 기회에 도전하는 속도가 느리더라도 좌절하지 마라. 시간이 걸리는 일이다. 어떤 기회는 누군가의 추천이 있어야 더 쉽게 접근할 수 있음을 명심해라. 수시로 기회를 살피며 적절한 때에 도전해라.

> **마이크로스킬 3**
>
> # 자신에 대해 편하게 이야기하기

아다이라   몇 년 전 멘토링 상을 받았습니다. 생각지도 못한 뜻깊은 일이었어요. 시상위원회에서는 시상식을 위해 제가 이룬 성과에 대해 간단한 연설을 준비해 달라고 요청했습니다. 그래서 15초짜리 연설문과 2분짜리 연설문 두 가지를 준비했죠. 시상식에서 첫 번째 수상자는 정보가 거의 없는 연설을 짤막하게 했습니다. 진행자는 시상식에서 곧바로 시상을 이어 갔어요. 두 번째 수상자는 3~4분 동안 훨씬 더 많은 정보를 공유하면서 연설을 했습니다. 청중들에게도 매우 의미 있는 연설이었죠. 어떤 대목에서는 감동을 받아서 질문을 하고 싶을 정도였어요. 저는 자리에 앉아 생각했어요. '나는 어떤 연설을 하면 좋을까?' 그때 처음으로 경험을 나누는 일의 중요성을 깨달았죠. 구체적인 경험과 여정으로 이야기를 시작하면 사람들의 몰입을 도울 수 있습니다.

> **실제 필요한 스킬은 무엇일까?**
>
> 업무 기회를 얻기 위해 자기 이야기 하는 것을
> 자연스럽게 받아들이기.

이 스킬이 왜 필요할까?

내가 아는 사람들 대다수가 나를 돕고 싶어 하지만 어떻게 도와야 할지 모른다고 생각해 봐라. 자신에 대해 이야기하는 게 중요하다. 무슨 일을 하고 있는지, 어떤 성과를 이루었는지, 무엇을 원하는지 말해라. 직업적인 성과와 관심사를 공유하면 다른 사람들이 나를 염두에 둔다. 내 목표와 일치하는 기회를 발견하면 그 기회를 나에게 전달할 수도 있다.

이 스킬은 왜 익히기 어려울까?

- 어떤 사람들은 자기 홍보를 불편해한다. 특히 여성들은 이르면 초등학교 6학년 때부터 자기를 알리는 것을 불편해한다는 연구 결과가 있기도 하다.[173]
- 본인에 대해 이야기하고 홍보하는 것이 불쾌하거나 자기중심적이라는 생각이 들 수 있기 때문이다.

- 본인의 이야기를 얼마나 공유해야 할지 잘 모를 수 있기 때문이다.

이 스킬을 익히기 위한 핵심 요령은 무엇일까?

나를 알릴 준비를 해라 연습을 해라. 단순히 "새로운 기회를 찾고 있습니다"라고 말하기보다는 나를 좀 더 확실히 알릴 수 있어야 한다. 구체적이고 긍정적인 자질을 공유하는 것이 유리하다. 내가 어떤 사람인지, 무슨 일을 하는지, 어떤 목표를 가지고 있는지 설명해라.

어떤 사람인가	• "저는 아다이라 랜드리입니다. 의사, 작가, 멘토로 활동하고 있습니다." • "저는 리사 루이스입니다. 의사, 헬스케어 서비스 디자이너, 작가, 팟캐스트 제작자로 활동하고 있습니다."
무슨 일을 하는가	• 《마이크로스킬》이라는 책을 공동 집필했으며, 비영리단체 '라이팅 인 컬러'를 공동 창립했습니다." • 《마이크로스킬》이라는 책을 공동 집필했으며, 헬스케어와 평등에 관한 이야기를 글과 말로 전하고 있습니다."
어떤 목표를 가지고 있나	• "경력 초기 단계에 있는 많은 사람에게 글쓰기와 경력 계발 노하우를 가르치고 싶습니다." • "팟캐스트의 구독자와 영향력을 확대하기 위해 후원자를 찾고 새로운 방안을 모색하고 있습니다. 이를 통해 게스트와 그들의 활동, 이야기를 널리 알리고자 합니다."

나에 대해 이야기하는 연습을 해라 팀원들에게 성과를 공유하고 피드백을 요청해라. 피드백을 반영해 자신이 말하는 내용이 자연스럽고

진정성 있게 느껴지도록 해라.

서명을 통해 나를 알려라 이메일 서명을 활용해 자기소개를 해라. 이름과 직함 아래에 관련 링크를 넣되 이력서처럼 보이지 않도록 간결하게 작성해라.

> 아다이라 랜드리 의학 박사, 교육학 석사
> 하버드 의과대학 조교수
> '라이팅 인 컬러' 공동 창립자
> 트위터: @AdairaLandryMD
> 555-55-5555(근무처)

> 리사 E. 루이스, 의학 박사
> 응급의학과 교수
> 성별 대명사: She/Her/Hers
> 웹사이트 | 인스타그램 | 링크드인

프로필을 통해 나를 알려라 소셜 미디어의 사용자 이름과 프로필은 나를 알릴 수 있는 좋은 방법이다. 나에 대한 소개 글은 명확하고 구체적이고 의도적으로 작성해라.

사람들에게 나를 홍보해라 이메일이나 소셜 미디어를 통한 사람들과의 교류는 나를 알리기 위한 첫걸음이다. 다음과 같이 DM을 보내 봐라. "안녕하세요, 이웃 추가해 주셔서 감사합니다. 작년에 하신 테드엑스 강연 잘 봤습니다." 먼저 서두를 그 사람에 맞게 작성한 뒤 내가 누구이며 무슨 일을 해왔는지 알려라. 무언가를 부탁하기 전에 상대방의 응답 여부나 방법을 확인해 봐라. 답변이 없더라도 기분 나쁘게 받아들이지 마라. 한 번 더 연락해 본 뒤 다음으로 넘어가도 괜찮다.

마이크로스킬 4

얻기 힘든 기회에 지원하기

리사 　의과대학에 진학하면서 연구에 대한 호기심이 생겼습니다. 연구원이 되면 어떨까 상상해보기도 했고요. 그러다 실험실 연구 경험이 많은 한 동급생을 통해 하워드 휴스 의학연구소-미국 국립보건원(HHMI-NIH) 연구 장학생 프로그램을 알게 됐습니다. 동급생은 의과학자를 목표했고, 장학금 신청과 연구 논문 작성 경험도 많았어요. 저는 그런 스킬이 전혀 없었죠. 그렇지만 그 프로그램이 얼마나 좋았는지 듣고는 의대 학장과 동급생에게 HHMI-NIH 프로그램에 지원하겠다고 밝혔습니다. 동급생은 저를 말리면서 제가 일반적인 지원자들과는 다르며 분명 경험이 가장 부족할 것이라고 강조했습니다. 다행히 전염병학은 지원 가능한 연구 분야에 들어가 있었지만 아무도 그 분야에 지원하지 않았더군요. (이 사실은 다른 프로그램 동료 49명을 만나면서 확인할 수 있었어요.)

결국 저는 선발되었고 암 역학 분야의 프로젝트를 완료했습니다. 덕분에 값진 교훈과 경험과 기회를 얻을 수 있었어요. 이때의 경험을 통해 스스로 가장 유력한 지원자가 아니라는 사실을 알더라도 그냥 지원해 봄으로써 생각지 못한 기회를 얻을 수 있다는 걸 깨닫게 되었습니다.

실제 필요한 스킬은 무엇일까?

모든 기준을 충족하지 않아도
기회에 지원할 수 있음을 받아들이기.

이 스킬이 왜 필요할까?

자기 훼방 self-sabotage 은 실제로 존재한다. 이 때문에 기회에 지원하기도 전에 스스로 그 기회를 고려 대상에서 제외해 버리기 쉽다. 흥미로운 기회를 발견하고 자격 요건을 살펴보면서 그 목록에 있는 단 하나의 요건만 충족하지 못해도 해당 직책에 지원하지 않을 수 있다. 자주 인용되는 휴렛-패커드 보고서 통계를 보면, 남성들은 자격 요건의 60퍼센트만 충족해도 일자리에 지원하는 반면, 여성들은 100퍼센트 충족하지 않으면 지원하지 않는다고 한다.[174] 왜 그럴까? 〈하버드비즈니스리뷰〉에 실린 연구에 따르면, 여성은 남성과 달리 자격 요건에 나열된 모든 기준이 필수적이라고 가정하는 경향이 있기 때문이다.[175]

이 스킬은 왜 익히기 어려울까?

- 때때로 자신의 능력에 대해 거짓말하거나 과장하거나 왜곡한다고 느끼기 때문이다.
- 자신이나 다른 사람들의 시간을 낭비하고 싶지 않기 때문이다.
- 거절당할까 봐 두렵기 때문이다.

이 스킬을 익히기 위한 핵심 요령은 무엇일까?

자격 요건을 검토해라 공고문에 나열된 자격 요건을 살펴봐라. 한두 가지를 제외하고 대부분의 자격 요건을 충족한다면 도전해라.

기회에 대해 잘 알고 있는 사람과 이야기해라 과거에 해당 직책을 맡았던 사람에게 이메일을 보내거나 전화를 걸어 봐라. 그들이 겪은 경험, 자격 요건 그리고 채용 기준의 엄격함에 대해 물어봐라.

약속을 잡거나 설명회에 참석해라 담당자의 연락처가 기재되어 있다면 만나서 대화하며 관심을 표해라. 예를 들어 "안녕하세요, 해당 직무에 관심이 있어 몇 가지 궁금한 점을 여쭤보고 싶습니다. 20분 정도 대화할 시간이 있으신가요?" 만약 채용설명회가 있다면 참석해라.

지원해라 새로운 기회에 지원하는 것은 결과와 상관없이 좋은 경험이다. 자기소개서를 작성하거나 면접에 참여하다 보면 자신의 경험과 전문성을 되돌아보게 되며, 미처 알지 못했던 부족한 점도 발견할 수 있다. 시간과 에너지가 드는 것말고는 손해 볼 일이 거의 없다.

문서 기록에 주의해라 업무용 이메일 주소를 통해 보낸 메일은 감시되고 전달될 수 있다는 점을 명심해라. 또한 개인 정보 침해가 발생할 경우 법은 종종 회사의 편을 들어 줄 수 있다는 점도 고려해야 한다.[176] 새로운 기회에 지원하고 있다는 소문도 퍼질 수 있으니, 이와 관련된 질문을 받았을 때 어떻게 대응할지 고민해 봐라. 개인 이메일 주소를 사용하는 것도 생각해 봐라.

비밀로 하고 싶다고 밝혀라 솔직하게 말해라. 면접 중에 프라이버시를 지키기 위해 지금 회사에는 지원 사실을 알리지 않았다는 점을 밝혀라. 한편 경우에 따라서는 새로운 기회를 얻기 위해 회사에 구직 중이라는 사실을 알려야 할 수도 있다.

마이크로스킬 5

추천서 초안 직접 작성하기

> **리사** 처음 직장을 구할 때 지도교수에게 추천서를 부탁했습니다. 지도교수는 흔쾌히 승낙한 후, 곧바로 저에게 추천서 초안을 작성해 보라고 했습니다. 내 추천서 초안을 내가 직접 쓴다는 게 의아하고 당황스러운 마음이 들었습니다. 주변에 물어보니 이런 일은 매우 흔하며 규정에 명시되어 있지 않는 한 행동 강령에 위배되지도 않는다는 점을 알게 됐어요. 곧 추천서 초안을 직접 작성하는 일이 전혀 이상하지 않다는 점도 깨달았습니다. 나를 가장 잘 아는 사람은 바로 나 자신이기 때문이죠. 추천서에 넣을 만한 관련 항목들을 이력서에서 쉽게 선별해 낼 수 있고, 추천서 작성자가 모르거나 기억할 수 없는 구체적인 일화와 세부 내용도 함께 전달할 수 있을 테니까요. 일종의 관행이라는 걸 알고 나서는 저도 누군가에게 추천사를 부탁 받으면 이런 점을 설명해주곤 합니다.

> ### 실제 필요한 스킬은 무엇일까?
>
> 추천 과정이 순조롭도록 직접 추천서 초안 작성하기.

이 스킬이 왜 필요할까?

우리는 미국 경제 전문지 〈패스트컴퍼니〉에 '직접 추천서 작성하는 방법'이라는 칼럼을 기고한 적이 있다. 이 기사는 왜 본인이 본인의 추천서를 작성할 최고의 적임자인지 설명한다. 자기 성과를 제일 잘 아는 사람이 바로 자신이기 때문이다.[177] 추천서는 그 사람이 누구이고, 지금까지 어떤 일을 해 왔으며, 앞으로 무엇을 할 계획인지를 요약한 문서다. 앞서 자신을 알리는 방법에 대해 알아본 만큼, 자신에 대한 정보를 추천서에 풀어내는 요령도 익혀보도록 하자.

이 스킬은 왜 익히기 어려울까?

- 자신에 대한 글을 쓰고, 스스로 추천하고, 자신을 홍보하는 것이 불편할 수 있기 때문이다.
- 두루뭉술하지 않게 구체적으로 쓰고, 일화를 기억하고, 자랑하는 것처럼 들리지 않도록 표현하는 것이 어렵기 때문이다.

- 특정 기회의 경우, 추천서 초안 작성이 실제로 법적으로 허용되지 않는다는 점을 알았기 때문이다. 이럴 때는 추천서 초안을 직접 작성하지 않아야 한다.

이 스킬을 익히기 위한 핵심 요령은 무엇일까?

초안 작성을 제안해라 추천서를 부탁할 때 초안을 작성해 보겠다고 제안해라. 초안을 미리 작성해 공유할 준비를 해 두는 것도 좋다. "추천서 초안을 작성해 이메일로 전달하겠습니다"라고 말할 수 있다.

추천서 작성자에 대해 부연 설명을 해라 대부분의 추천서는 작성자, 즉 추천서를 제출하는 사람에 대해 언급하면서 시작한다. 그 사람의 관련 업적, 직책, 역할 등을 설명하면서 내가 지원하려는 직책과 어떻게 연관되는지를 설명해라. 객관적이면서 추천서의 목적에 부합하는 내용으로 작성해라.

구체적인 주요 성과를 전달해라 직장에서 이룬 성과를 가장 잘 알고 있는 사람은 나 자신이다. 구체적이고 명확하게 작성해라. 공유할 내용은 사실 중심으로 결과에 초점을 맞춰 간결하게 기술해라. 3인칭으로 작성하는 것이 좋다. 이를테면 다음과 같다. "리사는 수상 경력이 있는 팟캐스트 '비저블 보이스'의 진행자이자 제작자입니다. 150편 이상의 에피소드를 제작하면서 〈가디언〉의 주목을 받아 주말 문화 섹션에 소개된 바 있습니다."

과한 표현을 피해라 객관적으로 서술해라. 내가 가장 뛰어나다거나 강하다거나 빠르다고 표현하지 마라. 이런 정보는 추천서 작성자가 편집해 전달할 수 있도록 해라. 내가 할 일은 내 경력에 대한 객관적이고 문서화된 보고서를 제공하는 것이다.

이 기회가 가져올 영향을 서술해라 해당 직무나 기회가 나에게 어떤 영향을 미칠지 기술해라. 이 기회가 리더이자 협업자로서 내 경력에 어떻게 도움이 될지 구체적으로 서술해라. 이 기회를 통해 무엇을 할 계획인지, 그리고 다른 사람들을 위해서는 무엇을 할 계획인지 알려라.

오류를 점검해라 맞춤법이나 문법 오류가 없는지 확인해라. 교정을 보고 이름, 날짜, 연락처 정보가 올바른지 검토해라.

> **마이크로스킬 6**

기회를 수락하기 전에 찬찬히 고민하기

아다이라 한번은 전국적인 토론회에 패널로 초대된 적이 있었습니다. 다른 토론자 다섯 명과 진행자 두 명은 아는 사람들이었어요. 모두 친절하고 지적이었지만, 전부 남성이었죠. 저는 초대 메일을 받기 몇 주 전부터 이에 대해 알고 있었어요. 소셜 미디어에서 토론회 광고를 봤기 때문이죠. 제가 초청을 받았을 때는 토론회가 2주밖에 남지 않은 상황이었습니다. 토론회가 얼마 안 남은 상태에서 초대를 받은 것이 이상하게 느껴졌어요. 항공편과 호텔도 예약해야 했거든요. 몇몇 친구들에게 배후 사정을 약간 들을 수 있었습니다. 토론회 주최 측이 뒤늦게 패널 구성이 너무 비슷하다는 피드백을 받았다고 합니다. 주최 측은 새로 패널을 구성하는 대신 마지막 순간에 저 같은 흑인 여성을 끼워 넣으려고 했던 거죠. 이전에도 '다양성 채용'의 일환으로 '끼워 넣어졌던' 경험이 많았습니다. 기분 좋지 않은 일이었어요. 토론자들은 그 접근 방식이 옳다고 생각했을지 몰라도 저는 제 직감을 믿기로 했습니다. 그 토론회는 제가 하는 일에 도움이 될 것 같지 않았고 깊이 고민한 끝에 제안을 거절했습니다. 지금도 그 결정에 후회는 없습니다.

실제 필요한 스킬은 무엇일까?

기회를 수락하기 전에 철저히 조사하기.

이 스킬이 왜 필요할까?

급하게 결정을 내려야 하는 경우는 아주 드물다. 그런데도 많은 사람이 제안을 거절하는 것을 어려워한다. 포모 증후군 때문일 수 있다. 그러다가 뒤늦게 실상을 알게 되면 분노하고 부담감을 느끼거나 포기할 수 있다. "왜 내가 여기에 지원했지?"라며 후회할 수도 있다. 이 마이크로스킬은 자기 돌봄의 영역에 들어간다. 바로 건강한 방식으로 경계를 정하는 기술이다.

이 스킬은 왜 익히기 어려울까?

- 사전에 결점이나 문제를 발견하기 어렵기 때문이다. 시간, 경험, 통찰력이 필요한 일이다.
- 제안을 거절하는 것이 불편할 수 있기 때문이다.
- 어떤 질문을 해야 할지, 무엇을 알아봐야 할지 모를 수 있기 때문이다.
- 위험 신호를 간과하거나, 직감을 믿지 않고, 해로운 문화를 합리화할 수 있기 때문이다.
- 사람들을 실망시키고 싶지 않기 때문이다.
- 다시는 제안을 받지 못할까 봐 두렵기 때문이다.

이 스킬을 익히기 위한 핵심 요령은 무엇일까?

잠시 멈추는 연습을 해라 친절하고 솔직한 태도로 정직하게 설명하는 데 집중해라.[178] 예상치 못한 부탁을 받았을 때 편하게 사용할 수 있는 명확한 질문이나 자주 쓰는 표현을 정리해 둬라. 가령 "와, 저를 생각해 주셔서 감사합니다. 먼저, 조금 더 알아봐도 될까요?"라고 말해 봐라.

행정 지원을 요청해라 기회에 따라 혼자 할 수 있는 일도 있지만 추가적인 일손과 협력이 필요한 일도 있을 수 있다. 후자에 해당한다면 행정 지원에 대한 정보를 요청해라. 지원이 적은 기회는 힘든 일일 가능성이 크니 특별히 주의해야 한다. 예를 들어 "행사 규모가 상당히 큰 것 같군요. 행사 준비를 도와줄 행정 지원을 받을 수 있을까요?"라고 물어봐라.

협업자가 있는지 확인해라 어떤 기회는 업무의 내용보다 함께 일할 사람들 덕에 좋을 수 있다. 협업자들이 업무를 배우는 데 도움을 줄 수 있을지, (멘토링에 관심이 있을 경우) 그들의 멘토가 되어도 좋을지 물어봐라. 또 그들이 곧 직장을 떠날 계획이 있는지도 확인해라. 입사하고 나서 동료들이 떠날 예정이거나 이미 떠났다는 사실을 알고 싶지는 않을 것이다.

자신의 필요를 충족하는 기회인지 확인해라 나에게 필요하거나 내가 원하는 기회인지 신중하게 확인해라. 만약 매력적이거나 긍정적으로 보이는 기회라면, 어떻게 하면 더 나은 기회가 될 수 있을지 파악하고 요청해라. "이 기회는 아주 매력적이지만 다양하고 포용적인 팀을 구성하기 위해서는 예산이 필요합니다." 만약 명확한 이점이 없다면 거절해라.

얼마나 드문 기회인지 따져봐라 어떤 자리는 정말로 평생에 단 한 번뿐인 기회일 수 있다. 정말 그런 기회인지 따져 봐라. 만약 그렇다면 다시 오지 않을 기회이니 주의 깊게 재검토해라. 잘 아는 사람들에게 물어보고, 후회하지 않도록 신중하게 판단해라.

필요한 스킬을 확인해라 새로운 기회가 일자리일 경우 채용 담당자나 상사에게 훈련이나 교육 과정이 필요한지 문의해라. 성공 의지를 보이는 것이 중요하다. 다음과 같이 제안해라. "이 직무를 수행하려면 상당한 규모의 예산을 관리해야 한다는 사실을 알게 됐습니다. 저는 이전에 더 적은 규모의 예산을 무리 없이 관리한 경험이 있습니다."

공정한지 확인하고 논란을 피해라 과거에 그 자리에 어떤 논란이 있지는 않았는지 주변에 물어봐라. 그 자리가 공정하다는 평판을 받고 있는지 반드시 확인해라. 신뢰할 수 있는 친구들에게 임금 형평성에 대해 물어봐라. 이러한 정보는 일찍 알아봐야 좋다. 어느 정도 불평등한지 꼼꼼하게 조사해라. 인터넷으로 검색해 보면 된다. 그 자리를 수락해도 나의 평판에 해가 될 요소는 없는지도 확인해라.

제안을 서면으로 받아라 간혹 동료나 상사, 채용 담당자가 구두로 기회를 제안하는 경우가 있다. 좋은 일이지만 확약을 받은 건 아니다. 제안을 서면으로 요청해라. 구두 약속은 신뢰할 수 있을 것처럼 보이지만 쉽게 철회될 수 있다.

제안서를 검토해라 제안서를 항상 받는 것은 아니지만, 중요한 기회일 때는 제안서를 받을 수도 있다. 제안서가 오면 읽어 봐라. 서명하기 전에 반드시 읽고 논의했던 내용과 일치하는지 확인해라. 제안서 내용이 논의된 내용과 다른 경우가 은근히 많으며, 그건 분명 찜찜한 일이다. 신뢰할 수 있는 사람, 경험 있는 멘토나 변호사, 가능하다면 유사한 직책을 맡았던 사람에게 제안서를 검토해 달라고 부탁해라.

마이크로스킬 7

새로운 기회를 잡을 때 기존 팀 배려하기

리사 이 책을 집필하기 위해서는 무엇보다 시간이 필요했습니다. 이 말은 응급실 근무를 조정해야 한다는 뜻이었어요. 근무뿐만 아니라 수업과 행정 업무도 마찬가지였죠. 여기에는 워크숍 준비, 강의, 주간 회의 주관 등의 업무도 포함됐습니다. 제가 휴가를 내면 다른 사람들의 업무가 늘어난다는 사실을 잘 알았기 때문에 팀원들의 업무량을 덜어 줄 방법을 고민했습니다. 두 가지 방법을 써 봤습니다. 첫째, 주가 회의를 준비하고, 진행하는 역할을 돌아가면서 맡기 시작했습니다. 이를 통해 필요할 때마다 해당 팀원에게 코칭과 멘토링을 해 줄 수 있었어요. 무엇보다 젊은 팀원들이 업무 경험을 쌓을 수 있었죠. 둘째, 집필을 위한 안식년에 들어가기 6개월 전, 다음 해에 매월 진행할 강연 시리즈의 초청 강사 일정을 미리 조율해 확정했습니다. 그 결과 막판에 급하게 강사들을 초청할 필요가 없어졌고, 학생들에게는 중요한 교육이자 인맥 확장의 기회인 초청 연사 시리즈도 중단 없이 진행할 수 있었습니다.

> **실제 필요한 스킬은 무엇일까?**
>
> 업무와 역할을 바꿀 때 신중하기.

이 스킬이 왜 필요할까?

성장하고 발전하면서, 또 스킬을 다양하게 활용하고 더 높은 지위로 올라갈 준비를 하면서, 지금의 업무량보다 훨씬 업무 부담이 커질 수 있다. 결과적으로 다른 팀원들에게도 더 많은 업무가 몰릴 수 있다. 충분한 자원과 인력을 투입하지 않으면 팀의 생산성과 사기가 떨어질 수 있다. 이는 사려 깊지도 공정하지도 않으며 좋은 생각도 아니다. 주의해라. 나를 발전시키는 동시에 타인도 배려해야 한다.

이 스킬은 왜 익히기 어려울까?

- 부서의 일을 맡지 않으면 이기적으로 보이기 때문이다. 고립감을 느낄 수도 있다.

- 업무를 다른 팀원들에게 떠넘기면 불만이 생길 수 있기 때문이다.
- 흥미로운 업무나 프로젝트에만 집중하고 관심이 덜 가거나 마음이 덜 동하는 업무는 피하고 싶기 때문이다.

이 스킬을 익히기 위한 핵심 요령은 무엇일까?

정기적으로 대화해라 본인의 직무 능력 개발 계획에 관해 팀원들과 이야기해라. 대화를 통해 팀원들의 불만을 줄여라. 팀 내 업무 분배를 논의하고, 최대한 공정하게 나눠라.

일정을 관리해라 캘린더를 활용해 시간을 관리하고 일정을 표시해 업무를 놓치지 않도록 해라. 완료해야 하는 업무와 프로젝트 목록을 작성한 뒤 이 목록을 정기적으로 점검해라.

업무를 위임하고 분배해라 변화의 시기는 현 상태를 점검하기 좋은 기회다. 현재 하는 업무 중 다른 사람에게 넘길 수 있는 일을 찾아봐라. 더 많은 책임을 맡고 싶어 하는 동료가 있는가? 프로젝트를 나눠서 여러 사람이 맡아 진행할 수 있는가?

퇴사 통보는 신중하고 계획적으로 해라 이직할 때는 그 사실을 미리 정중하게 알려야 한다. 방법은 상황에 따라, 또 근로 계약과 직장 문화에 따라 달라질 수 있다. 상사에게는 이메일, 문자, 전화보다는 직접 만나서 알려야 한다. 성의 있게 임해라. 다음 자리로 옮겨갈 때 상사가 도움을 줄 수 있으니 긍정적인 인상을 남기는 것이 좋다. 앞으로 어떤 자리, 어떤 사람을 만나게 될지 알 수 없기 때문이다.

결론

✓ 다음 기회를 적극적으로 고민하고, 실행에 옮겨라.

✓ 기회를 고민하고 목록을 작성한 후 잠재적인 기회에 대해 사람들과 이야기해 봐라.

✓ 새로운 스킬을 습득하거나 새로운 기회를 고려할 때는 팀에 미치는 영향을 염두에 두어야 한다.

나가며

우리가 이 책을 집필하면서 발견한 직장 생활에 관한 세 가지 진실은 다음과 같다.

진실 ❶ 시간은 오직 쓰는 것만 가능하다. 시간은 계좌에 저축할 수도 인출할 수도 없다. 그러므로 그토록 귀한 시간이라는 자원을 계획적이고, 신중하고, 또 전략적으로 사용해야 한다.

진실 ❷ 세상은 공평하지 않다. 우리는 모두 다르다. 출발점도, 누리는 특권도, 유리한 점도 다 다르다. 무엇보다, 우리 중 일부는 다른 사람보다 직장에서 더 환영받고 더 큰 소속감을 느낀다.

진실 ❸ 배움은 이용할 수만 있다면 무한하다. 정보를 모든 사람이 이용할 수 있게 만들 때 우리가 배울 수 있는 건 무궁무진해진다.

이 세 가지 진실을 염두에 두고 마이크로스킬을 활용해 작은 행동의 변화로 큰 효과를 얻길 바란다. 직업적 성장과 항해의 여정은 나만 잘

한다고 되는 일이 아니다. 어떤 일터든 이 세 가지 핵심 요소가 모두 필요하다. 본인, 팀, 그리고 일이다. 다음 세 가지가 충돌하고 무엇 하나를 희생시키는 게 아니라 서로 조화를 이루어야 한다. 각 마이크로스킬은 서로 무관한 단계들이 아니다. 어떤 스킬은 중복되며 응용도 가능하다. 특정 스킬은 다른 스킬을 바탕으로 쌓이며, 아무리 대단한 업무라도 작은 단위로 쪼개 실행 가능하도록 만든다.

규모가 큰 작업이나 벅찬 프로젝트, 중대한 문제, 거대한 목표를 만나면 잠시 멈추기를 바란다. 그리고 작은 단계들로 쪼개라. 여기서 어떤 마이크로스킬을 적용할 수 있을까? 왜 그 마이크로스킬이 필요할까? 왜 그 스킬을 습득하기 어려울까? 나는 어떤 중요한 행동을 취할 수 있을까를 생각해 보라.

우리 둘의 직장 생활 햇수를 합치면 50년이 넘는다. 책의 상당 부분은 우리가 직접 경험한 이야기, 개인 자문단의 조언, 우리의 일터, 우리가 활용한 교육 자료를 바탕으로 했다. 우리가 이 자리까지 올 수 있었던 건 그런 도움 덕분이다. 독자 여러분의 업무 현장이 더 쉽고 투명하고 단순해지기를 바라며 우리가 회사 생활을 처음 시작할 때 이런 책이 있었으면 좋겠다고 바랐던 마음을 기억하며 집필했다. 이 책《마이크로스킬》이 여러분이 직장 생활을 성공적으로 해내는 데 필요한 수많은 중요한 책 중 한 권이 될 수 있기를 바란다.

미주

1 Elizabeth Cooney, "Salary Gap between Male and Female Physicians Adds Up To $2 Million in Lifetime Earnings," STATNews.com, December 6, 2021, https://www.statnews.com/2021/12/06/male-female-physician-salaries-gap-2-million-lifetime-earnings/

2 "The Majority of U.S. Medical Students Are Women, New Data Show," AAMC.org, December 9, 2019, https://www.aamc.org/news/press-releases/majority-us-medical-students-are-women-new-data-show

3 Kimber P. Richter, Lauren Clark, Jo A. Wick, et. al., "Women Physicians and Promotion in Academic Medicine," N Engl J Med, pp. 2148-2157, November 26, 2020, https://pubmed.ncbi.nlm.nih.gov/33252871/

4 Andrea C. Fang, Sharon A. Chekijian, Amy J. Zeidan, et. al., "National Awards and Female Emergency Physicians in the United States: Is the 'Recognition Gap' Closing?" J Emerg Med, pp. 540-549, November 2020, https://pubmed.ncbi.nlm.nih.gov/34364703/

5 "Faculty Roster: U.S. Medical School Faculty," AAMC.org, https://www.aamc.org/data-reports/faculty-institutions/report/faculty-roster-us-medical-school-faculty

6 Patrick Boyle, "What's Your Specialty? New Data Show the Choices of America's Doctors by Gender, Race, and Age," AAMC.org, January 12, 2023, https://www.aamc.org/news/what-s-your-specialty-new-data-show-choices-america-s-doctors-gender-race-and-age

7 Amy Paturel, "Why Women Leave Medicine," AAMC.org, October 1, 2019, https://www.aamc.org/news/why-women-leave-medicine

8 Cameron J. Gettel, D. Mark Courtney, Pooja Agrawal, et al., "Emergency medicine

	physician workforce attrition differences by age and gender," Acad Emerg Med., pp. 1-9, June 14, 2023, https://onlinelibrary.wiley.com/action/showCitFormats?doi=10.1111%2Facem.14764
9	"Self-care," Merriam-Webster.com Dictionary, Merriam-Webster, https://www.merriam-webster.com/dictionary/self-care, accessed September 19, 2023.
10	Eva S. Schernhammer and Graham A. Colditz, "Suicide Rates Amont Physicians: A Quantitative and Gender Assessment (Meta-Analysis)," Am J Psychiatry, December 2004, https://ajp.psychiatryonline.org/doi/pdf/10.1176/appi.ajp.161.12.2295
11	Stacy Weiner, "Doctors forgo mental health care during pandemic over concerns about licensing, stigma," AAMC News, December 10, 2020, https://www.aamc.org/news/doctors-forgo-mental-health-care-during-pandemic-over-concerns-about-licensing-stigma
12	Jennifer J. Robertson and Brit Long, "Medicine's Shame Problem," The Journal of Emergency Medicine, vol. 57, issue 3, pp. 329–338, September 2019, https://www.sciencedirect.com/science/article/pii/S0736467919305505; Liselotte N. Dyrbye, Colin P. West, Christine A. Sinsky, et. al., "Medical Licensure Questions and Physician Reluctance to Seek Care for Mental Health Conditions," Mayo Clinic Proceedings, vol. 92, issue 10, pp. 1486-1493, October 2017, https://www.mayoclinicproceedings.org/article/S0025-6196(17)30522-0/fulltext
13	Joseph V. Simone, "Understanding Academic Medical Centers: Simon's Maxims," Clin Cancer Res, vol. 1, issue 9, pp. 2281-2285, September 1, 1999, https://aacrjournals.org/clincancerres/article/5/9/2281/287826/Understanding-Academic-Medical-Centers-Simone-s
14	Sara Moniuszko, "Want to live to 100? 'Blue Zones' expert shares longevity lessons in new Netflix series," CBS News, August 30, 2023, https://www.cbsnews.com/news/blue-zone-expert-longev%C2%ADity-lessons-netflix-series/
15	Susan Stelter, "Want to Advance in Your Career? Build Your Own Board of Directors." Ascend, May 9, 2022, https://hbr.org/2022/05/want-to-advance-in-your-career-build-your-own-board-of-directors
16	Sara Gray, "Fail Better with a Failure Friend," feminem.org, December 5, 2017, https://feminem.org/2017/12/05/fail-better-failure-friend/
17	Alex M. Wood, Stephen Joseph, Joanna Lloyd, and Samuel Atkins, "Gratitude Influences Sleep through the Mechanism of Pre-sleep Cognitions," Journal of Psychosomatic Research, vol. 66, issue 1, pp. 43–48, January 2009, https://pubme

	d.ncbi.nlm.nih.gov/19073292/
18	"How Much Sleep Do I Need?" Centers for Disease Control and Prevention, https://www.cdc.gov/sleep/about_sleep/how_much_sleep.html
19	"What Are Sleep Deprivation and Deficiency?" National Heart, Lung, and Blood Institute, https://www.nhlbi.nih.gov/health/sleep-deprivation#:~:text=Sleep%20 deficiency%20is%20linked%20to,adults%2C%20teens%2C%20and%20 children
20	Adaira Landry and Resa E. Lewiss, "Four Evidence-backed Reasons to Say 'No' to Early-morning Meetings," Nature, October 26, 2022, https://www.nature.com/articles/d41586-022-03461-6?utm_medium=Social&utm_campaign=nature&utm_source=Twitter#Echobox=1666871412
21	Ian M. Colrain, Christian L. Nicholas, and Fiona C. Baker, "Alcohol and the Sleeping Brain," Handb Clin Neurol, vol. 125, pp. 415-31, 2014, https://www.ncbi.nlm.nih.gov/pmc/articles/PMC5821259/ Timothy Fitzgerald and Jeffrey Vietri, "Residual Effects of Sleep Medications Are Commonly Reported and Associated with Impaired Patient-Reported Outcomes among Insomnia Patients in the United States," Sleep Disord, December 9, 2015, https://pubmed.ncbi.nlm.nih.gov/26783470/
22	Ravinder Jerath, Connor Beveridge, and Vernon A. Barnes, "Self-Regulation of Breathing as an Adjunctive Treatment of Insomnia," Front Psychiatry, vol. 9, p. 780, January 9, 2019, https://www.ncbi.nlm.nih.gov/pmc/articles/PMC6361823/
23	Virgin Pulse, "8 Ways to Quiet Your Mind and Sleep Better Tonight," 2020, https://hr.unc.edu/wp-content/uploads/sites/222/2020/04/8-Ways-to-Quiet-Your-Mind-and-Sleep-Better-Tonight.pdf
24	Will Stone, "Sleeping in a Room Even a Little Bit of Light Can Hurt a Person's Health, Study Shows," NPR, March 29, 2022, https://www.npr.org/2022/03/29/1089533755/sleeping-in-a-room-even-a-little-bit-of-light-can-hurt-a-persons-health-study-sh
25	Kenji Obayashi, Keigo Saeki, and Norio Kurumatani, "Bedroom Light Exposure at Night and the Incidence of Depressive Symptoms: A Longitudinal Study of the HEIJO-KYO Cohort," American Journal of Epidemiology, vol. 187, issue 3, pp. 427–434, March 2018, https://doi.org/10.1093/aje/kwx290
26	"Is Eating Before Bed Bad for You?" Cleveland Health, March 23, 2022, https://health.clevelandclinic.org/is-eating-before-bed-bad-for-you/

27　Christopher E. Kline, "The bidirectional relationship between exercise and sleep: Implications for exercise adherence and sleep improvement," Am J Lifestyle Med, vol. 8, issue 6, pp. 375-379, November 2014, https://www.ncbi.nlm.nih.gov/pmc/articles/PMC4341978/

28　Ferris Jabr, "Why Your Brain Needs More Downtime," Scientific American, October 15, 2013, https://www.scientificamerican.com/article/mental-downtime/

29　Alex Soojung-Kim Pang, "Rest: Why You Get More Done When You Work Less", Basic Books, June 12, 2018

30　Arlie Russell Hochschild with Anne Machung, "Second Shift: Working Parents and the Revolution at Home," Viking Penguin, 1989.

31　Allison E. McWilliams, "The Critical Need for Intentional Rest," Psychology Today, June 9, 2023, https://www.psychologytoday.com/us/blog/your-awesome-career/202306/the-critical-need-for-intentional-rest.

32　Lawrence M. Berger and Jason N. Houle, "Parental Debt and Children's Socioeconomical Well-being," American Academy of Pediatrics, February 1, 2016, https://publications.aap.org/pediatrics/article-abstract/137/2/e20153059/52721/Parental-Debt-and-Children-s-Socioemotional-Well?redirectedFrom=fulltext?autologincheck=redirected

33　Kat Tretina and Mike Cetera, "11 Student Loan Forgiveness Programs: How To Qualify," Forbes Advisor, updated September 27, 2023, https://www.forbes.com/advisor/student-loans/student-loan-forgiveness-programs/

34　Annika Olson, "Millenials have almost no chance of being able to afford a house. This is what can be done," CNN, March 23, 2021, https://www.cnn.com/2021/03/23/opinions/millennials-almost-impossible-to-afford-home-olson/index.html

35　"r/financialindependence," Reddit, https://www.reddit.com/r/financialindependence/

36　Tomas Chamorro-Premuzic, "Attractive People Get Unfair Advantages at Work. AI Can Help," Harvard Business Review, October 31, 2019, https://hbr.org/2019/10/attractive-people-get-unfair-advantages-at-work-ai-can-help

37　"What You Wear to Work May Be Preventing You from Getting a Promotion," Robert Half Talent Solutions, May 8, 2018, https://press.roberthalf.com/2018-05-08-What-You-Wear-To-Work-May-Be-Preventing-You-From-Getting-A-Promotion

38 Adaira Landry and Resa E. Lewiss, "Emergency doctors share 7 longevity foods they eat to stay 'healthy, full and energized' every day," CNNBC Make It, March 24, 2023, https://www.cnbc.com/2023/03/24/emergency-doctors-share-the-foods-they-eat-to-stay-healthy-full-and-energized-all-day.html

39 "Home Oral Care," American Dental Association, https://www.ada.org/resources/research/science-and-research-institute/oral-health-topics/home-care

40 "Only the overworked die young," Harvard Health Publishing, December 14, 2015, https://www.health.harvard.edu/blog/only-the-overworked-die-young-201512148815

41 Timothy J. Buschman, Markus Siegel, Jefferson E. Roy, and Earl K. Miller, "Neural substrates of cognitive capacity limitations," PNAS.org, July 5, 2011, https://www.pnas.org/doi/pdf/10.1073/pnas.1104666108

42 Lebene Richmond Soga, Yemisi Bolade-Ogunfodun, Marcello Mariani, Rita Nasr, and Benjamin Laker, "Unmasking the Other Face of Flexible Working Practices: A Systematic Literature Review," Journal of Business Research, vol. 142, pp. 648–662, March 2022, https://www.sciencedirect.com/science/article/pii/S0148296322000364

43 Brad Aeon, "The Philosophy of Time Management," TEDx, https://www.ted.com/talks/brad_aeon_the_philosophy_of_time_management

44 Greg Kihlstrom, "The ROI of Great Employee Experience," Forbes, October 16, 2019, https://www.forbes.com/sites/forbesagencycouncil/2019/10/16/the-roi-of-great-employee-experience/?sh=4aa37aaa4d7c

45 Dave Wendland, "Brainstorming More Effectively," Forbes, January 13, 2023, https://www.forbes.com/sites/forbesagencycouncil/2023/01/13/brainstorming-more-effectively/?sh=328dbac73252

46 Laura Hennigan and Cassie Bottorff, "How To Create a Simple, Effective Project Timeline In Six Steps," Forbes, updated July 19, 2023, https://www.forbes.com/advisor/business/software/create-a-project-timeline/

47 Laura A. Brannon, Paul J. Hershberger, and Timothy C. Brock, "Timeless demonstrations of Parkinson's first law," Psychonomic Bulletin & Review, pp. 148-156, March 1999, https://link.springer.com/article/10.3758/BF03210823

48 Rachel Layne, "For entrepreneurs, Blown Deadlines Can Crush Big Ideas," Harvard Business School, September 29, 2021, https://hbswk.hbs.edu/item/for-entrepreneurs-blown-deadlines-can-crush-big-ideas

49 Seth Godin, The Dip: A Little Book "The Dip: A Little Book That Teaches You When to Quit (and When to Stick)", Portfolio, May 10, 2007

50 Kristen Fuller, "The Joy of Missing Out," Psychology Today, July 26, 2018, https://www.psychologytoday.com/us/blog/happiness-is-state-mind/201807/jomo-the-joy-missing-out

51 David Lancefield, "Stop Wasting People's Time with Meetings," Harvard Business Review, March 14, 2022, https://hbr.org/2022/03/stop-wasting-peoples-time-with-bad-meetings

52 Linda Babcock, Maria P. Recalde, and Lise Vesterlund, "Why Women Volunteer for Tasks That Don't Lead to Promotions," Harvard Business Review, July 16, 2018, https://hbr.org/2018/07/why-women-volun%C2%ADteer-for-tasks-that-dont-lead-to-promotions#:~:text=Averaging%20across%20the%2010%20rounds,one%20of%20the%2010%20rounds.

53 Carmine Gallo, "How Great Leaders Communicate," Harvard Business Review, November 23, 2022, https://hbr.org/2022/11/how-great-leaders-communicate

54 Jeff Thompson, "Is Nonverbal Communication a Numbers Game?" Psychology Today, September 30, 2011, https://www.psychologytoday.com/us/blog/beyond-words/201109/is-nonverbal-communication-a-numbers-game

55 Daniel Goleman and Richard E. Boyatzis, "Emotional Intelligence Has 12 Elements. Which Do You Need to Work On?" Harvard Business Review, February 6, 2017, https://hbr.org/2017/02/emotional-intelligence-has-12-elements-which-do-you-need-to-work-on

56 Brenée Brown, "Clear Is Kind. Unclear Is Unkind," Brenée Brown, October 15, 2018, https://brenebrown.com/articles/2018/10/15/clear-is-kind-unclear-is-unkind/

57 Resa E. Lewiss, "How an Old Technology Became a Disruptive Innovation," TEDMED, https://www.tedmed.com/talks/show?id=293054

58 Paul J. Zak, "Why Your Brain Loves Good Storytelling," Harvard Business Review, October 28, 2014, https://hbr.org/2014/10/why-your-brain-loves-good-storytelling

59 Anne Gulland, "Men Dominate Conference Q&A Sessions—Including Online Ones," Nature, December 1, 2022, https://www.nature.com/articles/d41586-022-04241-y

60 Valerie Fridland, "First Came Mansplaining, Then Came Manterruptions,"

61 Psychology Today, January 31, 2021, https://www.psychologytoday.com/us/blog/language-in-the-wild/202101/first-came-mansplaining-then-came-manterruptions

61 Resa E. Lewiss, "Dave Smith and Brad Johnson: Men Can Be Better Allies," The Visible Voices Podcast, https://www.thevisiblevoicespodcast.com/episodes/eI-ggkbFMIhi1rU9tVZJ1w David G. Smith and W. Brad Johnson, "Good Guys: How Men Can Be Better Allies for Women in the Workplace," Harvard Business Review Press, October 13, 2020

62 "mansplain," Merriam-Webster, https://www.merriam-webster.com/dictionary/mansplain, accessed August 8, 2023

63 Jessica Bennett, "How Not to Be 'Manterrupted' in Meetings," TIME, January 14, 2015, updated January 20, 2015, https://time.com/3666135/sheryl-sandberg-talking-while-female-manterruptions/

64 앞과 같은 글.

65 Laurel Farrer, "The Art of Asynchronous: Optimizing Efficiency in Remote Teams," Forbes, December 10, 2020, https://www.forbes.com/sites/laurelfarrer/2020/12/10/the-art-of-asynchronous-optimizing-efficiency-in-remote-teams/?sh=6ffd2e88747c

66 "The 12 second Rule: How can you Plan your Emails Accordingly?" Upland, https://uplandsoftware.com/adestra/resources/blog/12-second-rule/ L. Ceci, "Average time people spend reading brand emails from 2011 to 2021," Statista, November 2, 2021, https://www.statista.com/statistics/1273288/time-spent-brand-emails/

67 Shep Hyken, "Sixty-Five Percent Of Emails Are Ignored," Forbes, October 4, 2020, https://www.forbes.com/sites/shephyken/2020/10/04/sixty-five-percent-of-emails-are-ignored/?sh=5d6737ec1e6a

68 Dan Bullock and Raúl Sáanchez, "What's the Best Way to Communicate on a Global Team?" Harvard Business Review, Ascend, March 22, 2021, https://hbr.org/2021/03/whats-the-best-way-to-communicate-on-a-global-team

69 Carol Waseleski, "Gender and the Use of Exclamation Points in Computer-Mediated Communication: An Analysis of Exclamations Posted to Two Electronic Discussion Lists," Journal of Computer-Mediated Communication, vol. 11, issue 4, pp. 1012-1024, October 9, 2006, https://onlinelibrary.wiley.com/doi/full/10.1111/j.1083-6101.2006.00305.x David Ruth, "Women use emoticons

	more than men in text messaging :-)," Rice University, October 10, 2012, https://news2.rice.edu/2012/10/10/women-use-emoticons-more-than-men-in-text-messaging/
70	Abigail Johnson Hess, "Here's How Many Hours American Workers Spend on Email Each Day," CNBC, Make It, September 23, 2019, https://www.cnbc.com/2019/09/22/heres-how-many-hours-american-workers-spend-on-email-each-day.html
71	Adaira Landry and Resa E. Lewiss, "What a Compassionate Email Culture Looks Like," Harvard Business Review, March 16, 2021, https://hbr.org/2021/03/what-a-compassionate-email-culture-looks-like
72	Zahid Saghir, Javeria N. Syeda, Adnan S. Muhammad, and Tareg H. Balla Abdalla, "The Amygdala, Sleep Debt, Sleep Deprivation, and the Emotion of Anger: A Possible Connection?" National Library of Medicine, Cureus, vol. 10, issue 7, July 2, 2018, https://www.ncbi.nlm.nih.gov/pmc/articles/PMC6122651/
73	Adaira Landry and Resa E. Lewiss, "What a Compassionate Email Culture Looks Like," Harvard Business Review, March 16, 2021, https://hbr.org/2021/03/what-a-compassionate-email-culture-looks-like
74	School of Infection and Immunity, "Core Hours Policy," University of Glasgow, https://www.gla.ac.uk/schools/infectionimmunity/athenaswan/athenaswaninitiatives/#corehourspolicy; "Athena Swan Charter," Advance HE, https://www.advance-he.ac.uk/equality-charters/athena-swan-charter
75	Ryan Erskine, "20 Online Reputation Statistics That Every Business Owner Needs to Know," Forbes, September 19, 2017, https://www.forbes.com/sites/ryanerskine/2017/09/19/20-online-reputation-statistics-that-every-business-owner-needs-to-know/?sh=2a54a454cc5c
76	Kathleen L. McGinn and Nicole Tempest, "Heidi Roizen," Harvard Business School Case 800-228, January 2000, https://www.hbs.edu/faculty/Pages/item.aspx?num=26880; Daphna Motro, Jonathan B. Evans, Aleksander P. J. Ellis, and Lehman Benson III, "Race and Reactions to Women's Expressions of Anger at Work: Examining the Effects of the "Angry Black Woman" Stereotype," Journal of Applied Psychology, vol. 107, issue 1, pp. 142-152, https://psycnet.apa.org/record/2021-32191-001
77	Marshall Goldsmith, "Reducing Negativity in the Workplace," Harvard Business Review, October 8, 2007, https://hbr.org/2007/10/reducing-negativity-in-the-

wor

78 Sabina Nawaz, "The Problem with Saying 'Don't Bring Me Problems, Bring Me Solutions,'" Harvard Business Review, September 1, 2017, https://hbr.org/2017/09/the-problem-with-saying-dont-bring-me-problems-bring-me-solutions?utm_medium=social&utm_campaign=hbr&utm_source=twitter&tpcc=orgsocial_edit

79 "Shame in Medicine," The Nocturnists, 2022, https://www.thenocturnists-shame.org/

80 Andrea K. Bellovary, Nathaniel A. Young, and Amit Goldenberg, "Left- and Right-Leaning News Organizations' Negative Tweets Are More Likely to be Shared," Harvard Business School, https://www.hbs.edu/ris/Publication%20Files/Left-%20and%20Right-Leaning%20News%20_3d45857a-8210-4d4a-83d5-01508848006a.pdf

81 Adaira Landry and Resa E. Lewiss, "7 Ways to Promote Yourself on Social Media without Bragging," Fast Company, February 15, 2022, https://www.fastcompany.com/90719543/7-ways-to-promote-yourself-on-social-media-without-bragging

82 Errol Morris, "The Anosognosic's Dilemma: Something's Wrong but You'll Never Know What It Is (Part 1)," New York Times, June 20, 2010, https://archive.nytimes.com/opinionator.blogs.nytimes.com/2010/06/20/the-anosognosics-dilemma-1/

83 Tomas Chamorro-Premuzic, "Why Do So Many Incompetent Men Become Leaders?" Harvard Business Review, August 22, 2013, https://hbr.org/2013/08/why-do-so-many-incompetent-men

84 앞과 같은 글.

85 Michael Seitchik, "Confidence and Gender: Few Differences, but Gender Stereotypes Impact Perceptions of Confidence," Psychologist-Manager Journal, vol. 23, issues 3-4, pp. 194-205, 2020, https://psycnet.apa.org/record/2020-87561-005

86 Stephanie Vozza, "How to Fix a Bad Reputation," Fast Company, May 6, 2019, https://www.fastcompany.com/90342095/how-to-fix-a-bad-reputation

87 Caroline Castrillon, "How Women Can Stop Apologizing and Take Their Power Back," Forbes, July 14, 2019, https://www.forbes.com/sites/carolinecastrillon/2019/07/14/how-women-can-stop-apologizing-and-take-their-

power-back/?sh=538e0f1f4ce6

88　Tyler G. Okimoto, Michael Wenzel, and Kyli Hedrick, "Refusing to Apologize Can Have Psychological Benefits (and We Issue No Mea Culpa for This Research Finding)," European Journal of Social Psychology, vol. 43, issue 1, pp. 22–31, 2013, https://psycnet.apa.org/record/2013-03180-004

89　Elizabeth A. Segal, "When We Don't Apologize," Psychology Today, August 29, 2018, https://www.psychologytoday.com/us/blog/social-empathy/201808/when-we-don-t-apologize

90　Laurie A. Boge, Carlos Dos Santos, Lisa A. Moreno-Walton, Luigi X. Cubeddu, and David A. Farcy, "The Relationship between Physician/Nurse Gender and Patients' Correct Identification of Health Care Professional Roles in the Emergency Department," Journal of Women's Health, vol. 28, issue 7, pp. 961–964, July 16, 2019, https://www.liebertpub.com/doi/10.1089/jwh.2018.7571

91　"A History of Objectives and Key Results (OKRs)," Plai, https://www.plai.team/blog/history-of-objectives-and-key-results

92　Leslie Jamison, "Why Everyone Feels Like They're Faking It," The New Yorker, February 6, 2023, https://www.newyorker.com/magazine/2023/02/13/the-dubious-rise-of-impostor-syndrome Pauline Rose Clance and Suzanne Imes, "The Imposter Phenomenon in High Achieving Women: Dynamics and Therapeutic Intervention," Psychotherapy Theory, Research and Practice, vol. 15, issue 3, 1978, https://www.paulineroseclance.com/pdf/ip_high_achieving_women.pdf

93　Sree Sreenivasan, "How to Use Social Media in Your Career, New York Times, https://www.nytimes.com/guides/business/social-media-for-career-and-business

94　Roxanne Calder, "5 Ways to Figure Out If a Job Is Right for You," Harvard Business Review, September 23, 2022, https://hbr.org/2022/09/5-ways-to-figure-out-if-a-job-is-right-for-you

95　Priya Fielding-Singh, Devon Magliozzi, and Swethaa Ballakrishnen, "Why Women Stay Out Of the Spotlight at Work," Harvard Business Review, August 28, 2018, https://hbr.org/2018/08/why-women-stay-out-of-the-spotlight-at-work

96　Adaira Landry and Resa E. Lewiss, "How to Write a Letter of Recommendation—for Yourself," Fast Company, June 11, 2022, https://www.fastcompany.com/90757084/how-to-write-a-letter-of-recommendation-for-yourself

97　Blair Williams, "Simple Ways Leaders Can Keep Learning and Growing," Forbes,

April 2, 2020, https://www.forbes.com/sites/theyec/2020/04/02/simple-ways-leaders-can-keep-learning-and-growing/?sh=61839a8618b8

98 "U.S. Medical School Department Chairs by Chair Type and Gender," Association of American Medical Colleges, https://www.aamc.org/data-reports/faculty-institutions/interactive-data/us-medical-school-chairs-trends

99 Bryan Strickland, "Diversity among CEOs, CFOs Continues to Rise," Journal of Accountancy, August 23, 2022, https://www.journalofaccountancy.com/news/2022/aug/diversity-among-ceos-cfos-continues-rise.html#:~:text=Overall%2C%2088.8%25%20of%20CEOs%2C,%2C%20and%2088.1%25%20are%20men

100 "The Power Gap in Massachusetts K–12 Education," Women's Power Gap Study Series, 2021, https://www.renniecenter.org/sites/default/files/2021-11/K12%20Power%20Gap.pdf

101 Karen Gross, "How You Introduce Yourself Really Matters—Especially Now," Aspen Institute, September 12, 2016, https://www.aspeninstitute.org/blog-posts/introduce-really-matters-especially-now/

102 David M. Mayer, "How Not to Advocate for a Woman at Work," Harvard Business Review, July 26, 2017, https://hbr.org/2017/07/how-not-to-advocate-for-a-woman-at-work

103 Mary Sharp Emerson, "Is Your Workplace Communication Style as Effective as It Could Be?" Harvard Division of Continuing Education, February 4, 2022, https://professional.dce.harvard.edu/blog/is-your-workplace-communication-style-as-effective-as-it-could-be/

104 "13 Times In-Person Communication Is Better than Electronic Exchanges," Forbes, July 17, 2020, https://www.forbes.com/sites/forbescoachescouncil/2020/07/17/13-times-in-person-communication-is-better-than-electronic-exchanges/?sh=756e87652eb7

105 "Organization Chart," Inc.com, https://www.inc.com/encyclopedia/organization-chart.html

106 Christine Organ and Cassie Bottorff, "Employee Handbook Best Practices in 2023," Forbes Advisor, updated October 18, 2022, https://www.forbes.com/advisor/business/employee-handbook/

107 Melissa Dahl, "Can You Blend in Anywhere? Or Are You Always the Same You?" The Cut, March 15, 2017, https://www.thecut.com/2017/03/heres-a-test-to-tell-

108   you-if-you-are-a-high-self-monitor.html

108   Resa E. Lewiss, Julie K. Silver, Carol A. Bernstein, et. al., "Is Avademic Medicine Making Mid-Career Women Physicians Invisible?" Journal of Women's Health, vol. 29, no. 2, February 7, 2020, https://www.liebertpub.com/doi/10.1089/jwh.2019.7732?url_ver=Z39.88-2003&rfr_id=ori%3Arid%3Acrossref.org&rfr_dat=cr_pub++0pubmed

109   David G. Smith and W. Brad Johnson, Good Guys, Harvard Business Review Press, October 13, 2020

110   Rebecca Boone, "Attacks at medical centers contribute to health care being one of nation's most violent fields," PBS, August 7, 2023, https://www.pbs.org/newshour/health/attacks-at-medical-centers-contribute-to-health-care-being-one-of-nations-most-violent-fields

111   Hildegunn Sagvaag, Silje Lill Rimstad, Liv Grethe Kinn, and Randi Wåagø Aas, "Six Shades of Grey: Identifying Drinking Culture and Potentially Risky Drinking Behaviour in the Grey Zone between Work and Leisure," Journal of Public Health Research, vol. 8, issue 2, p 1585, September 5, 2019, https://www.ncbi.nlm.nih.gov/pmc/articles/PMC6747020/

112   Kim Elsesser, "These 6 Surprising Office Romance Stats Should Be a Wake-Up Call for Organizations," Forbes, February 14, 2019, https://www.forbes.com/sites/kimelsesser/2019/02/14/these-6-surprising-office-romance-stats-should-be-a-wake-up-call-to-organizations/?sh=23d6ff3223a2

113   "Culture Transformation," Gallup, https://www.gallup.com/workplace/229832/culture.aspx?utm_source=google&utm_medium=cpc&utm_campaign=workplace_non-branded_cuture&utm_term=organizational%20culture&utm_content=culture_audit&gclid=Cj0KCQjwlumhBhClARIsABO6p-ztKCzeFrnCpWpnDa6C7-mHgs7MDnWYe88RMPgUgpeXWW_MGVrAHAQaAgH7EALw_wcB

114   Donald Sull, Charles Sull, and Ben Zweig, "Toxic Culture Is Driving the Great Resignation," MIT Sloan Management Review, January 11, 2022, https://sloanreview.mit.edu/article/toxic-culture-is-driving-the-great-resignation/

115   "Visual Thinking Strategies (VTS)," Milwaukee Art Museum, http://teachers.mam.org/collection/teaching-with-art/visual-thinking-strategies-vts/

116   Abby Wambach, Wolfpack: How to Come Together, Unleash Our Power, and Change the Game, Celadon Books, April 9, 2019

117 Joseph V. Simone, "Understanding Academic Medical Centers: Simone's Maxims," Clin Cancer Res, vol. 5, issue 9, pp. 2281-2285, September 1, 1999, https://aacrjournals.org/clincancerres/article/5/9/2281/287826/Understanding-Academic-Medical-Centers-Simone-s

118 Robert Waldinger and Marc Shulz, "The Good Life: Lessons from the World's Longest Scientific Study of Happiness," Simon & Schuster, January 10, 2023

119 Amy Edmondson, "Psychological Safety and Learning Behavior in Work Teams," Administrative Science Quarterly, vol. 44, no. 2, pp. 350-383, June 1999, https://journals.sagepub.com/doi/10.2307/2666999

120 Julia Rosovski, "The five keys to a successful Google team," re:Work, November 17, 2015, https://rework.withgoogle.com/blog/five-keys-to-a-successful-google-team/ "Understand team effectiveness," re:Work, https://rework.withgoogle.com/print/guides/5721312655835136/

121 Sian Ferguson, "Yes, Mental Illness Can Impact Your Hygiene. Here's What You Can Do about It," Healthline, October 28, 2019, https://www.healthline.com/health/mental-health/mental-illness-can-impact-hygiene#Why-is-it-so-hard-to-brush-my-teeth-or-shower?

122 Amy Morin, "7 Scientifically Proven Benefits of Gratitude," Psychology Today, April 3, 2015, https://www.psychologytoday.com/us/blog/what-mentally-strong-people-dont-do/201504/7-scientifically-proven-benefits-of-gratitude

123 Jennifer J. Freyd, "Institutional Betrayal and Institutional Courage," Freyd Dynamics Lab, https://dynamic.uoregon.edu/jjf/institutionalbetrayal/

124 Art Markman, "How to Help a Colleague Who Seems Off Their Game," Harvard Business Review, September 25, 2018, https://hbr.org/2018/09/how-to-help-a-colleague-who-seems-off-their-game

125 Rebecca Knight, "When You're Stuck Working with a Slacker," Harvard Business Review, May 14, 2021, https://hbr.org/2021/05/when-youre-stuck-working-with-a-slacker

126 School of Infection and Immunity, "Core Hours Policy," University of Glasgow, https://www.gla.ac.uk/schools/infectionimmunity/athenaswan/athenaswaninitiatives/#corehourspolicy

127 Adaira Landry and Resa E. Lewiss, "Four Evidence-backed Reasons to Say 'No' to Early-morning Meetings," Nature, October 26, 2022, https://www.nature.com/articles/d41586-022-03461-6?utm_medium=Social&utm_

campaign=nature&utm_source=Twitter#Echobox=1666871412

128　Holley Linkous, "How Can We Help? Adult Learning as Self-Care in COVID-19," New Horizons in Adult Education and Human Resource Development, vol. 33, issue 2, pp. 65-70, May 29, 2021, https://www.ncbi.nlm.nih.gov/pmc/articles/PMC8207015/

129　Pam Belluck, "Long Covid Is Keeping Significant Numbers of People Out of Work, Study Finds," New York Times, January 24, 2023, https://www.nytimes.com/2023/01/24/health/long-covid-work.html

130　The Officevibe Content Team, "Statistics on the Importance of Employee Feedback," Officevibe, October 7, 2014, updated December 1, 2022, https://officevibe.com/blog/infographic-employee-feedback

131　Douglas Stone and Sheila Heen, Thanks for the "Feedback: The Science and Art of Receiving Feedback Well", Penguin Books, March 31, 2015

132　Melissa Summer, "Introverts and Leadership - World Introvert Day," The Myers-Briggs Company, January 2, 2020, https://www.themyersbriggs.com/en-US/Connect-With-Us/Blog/2020/January/World-Introvert-Day-2020

133　Rebecca Knight, "How to Be Good at Managing Both Introverts and Extroverts," Harvard Business Review, November 16, 2015, https://hbr.org/2015/11/how-to-be-good-at-managing-bot h-introverts-and-extroverts Susan Cain, Quiet: The Power of Introverts in a World That Can't Stop Talking, Crown, January 29, 2013; Devora Zack, Networking for People Who Hate Networking, Second Edition: A Field Guide for Introverts, the Overwhelmed, and the Underconnected, Berrett-Koehler Publishers, May 21, 2019; Susan Cain, "The Power of Introverts," TED2012, 2012, https://www.ted.com/talks/susan_cain_the_power_of_introverts

134　Devora Zack, "Networking for People Who Hate Networking: A Field Guide for Introverts, the Overwhelmed, and the Underconnected," Berrett-Koehler Publishers, May 21, 2019

135　Ben Dattner, "The Psychology of Networking," Psychology Today, May 4, 2008, https://www.psychologytoday.com/intl/blog/credit-and-blame-at-work/200805/the-psychology-of-networking

136　Lewis Schiff, "The Most Influential People Only Have 6 People in Their Inner Circles," Insider, April 28, 2013, https://www.businessinsider.com/successful-people-have-small-network-2013-4

137　Adaira Landry and Resa E. Lewiss, "7 Ways to Promote Yourself on Social

Media Without Bragging," Fast Company, February 15, 2022, https://www.fastcompany.com/90719543/7-ways-to-promote-yourself-on-social-media-without-bragging

138 Adaira Landry and Resa E. Lewiss, "Is Good Mentorship Found on Twitter? We Think So," European Journal of Emergency Medicine, vol. 28, issue 1, pp. 9-10, January 2021, https://journals.lww.com/euro-emergencymed/Citation/2021/01000/Is_good_mentorship_found_on_Twitter__We_think_so.5.aspx

139 "Your Network and Degrees of Connection," LinkedIn, updated February 23, 2022, https://www.linkedin.com/help/linkedin/answer/a545636/your-network-and-degrees-of-connection?lang=en

140 Cathy Paper, "3 Tips for Sharing Your Business Network," The Business Journals, October 18, 2016, https://www.bizjournals.com/bizjournals/how-to/marketing/2016/10/3-tips-for-sharing-your-business-network.html

141 CPP Inc., "Workplace Conflict and How Business Can Harness It to Thrive," July 2008, https://img.en25.com/Web/CPP/Conflict_report.pdf

142 Associated Press, "It's No Trick: Merriam-Webster Says 'Gaslighting' Is the Word of the Year," NPR, November 28, 2022, https://www.npr.org/2022/11/28/1139384432/its-no-trick-merriam-webster-says-gaslighting-is-the-word-of-the-year#:~:text=April%202%2C%201962.-,%22Gaslighting%22%20%E2%80%94%20mind%20manipulating%2C%20grossly%20misleading%2C%20downright%20deceitful,Merriam%2DWebster's%20word%20of%202022

143 Jennifer J. Freyd, "What is DARVO?" https://dynamic.uoregon.edu/jjf/defineDARVO.html

144 Resa E. Lewiss, David G. Smith, Shikha Jain, W. Brad Johnson, and Jennifer J. Freyd, "Who's Really the Victim Here?" MedPage Today, June 2, 2022, https://www.medpagetoday.com/opinion/second-opinions/99015

145 Resa E. Lewiss, W. Brad Johnson, David G. Smith, and Robin Naples, "Stop Protecting 'Good Guys,'" Harvard Business Review, August 1, 2022, https://hbr.org/2022/08/stop-protecting-good-guys

146 "Workplace Conflict and How Business Can Harness It to Thrive," July 2008, https://img.en25.com/Web/CPP/Conflict_report.pdf

147 Kyoko Yamamoto, Masanori Kimura, and Miki Osaka, "Sorry, Not Sorry: Effects

148 앞과 같은 글.

149 Leanne ten Brinke and Gabrielle S. Adams, "Saving Face? When Emotion Displays during Public Apologies Mitigate Damage to Organizational Performance," Organizational Behavior and Human Decision Processes, vol. 130, pp. 1-12, September 2015, https://www.sciencedirect.com/science/article/abs/pii/S0749597815000540?via%3Dihub

150 Amy Edmondson, The Fearless Organization: Creating Psychological Safety in the Workplace for Learning, Innovation, and Growth, Wiley, November 20, 2018

151 Kelly Lockwood Primus, "Why the Most Successful Leaders Create a Psychologically Safe Workplace," Forbes, March 17, 2023, https://www.forbes.com/sites/forbeshumanresourcescouncil/2023/03/17/why-the-most-successful-leaders-create-a-psychologically-safe-workplace/?sh=33a5d7867c2c

152 Donald Sull, Charles Sull, and Ben Zweig, "Toxic Culture Is Driving the Great Resignation," MIT Sloan Management Review, January 11, 2022, https://sloanreview.mit.edu/article/toxic-culture-is-driving-the-great-resignation/

153 Avraham N. Kluger and Angelo DeNisi, "The Effects of Feedback on Performance: A Historical Review, a Meta-Analysis, and a Preliminary Feedback Intervention Theory," Psychological Bulletin, vol. 119, no. 2, pp. 254-284, 1996, https://mrbartonmaths.com/resourcesnew/8.%20Research/Marking%20and%20Feedback/The%20effects%20of%20feedback%20interventions.pdf

154 "People Underestimate Others' Desire for Constructive Feedback," March 24, 2022, https://www.apa.org/news/press/releases/2022/03/constructive-criticism

155 Daphna Motro, Debra R. Comer, and Janet A. Lenaghan, "Examining the Effects of Negative Performance Feedback: The Roles of Sadness, Feedback Self-efficacy, and Grit," Journal of Business and Psychology, March 13, 2020, https://sci-hub.ru/10.1007/s10869-020-09689-1

156 Minda Harts, The Memo: What Women of Color Need to Know to Secure a Seat at the Table, Seal Press, August 20, 2019

157 Amy Gallo, "Getting Along: How to Work with Anyone (Even Difficult People)," The Visible Voices Podcast, February 8, 2023, https://www.thevisiblevoicespodcast.com/episodes/OLWhRaEjTp-inKfXQpRiww

158 "MBTI® personality types," The Myers-Briggs Company, https://eu.themyersbriggs.com/en/tools/MBTI/MBTI-personality-Types
"Clifton Strengths," Gallup, https://www.gallup.com/cliftonstrengths/en/home.aspx?utm_source=google&utm_medium=cpc&utm_campaign=us_strengths_branded_cs_ecom&utm_term=cliftonstrengths&gclid=Cj0KCQjwlPWgBhDHARIsAH2xdNe40mvF8ZxDc1GBjT_oft7zSnCU2tgX18e4a3xu05kuLeUTCdBUaNMaAvwzEALw_wcB

159 "The 16 MBTI® Personality Types," The Myers & Briggs Foundation, https://www.myersbriggs.org/my-mbti-personality-type/the-16-mbti-personality-types/

160 Matthias R. Mehl, Simine Vazire, Nairá Ramíez-Esparza, Richard B. Slatcher, and James W. Pennebaker, "Are Women Really More Talkative Than Men?" Science, vol. 317, issue 5834, p. 82, July 6, 2007, https://www.science.org/doi/10.1126/science.1139940

161 Douglas Stone, Bruce Patton, and Sheila Heen, "Difficult Conversations: How to Discuss What Matters Most," Penguin Books, November 2, 2010

162 Kierstin Kennedy, Teresa Cornelius, Aziz Ansari, et. al., "Six steps to conflict resolution: Best practices for conflict management in health care," Journal of Hospital Medicine, vol. 18, issue 4, December 22, 2022, https://shmpublications.onlinelibrary.wiley.com/authored-by/Ansari/Aziz

163 Tomas Chamorro-Premuzic, "Why Do So Many Incompetent Men Become Leaders?" Harvard Business Review, August 22, 2013, https://hbr.org/2013/08/why-do-so-many-incompetent-men

164 Steven Stosny, "Self-Confidence, Under Confidence, Overconfidence," Psychology Today, November 29, 2022, https://www.psychologytoday.com/us/blog/anger-in-the-age-entitlement/202211/self-confidence-under-confidence-overconfidence

165 Gwen Moran, "The Right Way to Fire Someone," Fast Company, January 12, 2017, https://www.fastcompany.com/3066961/the-right-way-to-fire-someone

166 Joanna York, "Is HR Ever Really Your Friend?" BBC, October 24, 2021, https://www.bbc.com/worklife/article/20211022-is-hr-ever-really-your-friend

167 Andrew K. Przybylski, Kou Murayama, Cody R. DeHaan, and Valerie Gladwell, "Motivational, Emotional, and Behavioral Correlates of Fear of Missing Out," Computers in Human Behavior, vol. 29, issue 4, pp. 1841–1848, July 2013, https://www.sciencedirect.com/science/article/abs/pii/S0747563213000800?via%3Dihub

168 앞과 같은 글.

169 Pengcheng Wang, Xingchao Wang, Jia Nie, Pan Zeng, Ke Liu, Jiayi Wang, Jinjin Guo, and Li Lei, "Envy and Problematic Smartphone Use: The Mediating Role of FOMO and the Moderating Role of Student-student Relationship," Personality and Individual Differences, vol. 146, pp. 136-142, August 1, 2019, https://www.sciencedirect.com/science/article/abs/pii/S0191886919302363

170 Kathy Gurchiek, "Address Skills Gap by Identifying 'Skill Adjacencies,'" SHRM, March 5, 2021, https://www.shrm.org/resourcesandtools/hr-topics/organizational-and-employee-development/pages/address-skills-gap-by-identifying-skill-adjacencies-.aspx

171 McKinsey & Company, "Five Fifty: The Skillful Corporation," McKinsey Quarterly, https://www.mckinsey.com/capabilities/people-and-organizational-performance/our-insights/five-fifty-the-skillful-corporation

172 Indeed Editorial Team, "150 Business Resume Buzzwords (With Tips)," Indeed.com, updated June 24, 2022, https://www.indeed.com/career-advice/resumes-cover-letters/business-resume-buzzwords

173 Christine L. Exley and Judd B. Kessler, "The Gender Gap in Self-Promotion," Quarterly Journal of Economics, vol. 137, issue 3, pp. 1345-1381, August 2022, https://academic.oup.com/qje/article/137/3/1345/6513425

174 Curt Rice, "How McKinsey's Story Became Sheryl Sandberg's Statistic— and Why It Didn't Deserve To," HuffPost UK, April 24, 2014, https://www.huffingtonpost.co.uk/curt-rice/how-mckinseys-story-became-sheryl-sandbergs-statistic-and-why-it-didnt-deserve-to_b_5198744.html?guce_referrer=aHR0cHM6Ly93d3cuZ29vZ2xlLmNvbS8&guce_referrer_sig=AQAAAJ4BfyBCOz1CMcpRBTbA45LxMTbi0Yq-In6EjNuUH-d7fRatlRcNmELW5XC_J_Jgr8ZmWYFZFs8CUTEVPCjVKUPV5JgrAVX_HTKlhQ3xlOgX9tGGg7OcKwst6fs_oiGQ-ibOoLry-GGfUkC1DZlw4WavVnR86g51bL0Ez0kxkKht&guccounter=2

175 Tara Sophia Mohr, "Why Women Don't Apply for Jobs Unless They're 100% Qualified," Harvard Business Review, August 25, 2014, https://hbr.org/2014/08/why-women-dont-apply-for-jobs-unless-theyre-100-qualified

176 Lisa Frye, "Reviewing Employee E-Mails: When You Should, When You Shouldn't," SHRM, May 15, 2017, https://www.shrm.org/resourcesandtools/hr-topics/employee-relations/pages/reviewing-employee-e-mails-when-you-should-

when-you-shouldnt.aspx
177　Adaira Landry and Resa E. Lewiss, "How to Write a Letter of Recommendation—for Yourself," Fast Company, June 11, 2022, https://www.fastcompany.com/90757084/how-to-write-a-letter-of-recommendation-for-yourself
178　Rebecca Knight, "How to Say No to Taking On More Work," Harvard Business Review, December 29, 2015, https://hbr.org/2015/12/how-to-say-no-to-taking-on-more-work.

옮긴이 김경영

계명대학교 영어영문학과를 졸업하고 성균관대학교 번역대학원에서 번역학을 공부한 뒤 번역가로 활동하고 있다. 광고회사 카피라이터, 여행 매거진 에디터로 일했다. 《거의 완벽에 가까운 사람들》《운동의 역설》《어떻게 나답게 살 것인가》《행복의 감각》 등 30여 권의 책을 우리말로 옮겼다. 독서 모임 '섬북동' 멤버들과 에세이집 《우리는 이미 여행자다》를 함께 썼다.

옮긴이 이정미

이화여자대학교 화학과를 졸업하고 영국 웨스트민스터대학교에서 대중음악산업 경영학 석사 학위를 받았다. 서울충무로국제영화제와 서울와우북페스티벌 조직위원회 등 문화 축제의 홍보 및 기획 업무를 담당하다가 현재는 전문 번역가로 활동하고 있다. 케이트 앳킨슨의 《박물관의 뒤 풍경》《인간 크로케》 등을 우리말로 옮겼다.

마이크로스킬

첫판 1쇄 펴낸날 2025년 7월 16일

지은이 아다이라 랜드리, 리사 E. 루이스
옮긴이 김경영 이정미
발행인 조한나
책임편집 김하영
편집기획 김교석 문해림 김유진 박혜인 함초원 조정현
디자인 한승연 성윤정
경영지원국 안정숙
마케팅 문창운 백윤진 김민영
회계 임옥희 양여진 김주연

펴낸곳 (주)도서출판 푸른숲
출판등록 2003년 12월 17일 제2003-000032호
주소 서울특별시 마포구 토정로 35-1 2층, 우편번호 04083
전화 02)6392-7871, 2(마케팅부), 02)6392-7873(편집부)
팩스 02)6392-7875
홈페이지 www.prunsoop.co.kr
페이스북 www.facebook.com/prunsoop   **인스타그램** @prunsoop

ⓒ푸른숲, 2025
ISBN 979-11-7254-063-0(03190)

* 잘못된 책은 구입하신 서점에서 바꾸어 드립니다.
* 본서의 반품 기한은 2030년 7월 31일까지입니다.